作者简介

张传萍

女，1976年生，湖北松滋人。2012年毕业于华中科技大学教育经济与管理专业，获管理学博士学位。现为湖北省教育科学研究所副研究员，政策与理论研究室副主任。主要从事教育经济与管理研究。主持教育部青年课题1项，主持和参与省部级课题20余项；参与编写湖北省九年义务教育小学教科书《综合实践活动·小学信息技术》，参与撰写著作多本；在《教育研究》、《教育与经济》、《高教探索》、《湖北社会科学》、《黑龙江高教研究》、《教学与管理》、《江苏教育研究》等期刊发表论文40余篇；论文《武汉市科教优势转化为发展优势研究》被评为武汉市第一次经济普查论文一等奖。

教育探新丛书

本书系全国教育科学规划教育部青年课题
“公平视角下的义务教育资源配置标准研究”
（课题批准号：EFA120362）的研究成果

义务教育资源配置标准研究

张传萍 著

WUHAN UNIVERSITY PRESS
武汉大学出版社

图书在版编目(CIP)数据

义务教育资源配置标准研究/张传萍著.—武汉：武汉大学出版社，2013.7

教育探新丛书

ISBN 978-7-307-10666-6

Ⅰ.义…　Ⅱ.张…　Ⅲ.义务教育—教育财政—研究—中国
Ⅳ.G522.3

中国版本图书馆CIP数据核字(2013)第070057号

责任编辑:田红恩　　责任校对:刘　欣　　版式设计:马　佳

出版发行：**武汉大学出版社**　(430072　武昌　珞珈山)
(电子邮件：cbs22@whu.edu.cn　网址：www.wdp.com.cn)

印刷：武汉中远印务有限公司

开本：720×1000　1/16　印张:15.25　字数:217千字　插页:3

版次：2013年7月第1版　2013年7月第1次印刷

ISBN 978-7-307-10666-6　定价:38.00元

序

张传萍博士的专著《义务教育资源配置标准研究》是在其博士学位论文基础上修改而成，即将由武汉大学出版社出版。作为她的导师，我非常高兴书稿能够顺利出版面世。张传萍博士 2003 年从华中科技大学教育科学研究院硕士毕业，到湖北省教育科学研究所工作 6 年后，又返回母校攻读博士学位。在攻读博士学位期间，她从文化境界、文化视野、大学最本质的文化属性出发，认真思考站在什么高度、层次去想问题，做什么事最有价值，如何从比较狭窄的视野拓展到更为广阔的视野，从而认真学习，刻苦钻研，圆满完成了学习任务。

进入博士研究生阶段的学习后，张传萍就开始在思索博士学位论文的选题。我向来主张论文选题应该从自己熟悉的领域出发，选择教育理论和教育实践中需要解决的问题，而不是盲目地追随热点。她在湖北省教育科学研究所工作，参与了湖北省教育厅多项课题的研究，经常深入各个县市调研，对学校的实际情况比较熟悉。当时，她正在从事“湖北省义务教育均衡”课题的相关研究，义务教育均衡又是人们十分关注的问题，我建议她把“义务教育均衡”作为研究方向。但如果将“义务教育均衡”直接作为选题，研究范围又恐宽泛。我和她经过多次讨论之后，认为义务教育均衡发展的实质和难点就是“义务教育资源配置标准”问题。因此，我们最终达成一致，决定把“义务教育资源配置标准”作为研究选题。

学界对义务教育资源配置标准方面的研究比较多，也取得了一定的成果，但研究视角稍显宽泛，分析框架也不甚清晰。为此，我和她同届的同学一道讨论，共同为她献计献策。在研究过程中，张传萍博士梳理了义务教育资源配置标准研究的历史发展脉络，再结合当前义务教育资源配置的实践与经验，最后认为“公平视角”比较适合我国现实的经济发展水平。在比较分析四种公平理论的基础上，她选择罗尔斯的“正义论”作为研究的理论基础。我认为她对研究视角和理论基础的选择比较适当和切合实际。

在研究过程中，张传萍博士以一个省份为样本，采用定量分析与定性分析相结合的方法，着重分析义务教育财政资源和教师资源的配置标准，其中对定量分析比较充分的运用也是本书的一大亮点。针对义务教育财政资源配置标准，她在借鉴美国经验的基础上，首先以“县”为分析单位，分析县域之间的义务教育财政资源配置状况；然后以“学校”为分析单位，分析县域内部的义务教育财政资源配置状况。通过多种变量关系的计算，测算出义务教育财政资源配置的三种公平状况。测算结果与实际情况比较符合，据此提出的义务教育财政资源配置标准的政策建议也比较合理。针对义务教育教师资源配置标准问题，她在借鉴日本经验的基础上，首先按照现有的教师资源配置标准，对县、市义务教育阶段学校教师超/缺编情况进行了统计，发现大部分县、市普通中小学教师的编制处于超编状态，尤其是农村的小学。这种超编状况与农村小学义务教育的现实需求不相符。针对这一问题，她以罗尔斯正义论的“差异原则”为理论基础，以“班师比”和“分类班额”为依据，尝试设计了新的普通小学教师资源配置标准和模型。这种创新性的模型设计对解决农村小学师资、教学问题，提高义务教育质量，具有重大意义。

张传萍博士的研究结论都是以大量的定量分析与研究为基础的。功夫不负有心人，她的论文完成后，得到评审专家和答辩委员会对她论文选题和研究工作的充分肯定，并顺利通过答辩。如今，她在学位论文的基础上，经过修改，形成著作。这本著作，数据翔实、方法适当、重点深入，较好地运用了定量分析和定性分析方法，从理论、实践和政策层面对义务教育资源配置标准做了较好地回答，尤其是对义务教育教师资源配置标准进行了有价值的探索研究。本专著对于义务教育财政资源配置、义务教育教师资源配置、义务教育均衡发展、教育公平等方面的研究，都具有重要的参考价值。

关于义务教育资源配置标准研究，张传萍博士作出了有益的探索和尝试，但是在义务教育财政资源配置标准方面，尚有很大的研究空间。希望她能够继续深入研究，并期待她更多的研究成果！

是为序！

刘献君

华中科技大学教育科学研究院

2013 年 3 月 22 日

摘　要

基本公共服务作为社会公共服务最基本的内容，直接关系到社会的公平与正义，其均等化日益受到国家的高度重视。在教育领域，基本公共服务就是提供均等化的义务教育，为此，政府提出了义务教育均衡发展计划。《国家中长期教育改革和发展规划纲要(2010—2020)》明确提出，均衡发展是义务教育的战略性任务，政府要均衡配置教师、设备、图书、校舍等各项资源。可见均衡配置资源在义务教育均衡发展中至关重要。政府当前推进义务教育均衡发展，实质就是要均衡配置资源。那么，政府应该以何种标准来配置教育资源，就成为义务教育资源配置中的重要问题。

义务教育资源配置标准研究的历史发展脉络，经历了从成本视角、收益视角、公平视角到充足视角转变的四个阶段。义务教育公共产品的属性，教育成本测量的困难以及教育收益的滞后性，决定了从成本和收益视角来分析义务教育资源配置标准的不适宜性。充足作为义务教育资源配置的标准，需要雄厚的社会经济发展水平作为后盾。我国经济还远未发展到那种程度。基于此，公平视角才比较适合我国当前经济发展水平，也比较符合我国当前提出的义务教育均衡发展策略，本研究采用公平视角来进行研究。在比较分析四种公平理论的基础上，本书选择罗尔斯的正义论作为研究的理论基础。

对义务教育资源配置标准的研究，应该放在我国社会的时代背景中。新中国成立以来，我国义务教育资源配置标准政策经历了两个主要的制度变迁阶段。一是1949—2000年，义务教育资源配置标准政策追求的是效率逻辑，城市教育国家办，农村教育农民办。二是2000年税费改革后，义务教育资源配置标准政策追求的是公平逻辑，国家实施了免费的义务教育，并对弱势学校和弱势群体实行倾斜政策。影响我国资源配置标准政策变迁的深层结构，主要有改善民生的政治政策、均衡协调发展的经济政策以及平等博爱的文化模式。

国外发达国家的义务教育资源配置标准给予我国很多启示。美国义务教育财政资源的配置是以充足为标准，把公平和效率有机结合起来。各州体现了罗尔斯正义论的财政中立原则，还实践了成本函数方法、“示范学区”设计法和教育专家成本估算法三种财政资源配置模式。日本的教师资源配置突出了罗尔斯正义论中的“差异原则”，通过制定一系列法律法规和定期流动制度，保证偏僻地区义务教育学校拥有充足和高质量的教师，缩小学校之间教师差异，从而缩小学校之间教育质量的差异。

当前，以县为分析单位研究义务教育财政资源配置标准尤为重要。本书首先以县为分析单位，分析 W 省县域之间的义务教育财政资源配置状况，然后以学校为分析单位，分析县域内部的义务教育财政资源配置状况。通过采用平均值、标准差、中位数、极差、限制极差、差异系数、麦克伦指数、沃斯特根指数、生均预算教育经费支出与人均财政支出的相关关系，计算义务教育财政资源配置的三种公平状况。测算结果发现，普通初中的财政资源配置比普通小学更为公平；县域之间的横向公平的程度比纵向公平高；各个县市基本都遵循从“低位均衡”到“高位均衡”的路径行进。本书提出了建构新的义务教育财政资源配置标准的政策建议：按照罗尔斯正义论的财政中立原则，完善财政转移制度；在义务教育不同类型中，更加重视对普通小学的财政投入；在义务教育学校不同地域中，加大对城镇和农村义务教育学校的财政投入。

义务教育教师资源配置是义务教育资源配置的核心，是实现教育公平的重要保障。本书以 W 省为例，按照现有的教师配置标准，计算了 W 省 120 个县市义务教育阶段学校教师超（缺）编状况，发现大部分地市州普通中小学教师处于超编状态，特别是农村小学教师超编严重。这种超编状况不符合农村小学的现实境遇。本书以罗尔斯正义论的差异原则为理论基础，以“班师比”和“分类班额”为依据，设计新的普通小学教师资源配置标准和模型，改变目前只根据在校生数配置教师的做法，从而保障农村普通小学教学的正常运转。

关键词：义务教育资源配置标准　教育公平　教育财政资源配置　教师资源配置

Abstract

Basic public services as the most basic of public services, directly related to social equity and justice. Nation attaches great importance to its equalization. Basic public services in the field of education is to provide compulsory education equalization, the government has proposed a balanced development of compulsory plan. "National long-term education reform and development program (2010—2020)" clearly put forward the balanced development of compulsory education strategic task. The government should balance allocation of teachers, equipment, books, school buildings and other resources. Balanced allocation of resources is essential in balanced development of compulsory education. The government promote balanced development of compulsory, which in essence is balanced allocation of resources. Which standard should the government allocate resources according to? It becomes an important issue in the resource allocation of compulsory education.

The historical development of the research about resource allocation standards of compulsory education, experienced a cost perspective, revenue perspective, fair perspective and adequate perspective. Attributes of the properties of public goods in compulsory education, coupled with the difficulties of measurement on cost and revenue lag decides education resource standards can not be analyzed from a cost and revenue perspective. Sufficient as resource allocation standards for compulsory education, needs a strong level of socio-economic development as a backing. China is far from economic development to that extent. Based on that, a fair perspective is more suitable to the current level of economic development in China, and is also more in line with the balanced development strategy of compulsory education. There are many theories about education fair, based on comparative analysis of the four equity theories, this paper choose Rawls' theory of justice as a theoretical basis for research.

The research about resource allocation standards of compulsory education, should be placed in the background of the times in our society. Since the founding of China, the policies of education resource standard have undergone two major institutional change phases. The first stage is from 1949 to 2000, resource allocation policies of compulsory education pursued the efficiency logic, urban education is run by the state and country education is run by the farmers. The second stage is after the tax reform in 2000, resource allocation policies of compulsory education pursued fairness logic, compulsory education realizes free, nation implements preferential policies to disadvantaged schools and vulnerable groups. Impacting the deep structure of the standard policy change in the resources allocation in China, is the main political policies to improve people's livelihood, balanced and coordinated development of economic policy and the equality and fraternity culture mode.

Resource allocation standards of compulsory education in the developed countries give our country a lot of inspiration. Financial resource allocation standards of compulsory education in the USA, are from the pursuit of efficiency and fairness standard to the adequacy, combine the fairness and efficiency. States reflects the principle of fiscal neutrality of Rawls' theory of justice, and also practice three financial resource allocation models, eg. the cost function method, demonstration school district design method and the cost of education experts estimating. Japanese teachers resource allocation standards, highlight the difference principle in Rawls' Theory of Justice, through the development of a series of laws and regulations and regular teachers' flowing system, the government ensures compulsory educational schools in remote areas having adequate and high-quality teachers, narrowing the differences between schools, the quality of teachers and school education.

At present, the county as a unit of analysis of financial resource allocation standard of compulsory education is particularly important. According to Rawls' three fairness in the theory of justice, this paper firstly regards the county as the unit of analysis, analyzes financial resource allocation of compulsory education between counties in W province, and then regards a school as the unit of analysis, analyzes financial resource allocation of compulsory education internal county. this paper scans fully financial resource allocation of compulsory education in country. This paper, using the mean, standard, median, range, limit poor difference coefficient, mclane index, vorster root index, the relation between each student budget expenditure on education and per capita fiscal expenditure, calculates three fair condition of education financial resources allocation. The results shows that ordinary junior schools' allocation of financial resources is more equitable than the ordinary primary schools'; horizontal equity between the county is more equitable than vertical equity; various counties and cities basically follow the road which is from the "the low balanced" to "high equilibrium" path. Bases on equity of compulsory education in country, this paper presents some suggestions to construct new compulsory education financial resource allocation standards: according to the principle of fiscal neutrality of Rawls' theory of justice, improving the fiscal transfer system; in different types of compulsory education, more emphasizing financial investment on ordinary primary schools; in different regions of compulsory education schools, increasing financial input in rural schools.

The teacher resource allocation is the core of the resources allocation. It is an important guarantee for achieving educational equity. This paper takes W province as the example, according to the existing teachers standard, calculate compulsory education teachers super (lack of) status of 120 counties in W Province. The result shows that number of most compulsory schools ' teachers is more than the standard. This overstaffing situation does not meet the reality of rural primary situation. Based on the difference principle of Rawls' theory of justice ,the proportion of classes and students and the average number of classes,this paper designs new common standards and model of teacher resources standard in order to change the current standard only according to the number of student and ensure the normal operation of primary schools teaching in rural areas.

Keywords: Resource Allocation Standards of Compulsory Education Education Fair Resource Allocation of Education Finance Resource Allocation of Teachers

目　录

1　绪论 ………………………………………………………… 1

1.1　选题背景及研究意义 ………………………………… 1

1.2　文献综述 ……………………………………………… 8

1.3　重要概念界定及研究方法 …………………………… 32

1.4　研究设计与本书框架 ………………………………… 38

2　研究的视角与理论基础：公平与罗尔斯的正义论 ……… 43

2.1　从公平视角研究义务教育资源配置标准 …………… 43

2.2　有关义务教育资源配置标准的公平理论 …………… 62

2.3　罗尔斯的正义论：义务教育资源配置标准建构的理论基础 ……………………………………………… 74

3　从追求效率到追求公平：我国义务教育资源配置标准的政策变化 ………………………………………………… 82

3.1　制度变迁的历程描述：从追求效率到追求公平 …… 83

3.2　政策的理论解释：义务教育资源配置标准政策变迁的深层结构 ……………………………………………… 88

3.3　义务教育资源配置标准政策变迁的行动者的理性选择 ……………………………………………………… 94

3.4　义务教育资源配置标准政策的自身变迁 …………… 98

4　国外义务教育资源配置标准及其启示 ………………… 101

4.1　美国义务教育财政资源配置标准的现状 …………… 101

4.2　美国义务教育财政资源配置标准对我国的启示 …… 113

4.3 日本教师资源配置标准的现状 …… 116
4.4 日本义务教育教师资源配置标准对我国的启示 …… 121

5 财政中立：义务教育财政资源配置标准的现状及对策分析 …… 125
5.1 数据来源及分析方法 …… 125
5.2 县域之间义务教育财政资源配置的三种公平 …… 133
5.3 县域内部义务教育财政资源配置的三种公平 …… 143
5.4 实施义务教育财政资源配置新标准的政策建议 …… 158

6 差异原则：义务教育学校教师资源配置标准及其重构 …… 163
6.1 数据来源及研究目的 …… 163
6.2 当前义务教育教师资源配置标准的现状 …… 164
6.3 义务教育教师资源配置标准的重构 …… 174
6.4 实施义务教育教师资源配置新标准的建议 …… 182

7 结语：义务教育资源配置标准研究的前瞻 …… 188
7.1 前瞻 …… 188
7.2 创新 …… 193
7.3 本书不足 …… 196

致　谢 …… 198
参考文献 …… 201
附录1　2007年W省部分县市普通小学教育经费支出分析表 …… 222
附录2　2007年W省部分县市普通初中教育经费支出分析表 …… 225
附录3　攻读博士学位期间发表的论文和参与的课题 …… 228

1 绪　　论

1.1 选题背景及研究意义

教育资源配置包括教育资源配置的主体、方式、效率、机制、制度等一直都是教育经济学领域的研究主题。随着时代变迁，有关教育资源配置的研究重点在不断变化。当教育公平和义务教育均衡发展提上日程时，义务教育资源配置标准即政府如何配置教育资源就成为了研究重点。正如涂尔干所言："要想真正理解任何一个教育主题，都必须把它放到机构发展的背景当中。"① 义务教育资源配置标准这个研究主题也是如此，必须放在社会发展和政府机构工作背景中进行考察。

1.1.1 选题背景

基本公共服务作为社会公共服务最基本的内容，直接关系到社会的公平与正义，其均等化日益受到国家的高度重视。党的十七大报告指出，"加快行政管理体制改革，建设服务型政府"，"围绕推进公共服务均等化，完善公共财政体系"……这就明确了政府要转变职能，建立和完善公共服务体系，强化社会管理和提供公共服务的职能。同时，还把"优化教育结构，促进义务教育均衡发展"作为"改善民生为重点的社会建设"的首要一条。党的十七届三中全会又把"城乡公共服务均等化明显推进"作为农村改革发展

---

① ［法］爱弥儿·涂尔干．教育思想的演进［M］．李康译．上海：上海人民出版社，2003：5.

的基本目标。通过上述系列国家政策文件，国家已经把政府实现公共服务均等化提上重要日程。《国家中长期教育改革和发展规划纲要（2010—2020）》（以下简称《规划纲要》）指出："建成覆盖城乡的基本公共教育服务体系，实现基本公共教育服务均等化，缩小区域差距。"在教育领域，政府提供基本公共服务就是提供义务教育，实现基本公共服务均等化就是要实现义务教育均等化，从而体现义务教育的公平与正义。

教育政策具有缩小现存及缩小正在不断扩大的收入差距的潜能①。因此，新中国成立后，党和国家高度重视发展教育事业，无论是教育方针的制定，还是教育法律的确立，都始终贯穿着为人民服务的宗旨和实现公平的思想。改革开放以来，党中央、国务院提出实施科教兴国战略。2006 年，国家颁布实行了《中华人民共和国义务教育法》，对原有的义务教育法进行了修订，为所有适龄儿童少年平等接受义务教育提供了法律保障。经过不懈努力，我国终于基本普及九年义务教育。义务教育的普及，就使我国实现了最基本的教育公平。然而，我国正处于并将长期处于社会主义初级阶段，各地经济社会发展不平衡，城乡二元结构矛盾突出，尽管各地义务教育都取得了新的发展，但城乡之间、区域之间、学校之间以及群体之间的教育水平都存在着较大差异，如果政府不进一步调控，这种差异可能还有进一步扩大的趋势。如果不重视上述差距，或者任上述差距继续扩大，势必会影响到义务教育全面、协调和可持续发展，势必影响到教育的公平，甚至影响到社会主义和谐社会的构建。国外发达国家义务教育发展的经验和教训也充分证明，关注义务教育均衡发展以及实现教育机会均等，已成为世界各国近 20 年来提高国民素质和维护社会稳定的共同和重要举措②。

教育部长袁贵仁提出，各地要把义务教育作为教育改革与发展

---

① Pedro S. Martins，Pedro T. Pereira. 2004：Does Education Reduce Wage Inequality Quantile Regression Evidence from 16 Countries，Labour Economics 11，2004：355-371.

② 叶平，张传萍．解读《新义务教育法》［J］．政策，2006（8）：42.

的重中之重，把均衡发展作为义务教育的重中之重，把义务教育均衡发展作为国家推动教育发展的奠基工程和贯彻落实《中华人民共和国义务教育法》的重要工程，进一步完善政策措施，加大工作力度，切实抓紧抓好抓出成效，努力实现2012年义务教育区域内初步均衡，2020年实现区域内基本均衡的新目标，保障全体学生平等接受义务教育。我国正处于社会经济发展的转型期，义务教育发展的差距问题，越来越引起了社会各界的广泛关注。推进义务教育均衡发展、促进教育公平，已成为新时期、新阶段我国义务教育发展的新方向和新任务。《规划纲要》也明确提出"均衡发展是义务教育的战略性任务。推进义务教育学校标准化建设……均衡配置教师、设备、图书、校舍等各项资源"。可见均衡配置资源在义务教育均衡中至关重要。《规划纲要》还进一步明确指出推进义务教育均衡发展的战略部署，第一步切实缩小校际差异，着力解决择校问题；第二步，加快缩小城乡差距；第三步，努力缩小区域差距。各地政府为了落实国家政策和实施《规划纲要》，在推进义务教育均衡发展过程中，也配套制定了相应的地方政策文件，如湖北省教育厅就制定了《义务教育均衡发展的行动计划》，制定了"三化目标"、"四项工程"、"两个机制"。其中，"三化目标"指的是基础设施标准化、师资配置均衡化、教学质量一体化；"四项工程"即以县域为单位实施"学校标准化建设工程"、"教师队伍建设工程"、"教学质量提高工程"、"义务教育关爱工程"；"两个机制"指的是经费投入保障机制和督导评估机制。很多县市都将义务教育均衡发展纳入地方事业发展规划，建立义务教育均衡发展目标责任制度，还成立了义务教育均衡发展工作领导小组。这一系列从上至下的政策制度旨在全面提高义务教育质量和管理水平，推进义务教育的均衡发展，实现义务教育公平。

虽然各地根据上级政府颁布的政策文件，因地制宜地采取众多措施，以推动区域内的义务教育均衡，也取得了可喜的成就，很多薄弱学校的办学条件得到改善，学校之间的差距减小，贫困学生得到了资助，教育质量得到了提升。但是很多行政部门对义务教育均衡发展的理解存在着偏差。如有些地区误认为义务教育均衡是一个大“箩筐”，以前所有日常行政工作都可以纳入到义务教育均衡发展工程中来，甚至有些地区还沿袭原来的工作思路，采取了与义务教育均衡发展相违背的做法，盲目撤销教学点，建立示范优质学校。还有的地区没有摸清家底，不顾本身经济条件，盲目照搬其他地区推进义务教育均衡发展的模式，随心所欲地配置教育资源……现实的迷茫呼唤理论的创新，推行义务教育均衡发展的实践需要有关义务教育均衡发展的实质以及如何推进等方面的理论研究。

笔者在教育科研部门工作，在攻读博士期间，正好参加了湖北省教育厅《义务教育均衡发展的理论与实践》课题。为了了解义务教育均衡发展现状，经常到各地县市基层调研。从2009年开始，笔者已经到过湖北省通山、崇阳、华容、夷陵、监利、仙桃、松滋、潜江、黄梅等多个义务教育均衡试验点的县市，通过与当地教育行政人员以及教师座谈、查看资料和到学校考察，了解到了各县市推进义务教育均衡发展的举措、现状以及存在的问题。同时，在多年的义务教育学校调研中，笔者对义务教育学校的真实生活境遇有着深刻的体验。部分农村学校还存在着D级危房，教室破烂不堪，老师每次上课之前还要检查教室是否会出现新的裂缝，他们不仅承担着繁重的教学任务，而且还要为学生的安全问题忧心忡忡。有的教室除了灯泡以外，再也没有其他现代化的教学设备，粉笔加黑板是他们唯一的教学工具。部分学校教师素质跟不上课程改革的需要，难以开足开齐课程，特别是体音美英语老师紧缺。与此形成鲜明对照的是城市义务教育学校的优质资源，部分城市学校的教室有电子白板等先进的教学设备，有专门的活动室，甚至有的学校还聘请了外籍教师和专门的生活护理老师。在同一片蓝天下的义务教育，资源配置水平如此悬殊。笔者也曾到四川锦江参加了义务教育均衡发展与城乡教育发展的实践，惊叹于四川农村义务教育学校的优质均衡发展状况，四川锦江在四川省经济发展基础不怎么好的情况下，义务教育均衡发展为何硕果累累？是什么样的教育资源配置理念指导着当地政府？笔者在实践中，有种强烈的感性认识，那就是政府当前推进义务教育均衡发展，实质就是要均衡配置资源，加大对贫困地区和薄弱学校的资助，减少当前教育资源配置的差异，促进公平。这是政府推进义务教育均衡的第一步骤。但是，政府应该以何种标准来配置教育资源呢？这是笔者在工作与学习中一直困扰着的问题。

行文至此，本书提出研究问题的基本逻辑和研究假设是，由关注“基本公共服务均等化”到“义务教育公平”，到“为了实现义务教育公平，政府采取义务教育均衡发展策略”，到“政府推进义务教育均衡发展，实质就是要合理均衡配置资源”，再进一步转化为“政府为了推进义务教育均衡发展，应该以什么样的标准配置教育资源”。问题最后浓缩为：政府为何要公平配置义务教育资源以及以什么标准配置义务教育资源。上述问题具体化后，就成为本书重点研究的问题：

（1）政府为何要公平配置义务教育资源？

（2）我国义务教育资源配置标准的政策经历了哪些变化历程？

（3）国外发达国家义务教育资源配置标准有哪些值得我国借鉴？

（4）义务教育财政资源配置的现状怎样，标准应该如何？

（5）义务教育教师资源配置的现状怎样，标准应该如何？

上述问题就成为本书主要研究的问题。

1.1.2 研究意义

义务教育资源配置标准的研究，既是一个理论问题，也是个实践问题。该问题的研究，不仅可以深化对义务教育资源配置理论的理解，而且还有利于服务政府改革义务教育资源配置的实践，帮助政府树立公平理念，理解应该如何均衡配置教育资源。

（1）有助于梳理公平理论，从公平视角看待我国义务教育资源配置标准

本书将从背景、内容、影响和评析四个层面来梳理国外对义务教育资源配置标准产生过重要影响的四种公平理论，即科尔曼的教育机会均等理论、胡森的教育过程均等理论、阿玛蒂亚·森的能力贫困理论和罗尔斯正义论，并对四种公平理论进行利弊比较分析，

阐释和比较哪种公平理论更加适合我国义务教育资源配置标准的实情和指引我国未来义务教育资源配置标准改革和前进的方向。

我国近些年来，教育公平是备受理论研究关注的领域，有关教育公平的理论研究可谓汗牛充栋，众说纷纭。在与义务教育资源配置标准有关的公平与效率关系问题上，众多研究的侧重点不一样。如刘宇舫、李丽霞等学者认为教育资源配置应该坚持效率优先原则①，罗新云等学者认为应该坚持公平原则②，彭慧等学者认为要坚持义务教育财政资源的原则，如公平优先、兼顾效率原则、供求均衡原则以及利益兼顾原则③。经过多年的研究，大部分学者在我国义务教育资源配置标准应该坚持公平的观点上达成了共识。但是，我国义务教育资源配置标准，为何要坚持公平观，在众多的公平观中，我国应该坚持何种公平观，如何处理公平与效率的关系等问题，都应该从我国国情出发，给予科学合理的解释。本书将探讨在罗尔斯正义论的指导下，分析我国义务教育资源配置标准的现状和问题，建构符合罗尔斯横向公平、纵向公平以及机会公平的义务教育资源配置标准。这些研究将有利于人们深度理解，我国义务教育资源配置标准应该坚持公平优先原则，处理好横向公平、纵向公平以及机会公平的关系。

有关义务教育资源配置的理论研究比较多，如义务教育资源配置的内涵、性质、理论基础、现状、问题、方式、效率等。在上述研究中，很多学者都认识到了义务教育资源配置与公平的关系，但是义务教育资源配置标准与公平多个维度的关系，公平的价值观如何在义务教育资源配置领域实现和操作化，这些问题并没有阐释清楚，也尚未解决。本书将比较各种有关义务教育资源配置标准有关的公平理论，深刻阐释资源配置标准的理论基础以及分析的理论框

---

① 刘宇舫，李丽霞．基础教育资源配置的制度思考．中国制度经济学年会论文集［D］．2003：802-806.

② 罗新云．教育资源分配失衡及其政策均衡配置——以湘南B区义务教育为例［D］．长沙：中南大学图书馆，2007：52.

③ 彭慧．城乡义务教育财政资源配置的偏差与平衡研究［D］．桂林：广西师范大学图书馆，2006：26-30.

架。这些分析将有助于深化和丰富教育资源配置理论，实现义务教育资源的均衡配置。

(2) 有助于建立义务教育资源配置标准分析的理论范式

当前，有关教育资源配置的分析范式，一般分为两类，一类是定量的现象描述，分析思路一般是利用全国或者某个地区的数据，分析区域之间、城乡之间、学校之间以及群体之间资源配置的差异，然后提出问题，最后提出政策建议。另一类是定性分析，分析思路一般是从我国国家政策或者某种公平理论出发，阐释义务教育资源配置公平的重要性，然后从感性认识出发，指出当前义务教育资源配置的差异，最后提出政策建议。第一种分析范式提供了大量的数据资料以及比较新颖的研究方法，给人以客观感受，但是大部分定量分析缺乏理论基础，没有以某种理论视角或者某种理论框架来收集分析处理数据，这就如大厦缺乏根基，基础不牢，得出的结论和政策建议难以有说服力。第二种分析范式虽然有理论，但是大部分研究并没有将理论分析透彻，尚未解释我国义务教育资源配置标准为何要以某种理论或者政策为指导，即研究的理论和我国义务教育资源配置标准的实践之间的联系不强。本书将在已有研究基础上，在比较分析四种主要的公平理论以及梳理我国义务教育资源配置标准的政策走向基础上，提出与我国义务教育资源配置标准相适应的公平理论，并在这种公平理论基础上，采集和分析数据，使得定性分析和定量分析相互呼应，即定量分析以公平理论为指导，理论分析以定量分析为说明。这将有助于建立义务教育资源配置标准分析新的理论范式，改变现有定量分析和定性分析相互脱离的现状。

已有的研究是定性研究多，定量研究少。有限的定量研究又主要集中在义务教育资源配置的现状及其问题描述，缺乏分析的理论基础上，义务教育资源配置标准的研究少有人去涉及。可喜的是，在外文文献中，尤其是美国学者，提出了义务教育财政资源配置标准的模型，并在当地实践中取得了一些成效。我国地域辽阔，各个地区经济发展差异较大，义务教育发展水平差异也较大。因此，国外实施效果比较好的配置模型并不一定适合我国国情，可能产生水土不服。本书将在前人研究的基础上，以罗尔斯正义论为理论基础，采取一个省份三年义务教育发展数据，不仅分析资源配置现状，而且还在借鉴国外资源配置模型基础上，改进和建构新的资源配置标准模型和提出政策建议。本书研究采取的数据、数据分析的方法以及数据模型的建构，都将充实现有义务教育资源配置的定量分析。

(3) 服务于义务教育均衡发展实践，提供政策思路

当前，义务教育均衡发展就是要均衡配置资源，公平为主，兼顾效率。各地在推进义务教育均衡发展过程中，存在着许多误区，如有的地方政府依然强调效率，盲目撤并教学点，合并学校，集中优质资源建立示范学校，导致部分农村的适龄儿童不能就近入学，严重损害了受教育群体的教育公平。有的政府一味强调公平，大规模地强制优质学校的老师到农村薄弱学校任教，导致教师产生抵触情绪，教师交流不畅以及学校难以形成稳定的校园文化……部分政府的做法是与义务教育均衡配置资源和推进义务教育均衡的思想相违背，部分政府的做法看似是为了实现资源的均衡配置和推进义务教育均衡，但是没有以人为本，没有顾及老师个人的意愿，没有考虑到教师资源配置标准与财政资源配置标准的差异性……上述种种错误做法暴露出部分基层政府并不知道应该以何种标准配置资源，从而义务教育均衡发展的实效较小，也就难以真正推行义务教育均衡发展。本书的研究将会为政府资源配置标准提供参考，让政府配置资源“有章可循”。本研究主要是以实践为指向的研究，能为政府提供义务教育资源配置标准的参考意见和政策思路，这也是本研究的主旨所在。

1.2 文献综述

从查阅期刊网资源来看，目前专门研究教育资源配置标准的论文很少，对于义务教育资源配置标准的研究更是寥寥无几，仅有本

人在《教育与经济》2011年第2期上发表的《普通小学义务教育教师配置标准》一文，该文按照当前的教师资源配置标准，计算了一个省份120个县市普通小学教师超（缺）编状况，发现当前的教师配置标准只关注了在校生数，而忽视了农村小学普遍存在的校点分散、班额偏小等因素的问题。该文最后以“班师比”和“分类班额”为依据，设计新的普通小学教师资源配置标准和模型，从而以保障农村普通小学教学的正常运转①。有关义务教育资源配置标准的专门论著也很少，只有其中部分著作涉及了义务教育资源配置标准。

尽管如此，学术界对于“教育资源配置”、“财政资源配置”以及“教师资源配置”的研究比较多。专著类主要有雎国余、麻勇爱的《中国教育经费合理配置研究》②、旷乾的《教育资源配置中的政府与市场——基于中国现状的分析》③、高丽的《教育公平与教育资源配置》④、顾佳峰的《中国教育资源非均衡配置研究：空间计量分析》⑤、康宁的《中国经济转型中高等教育资源配置的制度创新》⑥、闵维方的《教育投入、资源配置与人力资本收益：中国教育与人力资源问题研究》⑦、李文才的《高校资源配置模式

---

① 张传萍．普通小学教师资源配置标准研究——以湖北省为例［J］．教育与经济，2011（1）：10-15.

② 雎国余，麻勇爱．中国教育经费合理配置研究［M］．北京：北京大学出版社，2009.

③ 旷乾．教育资源配置中的政府与市场——基于中国现状的分析［M］．南宁：广西教育出版社，2007.

④ 高丽．教育公平与教育资源配置［M］．北京：中国社会科学出版社，2009.

⑤ 顾佳峰．中国教育资源非均衡配置研究：空间计量分析［M］．北京：中国建筑工业出版社，2010.

⑥ 康宁．中国经济转型中高等教育资源配置的制度创新［M］．北京：教育科学出版社，2005.

⑦ 闵维方．教育投入、资源配置与人力资本收益：中国教育与人力资源问题研究［M］．北京：经济科学出版社，2009.

与绩效》① 等。有关的期刊论文较多，如范先佐的《论教育资源的合理配置与教育体制改革的关系》、张盛仁的《浅论教育资源配置的理论基础》、岳昌君的《经济发展水平的地区差异对教育资源配置的影响》等。有关的学位论文也较多，如吕海鸿的《城乡义务教育资源配置研究》、许丽英的《教育资源配置理论研究》等。“教育资源配置”、“财政资源配置”以及“教师资源配置”与本书要研究的义务教育资源配置标准相比，前者是后者的上位概念，研究范围较为宽泛，但是上述研究对本书研究还是有借鉴意义。现对“教育资源配置”、“财政资源配置”以及“教师资源配置”的研究进行综述整理，以揭示当前研究的成就和不足，寻找本书要研究的重点与难点，从而为本书的研究奠定良好基础。

1.2.1 有关教育资源配置的研究

教育资源配置一直是教育经济学研究的一个重要领域和主题，如教育资源配置的主体、范围、方式、效率、现状、优化等。上述各个问题的研究都比较多，既有定量与定性研究，又有现状描述和理论阐释研究。现将教育资源配置与本书研究相关程度高的研究，分为教育资源配置的实质、教育资源配置的研究理论、教育资源配置的现状以及优化三类，进行综述。

(1) 有关教育资源配置实质的研究

教育资源配置实质，实际上是一种价值分析，它会影响评析教育资源配置现状和构建教育资源配置标准的立场。有关教育资源配置实质的研究，众说纷纭。概括起来大概有三种代表性的观点，即教育资源配置的实质就是优化配置、教育资源配置的实质就是利益博弈，教育资源配置的实质就是教育制度供给与需求矛盾。

教育资源配置的实质就是优化配置，其内容是合理配置教育资源、减少教育资源的浪费以及提高教育资源的利用效率。简而言

---

① 李文才．高校资源配置模式与绩效［M］．北京：北京师范大学出版社，2011.

之，教育资源配置的实质就是要提高效率①。关于如何优化教育资源配置的问题，这方面的研究也比较多。李明认为只要政府简政放权，退出市场干预，市场机制就能够对教育的物质资源和人力资源自行优化配置，提高资源效率②。传统的计划机制的弊端表现得比较明显，市场机制的优势已经体现出来，我国要建立以市场为导向和坚持以需求为主的市场机制③。市场机制也是高等教育资源配置的有效方式之一，促使政府、学校和学生本人效益的实现④。还有学者提出要通过办学体制、管理体制以及投资体制三方面的改革，以促进教育资源配置通过市场机制来运作⑤。教育券也是一种高效的资源配置方式，可以明晰产权，减少交易成本，提高配置效率，将市场机制引入了教育领域，是对资源配置方式的制度性创新⑥。资源配置方式可以根据教育的产品属性来定。公共产品属性较强的教育，其资源配置就由政府预算来实现，私人产品属性强的教育，其资源配置可以通过市场的价格机制来实现⑦。范先佐教授认为计划和市场对教育资源配置都起作用，他立足我国国情，指出市场调节和计划调节相结合，是我国经济不发达阶段对教育资源配置的客观要求，这就具有决策集中性与分散性相结合、精神鼓励与物质奖

① 吕海鸿．城乡义务教育资源配置研究［D］．沈阳：东北师范大学图书馆，2006：2.

② 李明．高等教育资源的配置与市场机制的关系［J］．教育与经济，2002（1）：51-53.

③ 田凤清，谢家训．社会主义市场经济与教育资源配置机制自议［J］．教育与经济，1997（3）：16-19.

④ 李明．高等教育资源的配置与市场机制的关系［J］．教育与经济，2002（1）：51-53.

⑤ 谢家训．关于转变教育资源配置方式的研究［J］．教育与经济，1999（3）：31-35.

⑥ 赵宏斌．教育券：基础教育财政资源配置的制度性创新［J］．教育与经济，2003（2）：35-38.

⑦ 杜育红．论教育资源配置方式的选择［J］．教育与经济，1998（1）：42.

励相结合、横向和纵向信息相互沟通等优势①。

教育资源配置的实质就是不同利益主体之间的利益关系，不同利益主体之间的利益博弈，利益关系的演化是教育资源配置格局调整的根本动力。有学者认为公平与效率是资源配置的价值取向，不存在孰优孰劣的问题，两者都是资源配置的相对独立的目标，两者具有不可替代性。在义务教育资源配置中，除了考虑优势群体利益外，还更应该保障弱势群体的利益。为此，政府就要设计教育补救制度和采取的各种教育补救行为，来保障弱势群体的受教育权利②。

教育资源配置的实质就是教育制度供给与需求的矛盾，是制度供给与需求没有达成一致，根源就在于学校内部产权界定不清晰，没有对教育的利益相关者产生约束。因此，有学者从产权角度，提倡重组公立学校的产权结构，明晰民办学校的产权，弱化政府对学校的行政干预③。徐文撰文提出异议，认为义务教育的产权是国有产权，其资源配置应该采用国有产权的资源配置方式，由国家通过强制性税收等财政手段来提供④。有学者还认为供求均衡是教育资源有效配置的标准，供求关系影响到教育资源配置的三个环节，即培养什么样的人才，如何培养人才以及怎样分配人才。供求机制可以自动实现教育资源配置的均衡教育⑤。王伟清针对我国当前是以资源供给为主导的配置观，提倡以需求为导向的资源配置观点，从

---

① 范先佐．论教育资源的合理配置与教育体制改革的关系［J］．教育与经济，1997（3）：7-15.

② 许丽英．教育资源配置理论研究［D］．沈阳：东北师范大学图书馆博士论文，2007：36-38.

③ 宁本涛．调整结构、明晰产权——对我国教育资源配置效率与公平问题的制度分析［J］．教育与经济，2000（3）：1-5.

④ 徐文．义务教育资源配置的产权分析［J］．教育与经济，2003（2）：39.

⑤ 马晓燕．资源配置与教育供求关系初探［J］．教育与经济，2000年专辑：14-17.

而实现教育系统的系统目标①。

教育资源配置是从经济学迁移过来的概念，上述三种教育资源配置的实质都是从经济学的角度来分析，无疑有其合理性，义务教育领域的资源配置与经济领域的资源配置有着天生渊源关系。但是，教育资源配置与经济领域的资源配置除了有共性之外，还应该有自身的特殊性。如果仅从经济学来谈教育资源配置的属性，忽略教育的特殊性，上述三种教育资源配置的实质观点就有了片面性。

(2) 有关教育资源配置研究的理论基础

在分析教育资源配置实质的基础上，教育资源配置的理论基础也是学者研究的主题。教育资源配置研究的理论基础，会解决教育资源配置研究的视角，避免表面分析问题。教育资源配置本身是从经济学迁移过来的概念，本身并没有理论，必须从经济学、教育学、伦理学等其他学科领域寻找理论基础，经济学理论成为教育配置理论的主要来源。

新制度经济学的产权理论可作为义务教育资源配置研究的理论基础。徐文教授对教育产权进行了较为深入的研究。他认为：“教育产权的资源配置功能就是指教育产权安排或产权结构驱动教育资源配置状态改变或影响教育资源配置的调节。”② 教育产权的建立、稳定、变更等，都会对教育资源配置产生影响。产权理论可以解释不同的教育产品属性，应该采取哪种教育资源配置的主体和方式会更有效率。针对我国义务教育国有产权的局限性，徐文还建议要进一步明确政府的责任，建立代理人机制、发放教育券等。③

产业经济学中的规范经济理论、规模经济和范围经济也可以作为教育资源配置研究的理论基础。运用这些理论可以解释教育配置

---

① 王伟清．论基于需求的教育资源配置系统观［J］．教育与经济，2010（1）：46-50.

② 徐文．教育产权论［M］．武汉：湖北人民出版社，2007：10.

③ 徐文．义务教育资源配置的产权分析［J］．教育与经济，2003（2）：39-44.

资源的来源、谁来配置以及配置方式等诸多教育资源配置问题。在现有研究中，有很多研究就是运用规范经济理论、规模经济以及范围经济理论，来解释和建构学校和班级规模等资源配置问题①。部分学校经过学校布局调整后，提高了规模效益，改善了办学条件，提高了教育教学质量，因此，可以把学校布局调整作为提高教育配置效率的有效途径②。

公共产品理论可以作为义务教育教师资源配置的理论基础。公共产品是向全体成员提供，具有非竞争性和非排他性。在市场经济下，市场可以提高教育资源配置的效率。义务教育作为典型的公共产品，依据公共产品理论，义务教育应该由政府来提供。政府在教育资源的配置中应该起主导作用，应该由政府来管理和配置③。

资源配置理论可以作为教育资源配置的理论基础。资源配置就是各种资源在不同使用方向上的分配，以实现效率的最大化。教师资源的优化配置要实现效率与公平的统一，主要表现包含两个层面：第一个层面是学校内部的教师资源的优化配置，主要依靠学校管理来提高效率；第二个层面是学校之间的教师资源优化配置，主要依靠教师流动来改善教师的结构，从而提高效率④。

也有学者把伦理学中的公平作为义务教育资源配置研究的理论基础。袁佩琦在博士学位论文中，分析了有代表性的教育平等以及教育公平理论，最后得出结论：为了缩小教育差距，实现教育平等，政府就必须按照罗尔斯正义论中的“差别原则”平等地配置资源。罗尔斯的正义论可以作为分析义务教育资源配置和教育均衡

---

① 张盛仁．浅论教育资源配置的理论基础［J］．教育与经济，2008(3)：30-32.

② 杨平．调整学校网点布局提高资源利用效率——关于黑龙江省农村中小学教育资源配置问题的调查与分析［J］．教育与经济，1998（4）：28-29.

③ 张雷．城乡义务教育师资均衡问题研究——以山东省为例［D］．济南：山东师范大学图书馆，2011：15.

④ 刘大兰．初中教师资源优化配置研究——以县域为视角［D］．南昌：南昌大学图书馆，2008：15.

的理论工具①。顾海晓从资源配置的“过程”与“结果”两个环节来分析教育资源配置公平的内涵。“过程”公平就是指按一定的原则筹集资源以及通过某种机制配置教育资源的环节；“结果”公平就是指最终形成的资源配置结构，该文从两个公平的维度来分析了义务教育资源配置的现状②。

新公共管理理论可作为高校教师资源配置的理论基础。新公共管理的理论在吸纳经济学注重效率的基础上，主张政府在公共部门，采用私营部门的竞争机制以及管理方法，提高公共服务和产品的产出。新公共管理研究的主体是公共部门，高校教师资源配置属于准公共产品，具有公共产品的属性，可以纳入新公共管理研究的视域。新公共管理研究的前提是“经济人”假设，高校教师虽然不是“经济人”，但也具有“经济人”的某些属性，教师流动很大程度上是工资福利带动的。新公共管理理论的目的是要为了使得公共部门提供更好的服务，高校人力教师资源也是为了给人民提供更加优质的服务。新公共管理理论在研究主体、研究前提以及价值诉求三个维度都与高校教师资源配置具有适用性，因此，新公共管理理论可以作为高校教师资源配置研究的理论基础③。

还有部分硕士学位论文在分析教师资源配置问题时，提及了从伦理学角度（罗尔斯正义论）、教育学角度（教育平等理论）、法学角度（受教育权利应该受到法律保护）④ 分析，以公共产品理

① 袁佩琦．公共政策视角下的北京市义务教育资源均衡配置研究［D］．北京：北京邮电大学图书馆，2008：6-10.

② 顾海晓．我国义务教育资源公平配置的研究［D］．南京：南京师范大学图书馆，2003：5.

③ 张梅．新公共管理视域下高校英语教师人力资源优化配置研究［D］．西安：西北大学图书馆，2010：12-14.

④ 栾素梅．甘肃省少数民族地区义务教育阶段师资配置现状及对策研究——以肃南县和积石山县为例［D］．兰州：西北师范大学图书馆，2008：3-5.

论、新公共管理理论、第三部门理论和人力资本产权理论为理论基础①。

上述研究视角或者理论对研究教师资源配置标准的确有启发，但是一个问题从多个角度来分析，就容易导致理论和视角之间相互矛盾，不能自圆其说，研究和分析也不够深入。论文的研究最好在众多视角和理论中选择最优的一种，然后按照一种理论，深刻和详细分析教育资源配置的多种问题。

（3）有关义务教育资源配置现状的研究

有关义务教育资源配置现状的论文比较多，如沈百福的《中国省级地方教育投资的区域比较研究》②、谈松华的《我国教育发展的区性特征及其战略选择》③、魏后凯的《地方分权与中国地区教育差异》④、王善迈的《中国教育发展不平衡的实证分析》⑤ 和《中国基础教育发展的不平衡和资源配置》⑥、傅维利的《论区域经济发展的不平衡与欠发达地区的教育抉择》⑦、马培芳的《优先发展西部教育的战略意义及其投资对策研究》⑧ 等。比较有代表性

---

① 耿海波．制衡与匡正：我国公办中小学教师资源配置力量研究［D］．开封：河南大学图书馆，2010：4-8.

② 沈百福．中国省级地方教育投资的区域比较研究［J］．教育与经济，1994（4）：1-15.

③ 谈松华．我国教育发展的区性特征及其战略选择［J］．教育研究，1993（2）：3-9.

④ 魏后凯．地方分权与中国地区教育差异［J］．中国社会科学．1997（1）：195-197.

⑤ 王善迈．中国教育发展不平衡的实证分析［J］．教育研究，1998（6）：19-23.

⑥ 王善迈．中国基础教育发展的不平衡和资源配置［J］．中小学管理，2000（3）：38-39.

⑦ 傅维利．论区域经济发展的不平衡与欠发达地区的教育抉择［J］．教育研究，1995（4）：39-44.

⑧ 马培芳．优先发展西部教育的战略意义及其投资对策研究［J］．教育研究，1995（12）：23-28.

的专著有翟博的《教育均衡论》，翟博通过设计指标群，分析出我国教育在区域之间、城乡之间、学校之间以及群体之间都不均衡①。杜育红的《教育发展不平衡研究》，运用定量分析，得出我国教育发展不均衡②。

教育资源配置不均衡是由于多种因素造成的，学者仁者见仁，智者见智。蒋鸣和认为地区教育资源配置不平衡是由于公共财政分配的差异导致的③，岳昌君通过分析发现，人均教育经费与人均地方财政收入呈现高度正相关，指出教育资源配置的差异是由于经济发展水平的差异引起的，教育发展水平取决于经济发展水平，教育资源配置的公平状况应该放在国家资源配置公平的整体框架来分析④。

总之，上述研究，既有定性分析又有定量分析，既有现状描述又有理论阐释，从多个角度向我们展示了我国义务教育资源配置不均衡现状。但遗憾的是，上述研究现状描述较多，定量分析还停留在表面，定量与定性研究还没有结合起来。

（4）有关教育资源配置优化的研究

优化教育资源配置是个系统工程，有众多策略。如提高认识，重视教育的发展⑤，明晰产权，转变资源配置方式⑥和创建制度，

① 翟博．教育均衡论［M］．北京：人民教育出版社，2008：190-244.

② 杜育红．教育发展不平衡研究［M］．北京：北京师范大学出版社，2000.

③ 蒋鸣和．中国义务教育发展县际差距的估计［C］．教育指标与政策分析国际研讨会论文，1999.

④ 岳昌君．经济发展水平的地区差异对教育资源配置的影响［J］．教育与经济．2003（1）：40.

⑤ 严少锋．千方百计落实教育优先发展的战略地位［J］．教育与经济．1998（3）：31-36.

⑥ 吴怡兴．也谈社会主义市场经济条件下的教育资源配置方式教育与经济［J］．1999（1）：22-25.

减少交易成本①，提高资源的利用率②等。上述资源配置的优化策略，都有其合理性。但是，为何各种策略各自为政，让实践部门无所适从，主要是上述研究缺乏理论研究基础，导致资源优化的策略过于泛化，不能击中问题的要害。

1.2.2 有关教育财政资源配置的研究

教育资源，最终都是以经费来表现。很多学者针对教育财政配置问题，进行了大量的研究。这方面的研究，定量分析的比较多。因此，本书在综述时，不仅注重了研究的结论，而且还注重了研究的方法，尤其是定量研究的分析单位以及分析指标。

(1) 有关教育财政资源重要性的研究

对于教育财政资源的重要性，很多学者几乎都达成了共识。如公用经费是保障教育质量的重要条件③，公用经费的不足，不仅会影响到学校的入学率，还会影响到教育质量④。

(2) 有关教育财政资源的现状研究

有部分硕士及博士的学位论文就以教育财政资源配置为主题，研究了当前我国义务教育资源配置的问题，尤其研究城乡义务教育财政资源配置差异的学位论文较多。如吕海鸿的硕士

---

① 赵祥胡，志军论. 制度在高等教育资源配置中的作用 [J]. 高教探索 2009 (6): 68-71.

② 张素蓉. 教育资源的合理配置及有效利用是缩小基础教育质量城乡差异的根本保证. 教育与经济 [J]. 1997 (1): 25-29.

③ M. Lockheed, and A. Verspoor. Improving primary education in developing countries: A review of policy options [M]. Washington, DC: The World Bank, 1990.

④ M. Tsang. Intergovermental grants and the financing of compulsory education in China [J]. paper pressented at the seminar on educational reform in China, held at Harvard Graducat School of Education, Cambridge, Massachusetts, July 13-14, 2001.

学位论文《城乡义务教育资源配置研究》，以生均教育经费以及生均预算教育经费为指标，分析吉林市城乡义务教育资源配置的现状，发现该市义务教育财政经费存在着配置比例失衡、利用效率低下以及农民负担过重等问题，然后指出差异发展的教育政策是导致财政资源配置失衡的主要原因，最后提出深化农村经费保障机制、制定法律法规、提高使用效率、建立农村贫困地区教育发展基金等建议①。彭慧的硕士学位论文《城乡义务教育财力资源配置的偏差与平衡研究》，计算了全国、东中西部以及桂林市城乡义务教育的生均经费、生均拨款、生均公用经费、生均预算内公用经费四项指标的差异，在分析城乡义务教育财力资源配置差异的原因之后，提出了如明确各级政府投入责任、建立城乡义务教育资源共享机制、完善教育资源配置的发展与规章制度等均衡策略②。

很多学者对我国义务教育财政经费配置的现状进行了实证分析。王善迈等学者的实证研究，得出的结论是我国教育经费支出的区域性差异呈现出上升趋势③。岳昌君运用基尼系数方法，计算各个省份教育经费配置差异，以及各个省份的经济发展水平对教育经费投入的影响程度。结果显示，各个省份的教育经费水平取决于该省的经济发展水平，两者呈现了正向相关④。很多学者都是利用地方数据，采取"两个比例"和"三个增长"实施情况，以及预算内教育经费使用结构来分析三个以上年度的教育经费的配置状况，得出政府投入偏低，高等教育经费占用比例偏高、城乡学校教育经

---

① 吕海鸿．城乡义务教育资源配置研究［D］．沈阳：东北师范大学图书馆，2006：2.

② 彭慧．城乡义务教育财力资源配置的偏差与平衡研究［D］．桂林：广西师范大学图书馆，2006：1-40.

③ 王善迈，杜育红．我国教育发展不平衡的实证分析［J］．教育研究，1998（6）.

④ 岳昌君．经济发展水平的地区差异对教育资源配置的影响［J］．教育与经济，2003（1）：35-41.

费存在着显著差异等结论①。

上述研究都是以省区市为样本单元计算差异，但是这种样本选取忽视了我国教育差异更多是由于省内引起的事实。王蓉教授通过实证研究得出结论，小学和初中的教育经费支出上的差异，是由于省内差异引起的，而不是省际差异，也就是义务教育经费的差异更多的是省内差异，而不是省际差异②。叶平也撰文指出，以省区市为样本单元计算差异，必然“会因省域平均值而‘抹平’了省域内部以及城乡之间的差距，从而掩盖了全国基础教育生均经费总体的‘贫富’差距，大大削弱了基尼系数的敏感度”。该文提出，以县市为单位采取数据，不仅是针对生均经费的基尼系数计算而言，而且对于计算义务教育资源配置差异同样适用，并建议选取生均教育经费、生均预算内教育经费支出、生均公用经费、生均预算内公用经费支出以及表征师资水平等指标来动态监测义务教育均衡发展的偏离状况③。在后来的研究中，有少数学者以县为单位，分析县级义务教育资源配置状况。如张力、王蓉等学者都分析了生均教育经费支出与地方经济发展能力的相关关系④。曾满超和丁延庆也曾以县为单位，研究结果发现，生均支出的不平等主要是省内不平等，省内不平等主要是县间的不平等⑤。成刚以学校为单位，选取生均教育事业费、生均预算内教育事业费、生均公用经费、生均预算内公用经费四个教育经费指标，采取单变量、双变量和多变量的

① 盛世明．“九五”期间北京市地方教育资源配置状况分析［J］，教育与经济，2003（4）：44-48；马佳宏，彭慧．偏差与平衡：城乡义务教育财力资源配置问题研究［J］．教育与经济，2006（4）：39-42.

② 王蓉．我国义务教育经费的地区性差异研究［C］．北京大学教育经济研究所，2001.

③ 叶平，张传萍．基础教育生均预算内公用经费基尼系数的再考查——兼与杨颖秀教授商榷［J］．教育研究，2007（2）：53.

④ 张力．面对贫困［M］．南宁：广西教育出版社，1998；王蓉．我国义务教育投入之公平性研究［J］，经济学季刊，2003（2）.

⑤ 曾满超，丁延庆．中国义务教育资源利用及配置不均衡研究［J］．教育与经济，2005（2）：39.

统计方法，计算了某省普通小学三个年度的财政公平现状，最后得出，该省的贫困资源倾斜政策取得了效果，但是横向公平和纵向公平都存在着问题。① 该文的分析方法和分析思路都值得本书学习和借鉴。

(3) 有关教育财政资源的优化研究

教育财政资源配置的改善，会改善社会公平，并提高教育资源的利用效率和促进社会稳定②。与教育资源配置优化一样，教育财政资源配置的优化策略也有很多。如解决财政问题，需要政府间转移支付③，改革管理体制、加强政府的宏观调控作用以及经费管理、降低成本、加强评估与管理等建议④。

有学者运用经济学中的效用、边际效用以及总效用之间的关系，认为高校的财力资源优化配置的原则，就是要实现高校办学各个方面的最后一份投入的边际效用相等，作者文末提出高校财力的边际效用很难量化⑤。该学者照搬经济学的边际效用理论来分析高校财力资源配置，不仅边际效用难以量化，而且高校的公益性决定了高校的财力配置还不能仅用边际理论来分析。还有学者运用“帕累托最优”理论来分析高校财力资源配置，在给高校配置财力资源时，还要充分考虑机会成本，根据机会成本最小的原则，依据

---

① 成刚．省内义务教育财政公平研究——基于西部某省小学数据的经验分析［J］．清华大学教育研究，2008（5）：101-111.

② Mun Tsang. Finaning Compulsory Education in China，Establishing and Strengthening a Substantial and Regularized System of Intergovermental Guants［J］Harvard China Review（2002）．15-20.

③ M. Tsang and H. levin. The impact of Intergovernmentgrants on Educational Spending［J］. Review of Education Research. Vol. 53，NO. 3（1983），pp. 329-367.

④ 王忠业，聂学岭．对高等学校财力资源优化配置的思考［J］．黑龙江高教研究，2006（6）；严全治．地方高师本科院校财力资源优化配置问题的研究［J］．教育与经济，1998（4）.

⑤ 章跃．边际效用理论与高校财力资源的优化配置［J］．江苏高教，2001（6）：26-28.

高等教育自身发展的重要性顺序安排资金①。

另外，很多学者都从不同角度介绍和分析了国外义务教育资源配置状况，尤其是美国的义务教育财政资源配置标准。关于美国义务教育财政资源的配置标准，本书将专章进行论述。

上述研究有利于帮助我们认识义务教育财政资源配置的重要性，当前义务教育资源配置存在着省际差异、城乡差异、学校之间的差异的事实以及改善的相关措施。其分析思路呈现了共同趋势，首先采取生均经费指标分析城乡财政资源配置现状，然后寻找原因，最后提出政策性建议。这种分析基本上并没有提出适切的研究理论和视角。分析单位以国家或者以省份为主，多数的实证分析数据也只采用了一个年度的数据，计算方法不得当，这种简单化的分析难以总结义务教育财政资源配置的变化趋势，不能真实反映现实问题等。有关以县市为单位，多年度的定量分析还比较缺乏。美国的义务教育财政资源配置标准的研究虽然较为成熟，但也不能照搬到我国。上述不足都需要进一步研究和改善。

1.2.3 有关教师资源配置的研究

教师资源是教育资源中的重要资源，是实现教育公平的关键所在。与教育财政资源相比，教师资源的均衡配置需要更长的时间。

(1) 有关教师资源配置重要性的研究

义务教育阶段的学生，身心尚未发展成熟，需要教师的指导和引领，教师就扮演了重要角色。教师是义务教育资源中重要的资源，是实现义务教育均衡的核心要素和重要保障。甚至可以说，义务教育的均衡化的核心就是师资水平的均衡化②，一个受教育群体相对于其他受教育群体在教师资源方面所占有的质的差异是最致命

① 王红悦．高等教育财力资源配置与优化途径［J］．湖湘论坛，2006(6)：90.

② 关玉波．师资配置与义务教育均衡发展研究［D］．厦门：厦门大学图书馆，2009：7.

的教育不公平现象①。

一个地区教育失衡的深层次的原因，就在于优质教师资源不能保证。义务教育阶段教师配置失衡，主要是由于滞后的二元的城乡制度与义务教育体制等教育政策、教师个人发展差异以及待遇差异等原因导致②。学校“硬件”均衡容易在短时间内实现，但是“软件”师资均衡即使在财政经费充足的情况下，也难以在短时间内实现。于是很多学者如陈峰认为实现义务教育均衡发展的难点就在于“软件”的配置，而教师资源的配置成为这种资源的“重中之重”③。朱剑伟介绍了日本义务教育“教师定期流动制”、美国义务教育“补偿教育方案”、法国义务教育“优先教育区政策”和英国义务教育“教育行动区计划”④，各国都将教师资源配置作为实现教育公平的重要手段。

薛海平等学者用数据说明教师资源在基础教育资源配置中的作用，通过教育生产函数的多水平模型分析，发现以生均公用经费和教师质量为核心的学校教育资源配置不均衡在很大程度上决定了城乡和校际间教育质量的差异⑤。

（2）有关教师资源配置现状的研究

教师资源配置存在着很多问题，在数量出现“集聚”与“知缺”并存的状况，在质量上存在地区分布不均衡，优质教师流动

① 李方强．教育公平视野下的城乡教师流动机制的构建［J］．天津师范大学学报，2006（3）：9.

② 姜俊和，郝世文．辽宁省均衡发展的义务教育教师资源配置探析［J］．沈阳教育学院学报，2010（2）：101-104.

③ 陈峰．均衡取向下的义务教育教师资源配置研究［J］．教育导刊，2007（2）：6.

④ 朱剑伟．区域义务教育阶段教师资源均衡配置政策研究——以上海市长宁区为例［D］．上海：上海师范大学图书馆，2010：22-26.

⑤ 薛海平，王蓉．我国义务教育公平研究［J］．教育与经济，2009（3）：1-14.

也不合理①。在所有定性研究中，韩延明等学者的研究比较有见地。他们指出了我国当前教师资源配置模式具有强制性（体现在法律和权力的强制性）、等级性（体现在各级学校之间教师配置的差别性）以及偏向性（体现在重点学校与非重点学校、普通学校与职业技术学校、发达地区与不发达地区的学校之间的不均衡）。这种配置模式虽然促进了教育在短时间的快速发展，但是导致教育在各级之间以及各地之间的不均衡发展，并提出教师资源配置应该改变单一的法律与行政权力的配置方式，提高教师行业吸引力，引进市场机制进行配置等建议②。城乡教师资源配置不均衡主要是由于多年来“积重难返”重点学校制度、“城乡倒挂”的教师编制标准、“进退失据”的教师流动政策以及“后继乏力”的教育监督制度引起③。

我国农村义务教育的教师资源配置暴露出的问题更多，也受到学者的格外关注。尽管义务教育资源配置均衡非常重要，但是当前小学教师资源配置存在着很多问题，义务教育教师资源均衡配置面临着我国中小学教师资源在城乡、区域、校际之间分布不平衡的问题，农村教师资源的配置存在的问题更为突出，是教师资源配置的“短板”④。农村中小学教师学历和实际能力的脱节，专业结构不合理、学科不配套、教非所学现象严重，教师年龄过于老化⑤。这些问题主要是由于农村义务教育教师资源配置制度存在着诸多缺陷，如社会保障制度的不完善，导致农村教师资源的流失严重；农

---

① 黄培森．义务教育阶段教师资源合理化配置探析［J］．教育探索，2012（4）：103.

② 韩延明，李春桥．教师资源配置的现行模式与改造［J］．教育与经济，1997（1）：21-24.

③ 张雷．城乡义务教育师资均衡问题研究——以山东省为例［D］．济南：山东师范大学图书馆，2011：31-39.

④ 黄伟．关于义务教育教师资源均衡配置的若干思考［J］．中小学管理，2010（12）：45.

⑤ 赵秀丽．浅议农村中小学教师资源配置的现状及应对措施［J］．时代教育，2010（8）：210.

村教师工资保障制度的不健全，降低教师在农村学校工作的积极性；农村教师培训制度的缺失，导致教师质量得不到提高；农村教师人事制度改革不全，造成农村教师队伍结构不稳①。高正绪认为农村基础教育教师资源的配置基本上是由办学主体和管理主体通过行政权力和管理权力来实现的，各级各类学校的教师资源配置存在很大差异，从而影响了教育的公平②。要解决城乡教师资源配置的失衡，不仅要吸引城镇优质教师和大学生支援农村教育，而且还要对现有的教育体制进行改革，从制度根源上解决农村教师的生存与发展，如加快城乡一体化发展进程，统一城乡学校教师配置标准和向农村学校倾斜的政策，强化农村投入政策，建立合理的教师流动制度，保障农村教师培训制度等③。针对城乡教师编制严重不平衡以及城乡教师待遇不公的情况，建议国家可以建立以中央和省级财政为主的基础教育投资体制④。

教师资源配置现状的定量研究也很多，大多研究是运用数据说明教师资源配置在区域、城乡以及学校之间的差异。有的研究是以我国省份为数据分析单位，如沈有禄等学者主要运用百分比方法，通过比较湖北、甘肃、北京三个地区在2003—2006年期间，普通小学生师比、专任教师中学历达标率、专科及以上学历教师比例、小学一级及以上职称教师比例、小学高级及以上职称教师比例等指标，指出我国教师资源配置存在着明显差异，呈现出明显的不均衡配置状况⑤。该学者还运用人均总量、极差、标准差和差异系数等

---

① 王靖．农村义务教育教师资源配置制度研究［J］．当代教育论坛，2009（9）：84-85.

② 高正绪．对农村基础教育教师资源配置问题的思考［J］．教育与经济，1999（3）：63.

③ 王宪平．我国城乡中小学教师资源配置失衡问题及对策［J］．浙江师范大学学报（社会科学版），2011（5）：122-124.

④ 尹德琪，王艺霖．重庆市城乡教育统筹中教师资源配置问题探究［J］．西南农业大学学报（社会科学版），2012（2）：186-189.

⑤ 沈有禄，谯欣怡．全国分地区普通小学教师资源配置差异分析［J］．教育与经济，2010（2）：63.

指标，比较我国各省区市普通初中在2001—2004年的生师比的变化趋势，得出各地在教师资源配置占有上都存在明显的“马太效应”，即发达地区的教师资源占有更优秀的资源，薄弱地区的教师资源占有更加劣势的资源，两者的差距有扩大趋势①。该学者还运用同样的方法，分析了普通高中教师资源配置状况，得出的结论也如出一辙，城乡学校之间教师资源配置存在差异，城镇教师资源配置要优于农村②。义务教育阶段的学校的教学，是以班级为单位来教学。“师班比”比“生师比”更能反映教师质量的情况，提出了“师班比”定量分析指标的重要性。通过计算我国城乡小学在2002—2008年“师班比”的变化趋势，得出县镇和城市的师班比大大高于农村③。有的学者是以省或者市为数据分析单位，如周冬祥以武汉市中小学教师资源配置为例，分析了城市中小学教师在年龄结构、学历结构、职称结构等方面配置的不均衡，并提出了化解教师资源配置两极分化的建议④。王鹏炜等学者主要通过比较城市、县镇和农村百分比的三组数据，计算说明陕西省农村教师资源配置存在着学历层次偏低、专业技术职务水平偏低、老龄化现象突出、结构性缺编等问题⑤。孙广骞采取了同样的研究的思路，得出了湖南省义务教育教师资源的配置差异⑥。关玉波在硕士论文中运

① 沈有禄．教师资源配置差异的实证研究——全国分地区普通初中生师比比较研究［J］．上海教育科研，2007（10）：13-15.

② 沈有禄，樵欣怡．全国分地区普通高中教师资源配置差异分析［J］．现代教育管理，2009（11）：69-73.

③ 董世华，付义朝．我国中小学教师资源配置失衡的实证分析及对策［J］．现代教育管理，2010（8）：95-96.

④ 周冬祥．二元结构型城市教师资源配置的现状分析与对策研究——以武汉市中小学教师资源配置分析为例［J］．教育与经济，2008（3）：33-36.

⑤ 王鹏炜，司晓宏．城乡教育一体化进程中的教师资源配置研究——以陕西省为例［J］．陕西师范大学学报（哲学社会科学版），2011（1）：158-159.

⑥ 孙广骞．湖南省义务教育教师资源均衡配置探析［J］．中国科教创新导刊，2012（14）：3.

用定量分析方法，得出义务教育学校教师资源配置在城乡、地区以及学校之间存在着差异①。

也有学者介绍了国外义务教育教师资源配置状况。通过数据分析发现，印度基础教育的生师比较高，教师数量的增长速度要高于学生的增长速度，教师质量较高，教师接受在职培训的比例较高。印度由于高度重视高等教育，挤占了基础教育资源。但是印度基础教育的教师质量要高于同期的中国②。

(3) 有关教师资源配置优化的研究

教师资源的均衡配置是实现教育均衡发展的关键所在。为了缩小学校之间教师资源配置的失衡，很多学者都提出了合理性建议。针对教师资源配置失衡根源就在于教师待遇的差距，提出要促进教师资源的均衡配置就要调整城乡教师劳动力价格，建立教师合理流动的调节机制。实行教师全员流动才能从根本上实现教师资源的均衡配置，对流动教师实行“同工同酬”以及“差异补偿”③。针对生师比在教师资源有效配置中的重要意义，提出实现教师资源的优化配置，就需要考虑教师资源投入水平、平均班额和教师待遇等政策变量④。也有学者从教师资源配置的有效机制方面提出了建议，正确认识教师的劳动价值，全面实施教师资格制度、建立“教育集团”、建立和健全教师社会保障机制等⑤。国家还应该制定一系列的宏观制度，确立义务教育教师为国家教育公务员，实行“以

① 关玉波．师资配置与义务教育均衡发展研究［D］．厦门：厦门大学图书馆，2009：8-14.

② 沈有禄，谯欣怡．印度基础教育教师资源配置差异分析［J］．上海教育科研，2012（3）：50-52.

③ 夏茂林，冯文全．城乡教师资源均衡配置问题探讨［J］．教育科学，2010（1）：75-76.

④ 管培俊．教师资源有效配置的双重目标［J］．教育发展研究，2008（17）：25-30.

⑤ 严开胜，王德清．建立教师资源配置有效机制的几点思考［J］．教学与管理，2002（1）：23-24.

省为主”的义务教育教师配置的保障政策，调整义务教育教师人事调配政策等①。

整个社会的市场化、全球化以及信息化对教师资源配置产生了影响。国家以指令计划形式对教师资源统一配置，已经不能适应当前实际情况，应该建立教师资源配置的市场机制，即确立学校在教师资源配置中的主体地位，尊重教师个人对职业选择权，引入竞争机制，建立师资市场，改革师范教育体制，发挥国家宏观调控的职能②。经济全球化对教师资源配置也带来了影响，“无论教育是否制度化，教育都离不开经济的影响，朝着这个方向发展是不可改变的事实”。③ 要实现国有教师资源的合理配置，就要以教育市场买卖双方关系为经济前提，教师劳动力资源的流动性为先决条件，教学公司就是实现国有教师资源合理配置的有效方式之一④。国家和各地政府采取支教、轮岗等交流方式来缓解学校之间教师资源配置的差异取得了一些效果，但是农村优质教师缺乏的问题依然没有解决。支教、轮岗等交流方式的实行也遇到了一些障碍，而信息技术却给优化农村教师资源配置带来了新的契机。信息技术可以实现城乡一体化课堂教学和城乡教师一体化协同发展，可以加强城乡教师之间的沟通与交流，实现城乡优势互补⑤。

可见，义务教育教师资源配置标准的研究还是一块空白，关于义务教育教师资源配置的研究，定性研究主要集中在教师资源配置的重要性、当前存在的问题以及政策建议等方面。定量研究主要集

---

① 王秋丽．义务教育教师资源均衡配置的宏观政策设计［J］．教育学术月刊，2009（5）：75-85.

② 梁永丰．教师资源配置的市场机制［J］．教育与经济，1995（1）：44-46.

③ Gruuther Kress：International and Globaliation：Rethinking a Curriculum of Communication from Comparative Education. Vol. 32. No. 2. 1996. pp. 186-188.

④ 李剑．试论经济全球化背景下的教师资源配置［J］．教育与经济，2000（3）：45-48.

⑤ 熊才平，吴瑞华．以信息技术促进教师资源配置城乡一体化［J］．教育研究，2007（3）：83-85.

中在教师资源配置的差异，数据分析单位一般是以各个省份为主，或者以少数几所学校为主，鲜有以县市为分析单位。因此，义务教育教师资源配置的现状分析，需要定量研究方法的突破以及理论的阐释，义务教育教师资源配置标准也急需建构。

1.2.4 当前教育资源配置标准研究的不足

从上述文献综述来看，关于我国义务教育资源配置的实质、理论、方式、效率、现状以及优化的研究很多。对于我国义务教育资源配置不均衡的现状，学者几乎都达成了共识。但是我国政府应该如何配置教育资源，以何种标准来配置教育资源，即义务教育资源配置标准研究还是空白。有关教育资源配置的研究，理论和实践研究都取得了初步的成果，对义务教育资源配置标准具有启发性，对义务教育资源配置的实证分析提供了理论基础。但是这些研究的研究内容定位、研究的理论、研究的视角以及研究方法，都存在着一些不足，主要表现在以下几个方面：

（1）教育资源概念混淆不清，研究内容定位不准

教育资源配置从资源属性来看，包括财力资源、教师资源以及物力资源的配置，从教育资源配置的范围来看，教育资源配置包括义务教育资源和非义务教育资源的配置。资源的属性以及配置范围不一样，配置标准的差异也就比较大。教育资源配置的标准，可以根据教育产品属性，在追求效率和追求公平两个目标之间进行浮动。如义务教育属于公共产品，在教育领域中公共属性最强，其配置标准就要满足公共产品的属性，遵循公平优先兼顾效率的原则。职业教育的公共产品属性有所降低，其资源配置标准可以是效率优先兼顾公平。很多学者在分析教育资源配置的时候，没有分清资源的属性以及配置范围，容易把教育资源等同于义务教育资源、财政资源、经济资源等，犯了概念以偏概全或者缩小概念的错误，研究内容定位不准，导致分析的结论不符合实际。另外，教育资源中的财政资源以及教师资源，资源属性差异也较大，配置标准也不一样。因此，本书在现有研究基础上，将教育资源限定在义务教育领

域，并把教育资源分为财政资源以及教师资源，分别分析财政资源和教师资源在义务教育领域的配置标准，这样就比较符合实际，有的放矢。

（2）缺乏分析理论或者理论不够深入，导致研究结论泛化

教育资源配置的概念是从经济学领域中迁移过来的，于是，现有很多研究都是借鉴经济学领域产权理论、规模经济、范围经济等资源配置理论，来分析义务教育资源配置的主体、机制、体制、方式等方面的问题，旨在优化配置，提高教育的资源配置效率。诚然，义务教育资源配置与经济领域的资源配置有很多共性，上述研究也具有开创性，但是，义务教育与经济领域和非义务教育的资源除了有共性外，还具有很多差异性，义务教育资源配置在追求效率的同时，更强调公平公正，公平公正才是义务教育资源配置的第一要义。忽视义务教育资源配置的特殊性，而从经济领域理论或者从非义务教育的视角出发，来研究义务教育资源配置，推导出的结论和提出的政策建议都与实际情况存在着较大偏差，务必违反义务教育的公共产品属性，不利于公平公正。因此，经济领域的资源配置理论不能照搬到义务教育资源配置中。

有很多学者从公平的角度对义务教育资源配置进行了分析，一般都是从现象描述或者数据分析出发，然后得出目前义务教育资源配置存在着诸多差异，不利于公平。上述研究虽然提及公平，但并没有详细分析公平理论，导致分析的结论比较泛化。公平理论是个大家族，派别比较多。何种公平理论更加适合我国义务教育资源配置标准，尚未深入分析。现有的研究也未真正从公平理论出发分析和建构。从现有文献综述来看，还需要阐释为何要从公平理论来分析和建构义务资源配置标准，如何运用公平理论和理论框架来分析和建构义务教育资源配置标准。

（3）分析方法不够合理，结论缺乏说服力

当前的研究大多数是定性研究，定量研究很少。在少量的定量

研究中，又存在着以下问题：第一，定量分析单位不够合理。很多学者都是以省级为分析单位，来研究义务教育资源配置，以县级为分析单位的研究较少，这样就导致研究不够深入。王蓉、曾满超等学者研究指出，当前义务教育资源配置的差异更大部分是由于省内差异影响的，省内差异要大于省际差异。问题影响了方法的选择，“方法整体与对象特性的适宜性问题”……“这是研究、认识对象与方法最为本质的关系”。① 既然义务教育资源配置省内差异要大于省际差异，分析义务教育资源配置问题，就要分析省内差异，这就需要以县或者学校为分析单位。根据义务教育财政和教师资源的不同特性，又可以采取不同分析单位。义务教育财政资源配置，可以采取以县为分析单位。义务教育教师资源配置，可以采取县域内的学校为分析单位。第二，定量分析方法不够合理。关于义务教育财政资源配置研究，很多学者采取了差异系数、变异系数、平均值、极差等方法，运用一年的省级数据，这样的统计分析并不能反映出义务教育资源配置的变化趋势，也难以预测未来义务教育资源配置的未来走向，就难以建构合理的义务教育资源配置标准。因此，义务教育资源配置研究需要以县市为分析单位，采集三年及以上的数据，来分析和预测资源配置的变化趋势。第三，现有研究重在描述义务教育资源配置的现状存在着差异，指出现有资源配置标准的不足，而没有从理论出发，建构新资源配置标准，这就难以引领实践。本研究将以 W 省为例，分析义务教育教师资源配置标准，以弥补当前研究的空白，同时为教师资源合理配置提供操作模型。义务教育教师作为重要的教育资源，在整个教育资源中具有财政等资源不可替代的作用，其配置是否合理直接关系到了义务教育的均衡发展和社会的公平正义。构建合理的教师资源配置标准以及模型，将对推动我国义务教育均衡发展的相关决策具有一定意义。

因此，本书在前人研究的基础上，寻找罗尔斯的正义论作为研究的理论基础，将量化的正义论的“财政中立”和“差异原则”

① 叶澜．教育研究方法论初探［M］．上海：上海教育出版社，1999：14.

作为研究的理论框架，采取县市为分析单位，将定量分析和定性分析结合，来分析和建构我国义务教育资源配置标准。

1.3 重要概念界定及研究方法

1.3.1 重要概念界定

(1) 教育资源配置与教育资源分配

有很多学者将教育资源配置与教育资源分配等同，如靳希斌认为："资源配置就是将有限的经济资源在不同的需求之间进行分配。教育资源分配是教育资源在教育系统内部各级各类教育间合理有效的分配。"① 他将经济学资源配置的概念直接迁移到教育领域来，教育资源配置就变成了教育资源分配。吕海鸿在硕士学位论文中，把教育资源配置定义为"各级政府或其他投资主体，在一定时期内将所拥有的有限的教育资源，包括财力、物力、人力和科技资源等，通过不同的渠道、方式和程序配置到各级各类学校中，以取得好的办学效益"。② 该定义与前者相比，强调了资源配置的主体和目的，配置过程仍坚持分配的供给原则，实质上还是将资源配置等同于资源分配。

教育资源分配是掌握分配权力的分配者按照某种规则或标准，将资源分配到教育领域中，遵循的是经济领域中的供给原则。供给原则可以简单地表述为，供给决定分配，供给什么就配置什么，供给量多，配置的量也多。供给量少，配置的量也就少③。资源分配中的资源是静态和固定不变的。教育资源配置就是指，"根据某一

① 靳希斌．教育经济学［M］．北京：人民教育出版社，2006：146.

② 吕海鸿．城乡义务教育资源配置研究．长春：东北师范大学图书馆，2006：2.

③ 王伟清．论基于需求的教育资源配置系统观［J］．教育与经济，2010（1）：47.

待配教育系统已构建的教育目标系统对各种教育资源在质与量及其他属性等方面的需求而进行的配备和依据这些教育资源本身的性质特点及其之间的相互关系而进行的布置，以构建、完善和维护能最大限度地实现该教育系统之系统目标的教育资源系统”。① 教育资源配置不仅考虑了教育系统的目标需求，而且还考虑了教育资源本身的属性及其结构。这样既保证教育系统目标实现所需的教育资源，也避免了资源的铺张浪费，最大限度地提高资源配置效率。

教育资源配置不仅要考虑资源配置的供给和需求原则，还要考虑两者的均衡。如罗新云认为义务教育资源配置必须解决教育资源供给与需求之间的矛盾，实现二者的均衡，最终实现义务教育的均衡发展，以教育公平推动社会主义和谐社会的建设。该文还用图示显示资源供给与资源需求的关系②。

可见，教育资源分配与教育资源配置并不能等同。前者是静态和固定的，既没有考虑资源本身的属性和结构，也没有考虑教育系统的目标。后者却考虑了资源本身的属性及其结构、教育系统的目标，还考虑了两者之间的平衡。教育资源配置的内涵要比教育资源分配更加丰富。本书采取王伟清学者对资源配置的定义，同时只分析义务教育资源中比较典型和重要的资源——财政资源以及教师资源。

（2）标准、事实标准与价值标准

《现代汉语词典》认为标准有两层含义：第一，标准是“衡量事物的准则”③，如实践是检验真理的唯一标准，这种标准由于不可客观测量，被称为价值标准；第二，标准是“本身合于准则，

① 王伟清．论基于需求的教育资源配置系统观［J］．教育与经济，2010（1）：46.

② 罗新云．教育资源分配失衡及其政策均衡配置——以湘南 B 区义务教育为例［D］．长沙：中南大学图书馆，2007：53.

③ 中国社会科学院研究所词典编辑室编．现代汉语词典［Z］．上海：商务印书馆，1988：70.

可供同类事物比较核对的事物”①，如标准音、标准时、温度计等。这种标准可以客观测量，被称为事实标准。熊建辉通过分析英语词源，指出标准在现代英语语境中，一般有两种用法，第一种用法就是衡量价值或者体现原则的说明；第二种用法就是评估工作业绩的测量手段②。可见，标准在汉语语境与英语语境中的含义非常相似，第一层含义指的是标准，具有模糊性，后一层含义指的是一种测量工具，具有精确性。作为测量工具，自身必须具有一分为二的特点，“作为一种区分其他事物的中介，它本身的构成必须是一分为二的相互对立的两个部分。例如，零摄氏度采自冰水混合物的温度，它是区分正摄氏度与负摄氏度的标准”。③ 义务教育资源配置既要强调主体的需要和特点，又要强调资源供给的现实能力，因此，本书按照标准的分类即价值标准和事实标准来分析义务教育资源配置。也就是说，本书既要分析义务教育资源配置的价值标准，同时还要分析义务教育资源配置的事实标准。具体而言，本书分析义务教育资源配置的价值标准，包括义务教育资源配置标准为何要坚持公平观？坚持何种公平观？义务教育资源配置的事实标准，包括义务教育财政资源的配置模型以及建议，义务教育学校教师资源配置的模型以及建议。在本书分析义务教育资源配置理论基础以及政策演变时，采取的是价值标准；在本书分析义务教育资源配置标准现状以及构建新的资源配置标准时，采取的事实标准。

(3) 教育财政资源与教育财力资源

教育资源是教育过程中占有、使用和消耗的资源，包括人力资源、财力资源以及物力资源，简称“人、财、物”。财力资源作为教育资源的一部分，指的是用于教育人力和物力的货币表现。这种

---

① 中国社会科学院研究所词典编辑室编．现代汉语词典［Z］．上海：商务印书馆，1988：70.

② 熊建辉．教师专业标准研究——基于国际案例的视角［D］．上海：华东师范大学图书馆，2008：18.

③ 百度百科．标准［EB/OL］. http://baike.baidu.com/view/8079.htm，2011/4/8.

财力资源的外延较为宽泛，既可以来源于政府，也可以来源于社会和个人。本书是从公平视角来分析义务教育资源，主张义务教育财力资源的均衡配置是政府义不容辞的责任，因此，本书限制了教育财力资源的外延，特指政府配置给教育领域的资源。

财政作为一个经济范畴，是政府集中一部分国民收入用于满足公共需要的收支活动，以达到优化资源配置、公平分配及经济稳定和发展的目标①。义务教育财政资源作为财政资源的下位概念，就是政府集中一部分国民收入满足义务教育需要的投入，以达到资源优化配置、公平分配以及发展的目标。该定义正好符合本书分析的视角，也强调了政府均衡配置义务教育财政资源的责任。本书认为义务教育财政资源的概念比义务教育财力资源的概念，更符合本书研究的需要，本书就限制了义务教育财力资源的外延，而采用了义务教育财政资源的概念。

(4) 教育人力资源与学校教师资源

人力资源（Human resources）是由著名管理学家彼得·德鲁克（Peter F. Drucker）在 1954 年出版《管理的实践》一书中首次提出的概念。在众多组织资源中，人力资源因为自身具有特有的“协调能力、融合能力、判断力”的特征，而和其他的资源相互区别②。教育人力资源是用于教育领域的人力总称，包括教师、教育机构和学校的管理资源、教学辅助人员、学生等③。教育领域中的人，无论是学生还是教师，都成为教育的人力资源。教师在教育人力资源中具有首要和决定的作用。教师资源一般由以下四种构成，第一，学校教职工，构成教师资源的主体；第二，师范院校的在校师范生，构成教师资源的重要补充力量；第三，非师范院校的在校

---

① 百度网．财政［EB/OL］．http：//baike. baidu. com/view/22841. htm，2012 年 3 月 28 日．

② Peter F. Drucker：Practice of Management［M］. HarperCollins Publishers 1954.

③ 顾明远．教育大辞典［Z］．上海：上海教育出版社，1992：250.

生，构成教师资源补充的次要力量；第四，社会其他部门的人才，成为教师资源的必要补充①。虽然教师是教育人力资源的重要组成部分，但是教师资源和教育人力资源的概念在外延上都有着明显的区别。教师资源的外延不仅局限在学校内部，指涉校内教职工，而且还包括教育外部，指涉院校的师范生和其他行业要投入教师行业的人士。教育人力资源的外延仅指涉教育内部，学生也是其中一个重要部分。因此，本书分析的义务教育学校教师资源只是教育人力资源和教师资源的一部分，只分析义务教育学校的教职工。教师资源作为人力资源的重要组成部分，其内容包括量和质两个方面，量主要指的是教师数量，质主要指的是教师素质。本书分析的教师资源配置标准，主要指的是教师的数量，教师的质量暂且不论。即政府从义务教育学校发展的实际需求出发，应该给学校配置多少数量的教师，以保证学校正常教学的运转。

1.3.2 研究思路与研究方法

为了完成上述研究目的，本书准备开始对我国义务教育资源配置标准的政策进行历史梳理，归纳义务教育资源配置标准的政策发展趋势，然后分析义务教育财政资源和教师资源配置的现状，在借鉴美国义务教育财政资源配置标准和日本义务教育学校教师资源配置标准的基础上，分别依据罗尔斯的“财政中立”以及“差异原则”，提出义务教育财政资源配置标准的建议以及构建出新的义务教育学校教师资源配置标准。

本书主要借鉴了罗尔斯正义论，并以 Odden 发展的罗尔斯正义论的“财政中立”和罗尔斯正义论中的“差异原则”为分析框架，分析我国义务教育财政资源和教师资源配置标准，主要采取了逻辑分析和案例研究两种方法。具体而言，一是结合罗尔斯正义论三种公平原则以及 Odden 的“财政中立”，针对财政资源，提出义务教育财政资源配置标准——财政重力原则——增量改革——提供

① 韩延明，李春桥．教师资源配置的现行模式与改造［J］．教育与经济，1997（1）：21.

财政资源的均衡配置标准的建议。针对教师资源，提出义务教育学校教师资源配置标准——差异原则——存量改革——建构新的教师资源配置标准。二是为了实现财政资源配置的财政中立原则，以及教师资源配置的差异原则，本书还采取了实证分析。在此基础上，提出义务教育财政资源配置标准的政策建议以及建构新的义务教育学校教师资源配置标准。为了遵循上述两种方法，本书为此采取了以下具体研究方法。

（1）模式研究

所谓模式研究方法，“就是对现象进行抽象的一种研究方法，抓住事物的主要方面，忽略事物的次要方面，以认识事物变化的本质规律。模式可以起到从现象抽象出概念，并利用概念系统的逻辑分析方法，间接地对现象世界进行深入分析和推理的作用。”① 本研究针对我国义务教育财政资源配置标准，从众多公平理论中，根据罗尔斯正义论中的“财政中立”，建立“义务教育财政资源配置标准——财政中立原则——增量改革——建构财政资源的均衡配置标准”的理论分析模式；针对我国义务教育教师资源配置标准，根据罗尔斯正义论中的“差异原则”，提出“义务教育学校教师资源配置标准——差异原则——存量改革——建构教师资源的配置标准”的理论分析模式。这两种理论分析模式，借鉴了罗尔斯正义论原则，规范了全文数据统计的分析框架，使得理论分析和定量分析相得益彰。

（2）实证研究

本书通过两种方法开展我国义务教育资源配置标准的实证研究。第一，个案研究。要分析义务教育资源配置标准的现状以及构建新的义务教育资源配置标准，就需要对教育财政和教师资源的配

① Robert Birnbaum. How Colleges Work-The Cybernetics of Academic Organization and Leadership [M]. San Francisco: Jossey-Bass, Inc., Publishers, 1990:83.

置情况进行定量分析。基于我国数据采集情况，难以获得全国所有义务教育学校和县市数据，因此，为了减少数据采集的难度，本书选取W省作为个案，来全面剖析这个省的义务教育财政资源和教师资源配置标准状况。第二，调查统计。笔者采集W省三个年度教育行政部门教育经费发展状况以及教育事业发展状况的两个数据库，对义务教育财政经费支出、各县（市）财政支出、义务教育学校数、义务教育在校生数、义务教育班数以及义务教育教师数等数据，运用spss15.0软件，按照罗尔斯正义论中的横向公平、纵向公平以及机会公平三个维度，进行整理分析，分析该省义务教育资源配置的公平现状及其问题，并分析该省三个年度义务教育资源配置公平状况的变化趋势。本书将设计新的义务教育学校教师资源配置标准模型，并按照新的标准，判断新的教师资源配置标准对于增进义务教育公平的状况。书中对义务教育财政资源和教师资源配置的定量分析都是以W省为分析个案。

(3) 文献研究

文献研究也是本书的研究方法。研究的文献主要包括：科尔曼的教育机会均等理论、胡森的教育均等理论、阿玛蒂亚·森的能力贫困理论以及罗尔斯的正义论四种对义务教育资源配置标准产生重要的公平理论；义务教育资源配置标准分析的理论视角从成本视角、收益视角、公平视角到充足视角的演变；我国义务教育资源配置标准的政策从追求效率到追求公平的变化；美国义务教育财政资源配置标准状况以及日本义务教育教师资源配置标准状况。通过上述文献的研究，本研究才获得了坚厚的理论基础和清晰的分析框架。

1.4 研究设计与本书框架

由于工作关系，笔者经常到基层县市调研，对基层的义务教育发展状况有着深刻的理解。笔者准备站在经济发展比较落后的县市政府和办学条件没有保障的农村学校的立场，来看上级政府尤其是省级政府应该以何种标准来均衡配置教育资源，实现义务教育公平。

1.4.1 研究目的与研究内容

义务教育资源配置的状况直接关系到义务教育均衡发展。当前，义务教育资源配置差异体现在区域之间、城乡之间、学校之间以及群体之间，上述差异的存在是不争的事实。本书研究的目的就是从这些实际存在的差异出发，提出政府到底应该以什么的标准来配置教育资源，才能够缩小上述差异，实现教育公平。本研究的主要内容具体包括：

（1）义务教育资源配置标准为何要坚持公平观？坚持何种公平观？

（2）我国有关义务教育资源配置标准的政策经历了哪些变化？

（3）国外发达国家义务教育资源配置标准有哪些经验值得我国借鉴？

（4）我国义务教育财政资源配置的现状如何，标准应该如何？

（5）我国义务教育教师资源配置的现状如何，标准应该如何？

1.4.2 理论基础：罗尔斯的正义论

1971 年，美国学者罗尔斯在《正义论》中提出了“作为公平的正义”的理论，可谓一石激起千层浪，引起了哲学、经济学、政治学、伦理学等重要社会科学领域研究的重大反响。西方有关社会正义公平、分配公平与均衡、政治自由与政府中立等问题的探讨，在很大程度上都受到罗尔斯正义论的影响。罗尔斯的正义标准以及两条正义原则，可作为本研究的理论基础。该理论过于复杂，又是本书分析的理论基础，是义务教育财政资源和教师资源配置分析现状和建构的理论基础，因此笔者将在第二章专章具体论述该理论。

1.4.3 分析框架：财政中立和差异原则

（1）分析的总体框架

罗尔斯的《正义论》中的很多观点，特别是平等原则与差异原则，被后来很多学者给出了严格的数学证明。Odden 就是其中一位典范。他将罗尔斯的定义进行操作，提出了“财政中立”（Fiscal Neutrality）的概念。“财政中立”就是指每一学生的公共教育经费支出不能与本地区富裕程度或地方财力相关联，从而得到均等的教育机会（Berne，1984；Odden，1999），这些观点与美国学者罗尔斯在《正义论》中主张的公平原则基本一致，但增加了可操作性。为了分析的方便，本书就采取罗尔斯操作化定义即 Odden 的“财政中立”，作为本书分析义务教育财政资源配置现状和建构的框架。

此外，我国义务教育学校教师资源配置差异较大，这些差异是多年形成的。如果按照“财政中立”的中立原则，学校之间的教师资源配置差异难以消除，尤其是薄弱学校将不能补充到优质教师。因此，义务教育教师资源配置与财政资源配置有些差异，本书将按照罗尔斯正义论中的“差异原则”，作为本书分析义务教育教师资源配置现状和建构的理论基础。

本书结合罗尔斯的正义论“财政中立”和“差异原则”，设计了本书的分析框架，如图 1-1 所示，这也是在新的历史背景下，对合理配置基本公共教育资源作出的理性选择。

从公平视角提出分析义务教育资源配置标准的分析的基本框架，并非用来解释“均衡发展”或“教育公平”本身的含义，主要用来描述义务教育均衡发展和均衡配置资源的实施路径，同时也作为本书研究的技术路线。换言之，促进义务教育均衡的根本措施，在于重新合理均衡配置教育资源，按照罗尔斯横向公平的平等原则分配资源，实施纵向公平的差异性补偿，从而加快缩小学校之间、城乡之间和区域之间的教育差距；而逐步实现“财政中立”和“差异原则”，则是保障平等分配资源和实现差异补偿的关键所在，是罗尔斯理论运用于资源配置标准的制度创新。没有“财政中立”和“差异原则”作为制度保证，义务教育资源配置将不能均衡配置，推进义务教育均衡发展的努力也难以有实效。笔者将运用该罗尔斯的正义理论统摄全文，并将“财政中立”和“差异原

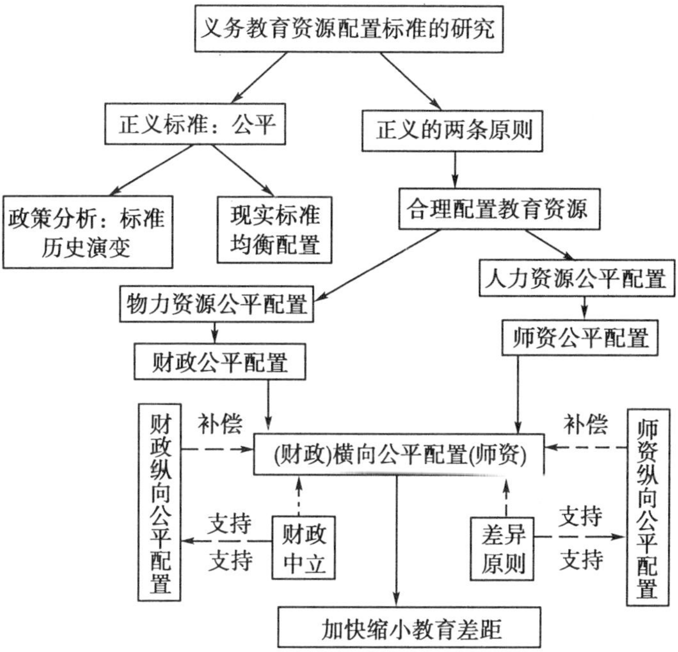

图 1-1 义务教育资源配置标准研究的分析框架

则”作为本书的研究框架。分析理论和分析框架相得益彰，保障了研究的逻辑性和完整性。

(2) 教育财政资源和教师资源配置标准研究框架的侧重点

从上图分析框架可以看出，本书研究义务教育资源配置标准是为了实现教育资源的均衡配置和实现公平。但是两者的分析路线有所差异，义务教育财政资源配置遵循的是分析框架的左边路线，根据的是“财政中立”原则；义务教育教师资源配置遵循的是分析框架的右边路线，根据的是“差异原则”。

对此，我国为了推进义务教育均衡发展，财政资源配置标准就以增量改革为主，并不触动现有利益格局，因此本书的财政资源研究的侧重点在于以罗尔斯的财政中立原则，实施增量改革设计，提供财政资源配置标准的政策建议。目前，教师资源配置标准以增量改革为主的实践，严重延缓了义务教育均衡发展的进程，因此本书分析的教师资源配置标准就是以罗尔斯的差异原则为主，实施存量改革设计，设计新的教师配置标准的模型，加速义务教育均衡发展进程。义务教育财政资源和教师资源配置标准研究的框架分析遵循上图总体框架，两者侧重点还是有细微的差异。义务教育财政资源配置遵循的是罗尔斯的财政中立原则，改革的侧重点在于增量改革，从而实现财政资源的均衡配置；教师资源配置遵循的是罗尔斯的差异原则进行改革，改革的侧重点在于存量改革，从而实现教师资源的均衡配置。两者研究侧重点差异可用下表表示：

表 1-1 **财政资源和教师资源配置研究侧重点的差异**

名称	罗尔斯的正义原则	未来改革的侧重点	目的
财政资源配置	财政中立原则	增量改革	财政资源的均衡配置
教师资源配置	差异原则	存量改革	教师资源的均衡配置

2 研究的视角与理论基础：公平与罗尔斯的正义论

义务教育资源配置标准，是从经济学领域中资源配置标准迁移过来的概念。因此，前者有关的研究带有浓厚的经济学色彩，经济学中一般经济资源配置标准研究视角的变化，影响了义务教育资源配置标准研究视角的变化。本章研究的目的就是为了回答我国义务教育资源配置标准的研究为何要从公平视角出发，在众多公平理论中，为何要选择罗尔斯正义论的公平观作为本研究的理论基础的问题。

2.1 从公平视角研究义务教育资源配置标准

义务教育资源配置标准研究的历史发展脉络，经历了成本视角、收益视角、公平视角和充足视角四个发展阶段，每个视角都留下了经济学中一般经济资源配置标准研究的痕迹。笔者根据上述研究视角的历史发展脉络，按照一般资源配置标准、义务教育资源配置标准、义务教育资源配置模型以及相关评析的分析思路，确定适合我国当前义务教育资源配置标准研究的视角。

2.1.1 追求效率：成本视角

从成本视角分析经济领域的资源配置标准，关注的是效率。效率标准本身是可以测量的，因此，有很多学者提出了很多资源配置标准的模型。义务教育的资源配置标准研究，借鉴了经济领域的相关研究，从成本视角分析义务教育资源配置，追求的也是效率。很多学者从成本视角出发，建立了旨在追求效率的教育资源配置标准的模型。

(1) 成本与效率：私人物品性质资源的配置标准研究

资源配置的概念来源于经济学，经济学对资源配置的解释是："对相对稀缺的资源在不同用途上加以比较作出的选择。"① 资源相对于人的需求总是有限的，对"不同用途"进行比较，实际上是要以最小的资源耗费，生产更多的商品和劳务，从而获得更高的收益。这种经济收益是可以衡量的，是客观的，我们可以用公式表示为：效率=产出/投入=收益/成本。从这个公式可以看出，追求效率就是经济领域内资源配置的目的。

优化资源配置，就是要按照市场规律，保障供给与需求的平衡。根据消费者领域、生产领域以及生产要素领域的不同，资源配置的优化配置满足的条件并不一样。在消费者领域，资源的优化配置在使得有限的收入获得最大的效用，就必须满足"用于每一种物品的最后一元钱得到的效用相同；或者最终使每两种物品的边际替代率等于它们的价格比"②。可以用公式表示为：$MUX/PX=MUY/PY$，也就是 $MUX/MUY=PX/PY$，意思就是消费者购买任何两种物品的边际效用之比应该等于该商品的价格之比，如果一种商品的边际效用与价格之比较高，那么消费者就会降低另外商品的消费，增加该种商品的消费，直到上述公式成立为止。在生产要素领域，"如果达到了生产者均衡，那么任何两种要素的边际技术替代率应当等于它们的价格之比；或者，对于任何一种要素在增加一元钱的投入，所得到的产量增加应当相等"。③ 可以用公式表示为：$MPL/PL=MPK/PK$，也就是 $MPL/MPK=PL/PK$，若劳动要素的边际产品比较高，那么企业就会增加劳动要素，减少资本要素，直到两种要素的边际产品的比值等于其价格之比。在生产要素领域，

① 智库百科．资源配置［EB/OL］．http：//wiki.mbalib.com/wiki/%E8%B5%84%E6%BA%90%E9%85%8D%E7%BD%AE，2011/04/08.

② 席西民．经济管理基础［M］．北京：高等教育出版社，1998：25-26.

③ 席西民．经济管理基础［M］．北京：高等教育出版社，1998：33.

"所有厂商的边际效益产品都相等，并等于要素价格。这导致了生产资源有效率的配置"。① 用公式可以表示为：MRPL/PL = MRPK/PK。生产要素领域，考虑了消费与生产的需求与供给，满足上述公式，资源配置就达到了优化。通过上述三个领域，我们可以发现资源配置的研究对象是企业部门的供给和社会的需求，只要两者达到了均衡，资源优化配置就可以实现，并且这种优化配置是通过市场本身实现的，只要市场是竞争性的，市场本身就有优化资源配置的作用。否则，资源配置失衡就会产生效率损失。

当然，即使人力资源配置标准要追求效率，强调市场的配置作用，在市场领域失效的地方发挥政府的行政配置，也要使得人力资源配置的成本最小，资源利用的效率最大②。人力资源与财政资源相比，在配置原则上遵循效率逻辑之外，还要遵守尊重员工意愿、先公后私、诚信与信任等道德准则③。人力资源配置坚持上述道德准则，也是为了做到"人尽其才，人尽其用"，追根究底，人力资源配置的最终目的还是为了追求效率。追求效率的人力资源配置模式，会加速地区和企业单位发展的不平衡，会导致富者更富、贫者更贫。当前，我国人才流动总是从落后地区流入到发达地区，从贫穷地区流入到富裕的地区，这就造成地区人才分布不均衡。经济效益好的企业人才济济，而效益差的企业却紧缺人才，导致单位人才分布不均衡④，这种不均衡还有进一步加大的趋势，从而不利于社会经济的和谐发展，国家必须付之于宏观调控来减缓人才失衡⑤。因此，经济领域中的人力资源配置仅追求效率，经济差距就会加

---

① 席西民．经济管理基础［M］．北京：高等教育出版社，1998：60.

② Williamsc, Williamsskt, Dissertation of Technical Agricultural Information［J］. Journal of Administration, 1987, 13 (1): 87.

③ 百度百科．人力资源配置［EB/OL］. http: //baike. baidu. com/view/1335735. htm, 2011-5-27.

④ 张迎春．企业人才流动初探［J］．内蒙古科技与经济，2009 (3): 19-20.

⑤ 王伟英．人才流动中地区失衡的原因及对策分析［J］．中南林业科技大学学报（社会科学版），2010 (2): 28.

大，仅追求效率的资源配置标准，难以满足经济发展的实际情况。

(2) 效率取向：成本视角下的义务教育资源配置标准

从成本视角出发，义务教育资源配置标准也应该坚持效率优先原则。如刘宇舫、李丽霞认为我国实行义务教育制度以来，择校现象非常严重，这都是资源配置制度不合理造成的，“在基础教育资源的配置问题上，必须效率优先，兼顾公平，只有提高了教育资源的使用效率，才能最终解决公平的问题”。因此，该作者认为义务教育资源配置应该引入市场，只有引入了市场，资源配置才能够解决公平与效率的难题①。如吕海鸿认为资源配置的实质，“就是在教育机构内部，通过相应的措施、手段和方法，使教育资源从低效益的环节、地方向高效益的环节、地方流动，把有限的教育资源配置到基础好、效益高、质量高、成果多的学校或学校内部的其他环节，使教育资源的使用效率进一步提高”。② 也有学者认为义务教育资源配置的实质就是一种利益博弈。“在这一过程中，中央与地方、城市与农村、东部地区与中西部地区、各社会阶层等自然地成为不同的利益主体，这些利益主体在教育资源配置中的博弈决定了教育资源配置格局的最终形成。因此，教育资源配置的实质是不同利益主体之间的利益博弈。”③ 这种利益博弈格局形成强势集团与弱势集团，强势集团在资源配置的利益博弈中占有优势地位，因此该作者指出政府作为公共利益的保护者，必须以行政干预的形式对义务教育资源进行配置。从成本视角出发来研究义务教育资源配置标准，仅看到了教育资源配置与经济领域内资源配置的共性，而忽略了教育资源配置的最根本属性——追求公平，义务教育资源配置的标准遵行的并不是效率逻辑，而是公平与正义。

---

① 刘宇舫，李丽霞．基础教育资源配置的制度思考［C］．中国制度经济学年会论文集，2003：802-806.

② 吕海鸿．城乡义务教育资源配置研究［D］．沈阳：东北师范大学图书馆，2006：2.

③ 许丽英．教育资源配置理论研究——缩小教育差距的政策转向［D］．长春：东北师范大学图书馆，2007：36.

(3) 成本视角下的义务教育资源配置模型

部分研究者在借鉴经济领域的资源配置标准基础上，对义务教育资源配置标准进行分析，建立了义务教育成本计量模型，政府根据成本模型可以配置教育资源。有学者设计了社会直接成本的计算方法，每名毕业生的社会直接成本=学制期各年各项费用的总和*学制期/学制期各年平均在校生数的总和①。前苏联科斯塔年的计算方法也是类似②，两种方法的不同点在于对学制期各年各项费用的总和的定义不同，采取的指标有异。上述两种公式看似简单，但操作起来非常困难，如哪些指标应该纳入全年的费用，学校之间、地区之间、城乡之间以及群体之间的费用差异较大，应该如何处理。按照这个公式计算处理的平均成本，各个学校、各个地区、各个城乡以及各个群体之间的成本都是一样，政府对义务教育的资源配置如何体现公平就没有了依据。间接的社会成本计量就更为复杂，目前关于社会成本方面的研究还很少有人研究，成本计量还存在一些争论，如教育成本范围的界定、图书资料费的处理、闲置大型设备的处理、固定资产的折旧等③。上海财经大学公共政策研究中心按照加权平均方法和数理统计法，计算了 2001 年全国和各个地区分城乡的义务教育成本④。这种计量方法虽然考虑了城乡和各个地区的差异，但是这种方法是以现有各个学校的支出数据来计算的，只考虑各个政府的供给能力，而没有考虑各个学校的发展需求，特别是薄弱学校发展的经费需求，因此不能体现义务教育资源

---

① 韩宗礼. 教育经济学［M］. 西安：陕西人民教育出版社，1988：202.

② 全国教育经济学研究会编. 教育经济学概论［M］. 青海：青海人民出版社，1983：129.

③ 靳希斌. 教育经济学［M］. 北京：人民教育出版社，2006：253-256.

④ 财政部教科文司、教育部财务司、上海财经大学公共政策研究中心. 中国农村义务转移支付制度研究［M］. 上海：上海财经大学出版社，2005：187-197.

配置的公平性，也不符合本书资源均衡配置的定义。

(4) 对成本视角下的义务教育资源配置标准研究的评析

义务教育资源与经济资源在属性上截然不同，前者是公共产品，后者是私人产品。经济资源配置标准不能盲目照搬到义务教育的资源配置标准领域中来。从成本这个视角来研究义务教育资源配置标准，不能很好体现义务教育的公共性与公平性。教育成本测量研究本身还不是一个成熟的领域，从成本视角分析义务教育资源配置标准的模型也存在着操作上的困难。因此，根据成本视角来配置义务教育的资源既不科学也不合理。

2.1.2 追求收益：收益视角

成本与收益在经济学上是一对相对应的概念，成本低，收益就高；反之亦然，成本高，收益就低。从成本研究，切入点是资源的输入环节；从收益研究，切入点是资源的输出环节。从收益视角分析经济资源配置标准，追求的主要是收益，收益与上述成本一样，也可以测量；同样，从收益视角分析义务教育资源配置标准，追求的也是收益。

(1) 成本与收益：私人物品性质资源的配置标准研究

经济资源配置往往把边际成本等于边际收益作为资源配置的最优标准。尽管如此，分别从成本与收益视角分析义务教育资源配置的标准，还是有细微的差异。从成本视角分析，更多的是根据资源成本的测量来配置资源，而成本是在经济生产过程中发生的。从收益视角分析，更多的是根据经济生产结果的好坏来配置资源。两者研究的视角在时间上有差异，成本在前，收益在后。

从成本视角研究人力资源管理，是以人是“经济人”为假设前提的，是将人作为与物力资源一样可以消耗组织资源的成本，而从收益视角分析人力资源，是将人力资源作为一种可以带来收益的资本，不仅可以消耗组织的资源，而且还可以给组织带来高回报①。有很多学者从收益视角对人力资源配置进行了分析。有的是从宏观经济运行方面进行分析，提出了许多收益模型，最为著名的是柯布—道格拉斯函数，$Y=aL^{\alpha}K^{\beta}$，其中：

Y：代表经济增长；

L：代表劳动产出量；

K：代表资本产出率；

a：代表系数；

α：代表 Y 对 L 的弹性系数，也成为劳动的弹性系数；

β：代表 Y 对 K 的弹性系数，也成为资本的弹性系数。

从柯布—道格拉斯函数可以看出，经济增长是由于劳动和资本相互结合的产物，人力资源在经济增长中的作用至关重要。尽管人力资本理论遭到质疑，但是人力资源能够给企业带来收益，逐渐被人所接受，只是人力资本收益多寡存在质疑。还有学者从微观角度出发，分析了人力资源配置对个人、企业等单个组织的影响。人力资源投资是企业投资的基本形式，企业投资于人力资本，目的是为了获得利益，于是人力资源具有了资本的性质，因此，有学者按照“人力资源——投资收益——优化配置——企业”这个价值链，对企业的人力资源配置进行了分析，并从人力资本的角度分析了企业人力资源优化配置的模式②，还有学者提出了许多增长模型。

（2）收益与地方责任：收益视角下的义务教育资源配置的标准

有学者按照成本—收益方法对世界各国各级教育的收益率进行估算，结果是初等教育的社会收益率要大于中等和高等教育的收益

① 方以川．浅谈政府公共部门人力资源配置优化思路［J］．金融经济，2010（10）：69.

② 张星．基于投资收益的企业人力资源优化配置研究［D］．西安：西北工业大学图书馆，2006：1.

率，贫困地区的初等教育的收益率要高于经济发达地区的初等教育①。中国学者也提出了类似的观点，“在三级教育中初等教育的社会收益率最高；在地区中，欠发达地区的社会收益率要高于发达地区……应该优先对初等教育和落后地区进行教育资源配置……”② 美国学者 McMahon 也提出中学的收益率比较稳定，物质投资的收益率具有较大的易变性和风险③，可见教育投资具有物质投资更高的收益。

义务教育属于公共产品，国家应该为全社会适龄人口提供最起码的义务教育。但是，随着市场经济的发展，企业作为社会经济活动的主体，它们也逐步参与到义务教育资源配置中来，企业投资也是义务教育经费的来源之一。企业对义务教育的投资，同样也遵循着市场投资逻辑，追求利益最大化。如范先佐教授认为，企业对教育的投资，也是企业整个投资的一部分，要受到利益的驱使。他还提出了企业为了追求教育投资的利益最大化，必须满足两个条件：第一，企业对教育投资的收益经过贴现后不能低于投资成本；第二，企业对教育投资的收益不能低于企业对其他方面投资的收益率④。企业对教育的投资更多集中在职业教育、人员培训、高等教育等，从整个义务教育经费投入来源来看，企业对义务教育投资所占比例比较少，国家财政对义务教育投资比例比较大，因此，从收益视角来分析企业对义务教育资源的配置是可取的，但从收益视角来分析整个国家的义务教育资源配置并不可取。

公共产品可分为国家公共产品与地方公共产品，义务教育应该

① 转引自桑贾伊·普拉丹．公共支出分析的基本方法［M］．蒋洪等译．北京：中国经济出版社，2000：125.

② 旷乾．教育资源配置中的政府与市场——基于中国现状的分析［M］．广西：广西教育出版社，2007：198.

③ Pedro S. Martins，Pedro T. Pereira. 2004：Does Education Reduce Wage Inequality? Quantile Regression Evidence from 16 Countries，Labour Economics 11，2004：355-371.

④ 范先佐．筹资兴教——教育投资体制改革的理论与实践问题研究［M］．武汉：华中师范大学出版社，1999：16-17.

属于地方公共产品的范围，地方政府应该承担更多的责任①。美国的公立中小学教育财政经费就体现了这个特点，美国公立中小学的教育财政主要是由学区承担，学区教育经费的差异主要是由于学区房地产的价值差异引起的②。20 世纪 70 年代以后，学区承担的教育经费比重下降，州政府承担的经费比例有所提高③。美国的特许学校，75%的办学经费的主要来源也是州政府④。借鉴美国经验，我国地方政府应该对义务教育的投资承担更多的责任。

(3) 收益视角下的义务教育资源配置标准模型

理论上阐述义务教育的收益率高比较容易，但是计量研究却比较困难。对义务教育收益的计量研究主要有美国沃尔什的收入现值法、美国苏尔茨的经济增长余数法、美国丹尼森的经济增长多因素法以及苏联的斯特鲁米林的劳动简化比方法⑤，其中劳动简化比方法对我国产生了重要影响。薛海平等学者通过教育生产函数的多水平模型分析，发现以生均公用经费和教师质量为核心的学校教育资源配置不均衡在很大程度上决定了城乡和校际间教育质量的差异⑥。上述计量方法都能说明教育对经济增长的贡献，国家应该加强对教育的投资，但是由于上述公式都有一个不可克服的毛病，那

---

① 李祥云．我国财政体制变迁中的义务教育财政制度改革［M］．北京：北京大学出版社，2008：119.

② Odden, A. (2000), The School Finance: Providing Adequacy And Improving Equity [J], Journal of Education Finance. 25 (Spring 2000), pp. 467-488.

③ Education Statistics, http://nees. ed. gov/.

④ Charter Schools Succeed Where Others Fail: Serve More At-Risk and Minority Students, and Boost Achievement. The center for Education. Reform[EB/OL]. http://www. edreform. com/index. cfm? fuseAction = documentID = 23558&sectionID = 34&NEWSYEAR = 2006.

⑤ 靳希斌．教育经济学［M］．北京：人民教育出版社，2006：406-427.

⑥ 薛海平，王蓉．我国义务教育公平研究［J］．教育与经济，2009 (3)：1-14.

就是教育的收益具有滞后性，有很多数值都要人为估计，导致公式计算中估计值过多，最后计算值的误差过大。从收益视角来分析义务教育资源配置标准模型，在研究上只能作为方法的探讨，其结果与义务教育实践相差比较大。

(4) 对收益视角下的义务教育资源配置标准研究的评析

收益是与成本相对应的概念，从收益视角分析义务教育资源配置的标准，是照搬了经济领域中资源配置的标准，追求的也是效率。义务教育具有经济资源不同的属性。因此，从收益视角分析义务教育资源配置标准也不合理，再加上教育收益具有较强的滞后性，收益的估计也比较困难，从收益视角分析义务教育资源配置标准既不科学也不合理。

2.1.3 追求公平：公平视角

随着公共产品的出现，经济领域的成本或者收益视角来分析资源配置标准，已经不能满足需求，急需寻找其他视角，公平视角就此应运而生。从公平视角来研究公共产品的资源配置标准，其追求的目的是效用和公平。从公平视角分析义务教育资源配置标准，追求的目的也是为了实现最大程度的公平。

(1) 效用与公平：公共产品性质资源配置标准研究

在经济领域，具有私人物品的资源可以通过市场达到优化配置，但是市场上还存在一些非私人物品，公共产品与准公共产品，这些产品仅通过市场配置不能达到均衡。公共物品是指“那种能够同时由许多人消费的服务和产品，其成本和效用通常不因消费者人数的变化而变化”。① 公共物品具有非排他性和非竞争性的典型特征。对于正外部性的公共产品，市场往往会供给不足，社会总需求得不到满足，社会存在着效用损失。因此，政府必须提供具有正

① 蒋自强，史晋川．当代西方经济学流派［M］．上海：复旦大学出版社，2001：236.

外部性的公共产品，以满足公众需求。社会追求的是总效用最大化，即社会福利最大化，可以用公式表示为：社会福利=总效用/总成本。

当以效用为研究对象时，福利经济学就产生了。帕累托最优是福利经济学的核心概念，福利经济学就是围绕这个概念发展的。帕累托最优指的是“经济已不可能通过改变产品和资源的配置，在其他人（至少一个人）的效用水平至少不下降的情况下，使任何别人（至少一个人）的效用水平有所提高”。在资源配置效率低下的情况下，若对资源进行配置，使得某些人的效用水平在不改变其他人的情况下有所提高，这种重新配置也成为“帕累托改进”①。帕累托最优又包括生产、交换、生产与交换的最优条件。生产的帕累托最优条件是边际替代率相等，交换的帕累托最优条件是交换的边际技术替代率相等，生产和交换的帕累托最优条件是产品的边际替代率等于边际转化率。实现帕累托最优需要满足上述三个方面的均衡条件，同时还需要市场是完全竞争的。阿罗曾经用数学公式证明帕累托最优是不能实现的，最简单的表述就是帕累托最优的效用是用序数表示的，而社会总体成员的序数难以汇总，即使汇总相互之间也会产生矛盾冲突的偏好秩序。帕累托最优作为资源配置标准，还可能阻碍资源配置的改革。“在一定限度内，帕累托标准还是一个为现状辩护的工具。例如，在既定的收入分配的状态下，按照理性的人的假设条件，没有人愿意拿出自己的收入来改善其他人的处境，从而，这一情况符合帕累托最优状态的要求。”② 总之，帕累托最优作为经济领域内的资源配置标准，需要完全竞争市场的苛刻条件，还有社会效用在现实中难以汇总。因此，帕累托最优作为经济领域和公共产品领域内的资源配置标准并不现实，它还有可能成为人们维护既得利益和群体利益的漂亮借口。

① 卢现祥．西方新制度经济学［M］．北京：中国发展出版社，2003：146.

② 高鸿业．西方经济学上册．微观部分［M］．北京：中国经济出版社，1998：411.

帕累托标准遭到了不可实现的质疑，因此公共产品领域内的资源配置是否具有衡量的标准就存在着疑问。目前比较具有典型性的有关公共产品性质资源配置的标准主要有：一是功利主义的福利观。这种观点认为，如果国民收入的增长伴随的分配状态改善，无论是穷人和富人，只要增加的效用大于损失的效用，社会福利就会增加。二是罗尔斯主义的福利观。这种观点的人认为，“社会福利最大化目标是使处境最差的社会成员的效用最大化，改善最贫困者的福利必须优先于其他社会目标，衡量某项制度合理与否的最主要依据就是看其是否改善了最贫困者的处境”。三是精英主义的福利观。这种观点强调社会精英的效用增加。功利主义福利观在公平与效率取得平衡，罗尔斯主义的福利观强调的是公平，精英主义的福利观强调的是效率。各种福利观对政府供给公共产品的政策选择都产生过影响，针对我国贫富差距较大的情况下，“我国应始终把改善穷人的处境，增进穷人的福利放在首位，各项制度在设计上应更多地体现罗尔斯主义的福利思想”。① 对于公共产品的资源配置，研究的是政府供给与个人需求的关系，为了优化资源配置，政府可以明晰产权，将外部性内部化，同时也可以通过政策偏好，公共选择理论，优先配置哪种公共产品的资源。

可见，在公共产品性质的资源配置领域中，资源配置的标准是效用或者福利而不是效率，是为了实现公平。资源配置就是在公平的标准下，追求福利最大化。即使在企业中的人力资源配置，公平也是组织配置人力资源的必备环境。人的工作积极性不仅与获得报酬有关，还与人们对制度设计公平与否的判断有关②，企业人力资源配置不仅要讲究效率，还要追求公平，否则，人力资源配置的效率将难以实现。

---

① 李飞．中国教育的福利经济学分析［J］．经济师，2006（1）：7-9.

② 刘忠华．论人力资源的合理有效配置［J］．吉林建筑工程学院学报，2010（5）：96-97.

(2) 福利与公平：公平视角下的义务教育资源配置的标准

义务教育作为典型的公共产品，政府参与资源配置应该坚持公平的标准。资源配置的研究对象就成为政府之间以及政府与个人之间的供给需求的满足。经济领域的资源配置追求的是效率，公共产品领域的资源配置追求的是效用。由于义务教育追求的是公平，并不是效率和效用，社会配置教育资源并没有达到社会总效用的最大化，因此效率和效用两个标准并不适合义务教育领域。罗尔斯的两条正义原则被广泛认同作为义务教育资源配置的标准。第一条原则可以简化为“每个人的利益”和“平等地对待每个人”，第二条原则可以简化为“弱势群体”与“反向歧视”①。

(3) 公平视角下的义务教育资源配置模型

为了保障义务教育的起点公平，义务教育财政资源配置标准有多种模型。美国的密歇根等州的财政资源配置采取基本金项目。基本金项目是立法机关对义务教育规定基本的资金水平，所有学区筹集到的资金与基本金水平之间的差额，由州政府给予拨付②。州规定各个学区的税率是相同的，这样基本金项目就可以用公式表示为：州补助的差额=基本金-税基 * 税率，其中，各个学区的基本金和税率都是州统一规定的，因此，州补助的金额就决定于各个学区的财政能力，学区财政能力高，州补助就少；学区财政能力低，州补助就多。当学区财政能力远远超过州规定的基本金时，州不仅可以不补助，还可以通过征税的方式，把这些富余的经费转移到贫困的学区。上海等地也提出了义务教育经费投入的最低保障水准，

① ［美］约翰·罗尔斯．正义论［M］．何怀宏等译．北京：中国社会科学出版社，2006：61.

② ［美］理查德·A. 金，奥斯汀·D. 斯旺森，斯科特·R. 斯威特兰．教育财政——效率、公平与绩效［M］．曹淑江等译．北京：中国人民大学出版社，2010：176.

就如制定贫困人口生活标准那样①，这与美国的基本金项目有异曲同工之处。义务教育财政资源配置的标准按照基本金项目或者最低保障标准，可以较容易计算上级政府应该给各个地方拨付的金额，很容易操作，也有利于保障各个地区最低保障水平的公平。但是，基本金项目和最低保障标准也有一些弊端，这种保障性标准是根据收入，而不是根据教育需求和成本作出的决策②。如果这个标准太低，财政能力比较落后的地区就不能满足正常教育需要，而财政能力比较强的地区可以不用努力轻而易举地就达到了目标。基本金和最低保障标准定得太低，那么上级政府的经济压力就较小，贫困地区不能满足正常教学需要；基本金和最低保障标准定得太高，上级政府的财政压力比较大，富裕地区投资教育的积极性不足。

公平划分为横向公平与纵向公平，使得公平的度量有了可操作性。横向公平考察的是组内差异，纵向公平考察的是组间差异。测量横向公平比较简单，测量纵向公平相对复杂，引起了广泛的关注。测量纵向公平性最常用的方法就是加权，给予需要额外照顾的国民多加一点加权量，再用测量横向公平的方法来评估公平性③。Berne 和 Stiefel 根据横向公平、纵向公平以及机会公平三种公平的含义，分别提出了测量方法。横向公平，由生均资源的学区分布给予检验；纵向公平，给具有特殊需要的学生数进行加权，然后将加权的学生数与将横向公平分析的结果加以比较；机会公平关注的是生均教育资源与学区财富之间的相关度，当两者之间呈现中立或者负相关，那么就可以判断“财政中立”，即可认为实现了机会公平

---

① 转型期中国重大教育政策案例研究课题组．缩小差距中国教育政策的重大命题［M］．北京：人民教育出版社，2005：63.

② ［美］理查德·A. 金，奥斯汀·D. 斯旺森，斯科特·R. 斯威特兰．教育财政——效率、公平与绩效［M］．曹淑江等译．北京：中国人民大学出版社，2010：177.

③ 李茂能．各种 Gini 系数指标的相对效能分析：以教育成就模拟资料为例［J］．中国台湾：国民教育研究学报，2004（13）：1-50. 何宣甫．教育财政的财政学基础［A］．杨国赐主编．新世纪的教育学概论［M］．中国台湾：学富出版社，2002：136-174.

(Berne and Stiefel：Conceptual Basis and Framework)。

义务教育的经费的配置模型还可以根据地方财政，包括税收努力与税收能力来设计。税率的高低可以衡量一个地区税收的努力程度。美国德克萨斯州的保证收入项目就是通过考虑地区的税收努力，而配置财政资源的。该方法是关注地方税收努力（税率）①。义务教育所需经费以及地方政府能够提供的财力之间的差额，就由州政府提供。这种方法与基本金项目有雷同之处，都有相同的税率，也有预期的教育经费，但是最大的不同是，该方法考虑了地方的财力，税率不是州政府制定的，而是地方政府根据自身财力制定，同时预期的教育费用也不是州政府制定的，也是地方政府根据当地教育发展需要以及地方经济发展的可能而制定的。该方法最大的优点是考虑了地方财政努力程度，税率高，税收努力就高，在税基一定的情况下，能够提供给义务教育经费的资源的可能性就高；税率低，税收努力就低，在税基一定的情况下，能够提供给义务教育经费的资源的可能性就比较小。税率太高的话，也有可能抑制经济的发展。但是，该方法只强调了一个地区内部的财力配置，地区间的义务教育的财力配置差距可能因为地区经济发展的差异而拉大，国家这一级的财政没有做到中立。

(4) 对公平视角下的义务教育资源配置标准的评析

公平作为义务教育资源配置的标准，逐渐被学者和政府认同。国外尤其是美国有很多州政府根据各学区的财政能力和财政努力，来制定资源配置标准模型，为我国义务教育资源配置标准模型的构建提供了参考。

2.1.4　追求公平与效率：充足视角

从成本、收益以及公平单一的视角来分析义务教育资源配置标

---

① ［美］理查德·A. 金，奥斯汀·D. 斯旺森，斯科特·R. 斯威特兰．教育财政——效率、公平与绩效［M］．曹淑江等译．北京：中国人民大学出版社，2010：187.

准，都是在效率和公平孰优孰劣中，明确选择了一种价值标准。效率和公平，各有其优势和不足。充足视角就吸收了公平与效率的精华，剔除了糟粕，较好地处理了两者此消彼长的关系。充足视角才是未来义务教育资源配置标准的未来走向。

(1) 公平与效率：义务教育资源配置的理想标准研究

义务教育是为了人的自由发展，因此义务教育资源配置也要为人的自由发展而服务，围绕人的自由发展而配置资源，这就要求政府供给要满足社会总需求。当义务教育发展到一定程度，义务教育财政应从公平转向充足，充足就会成为未来义务教育资源配置的理想标准。充足视角把公平与效率较好地结合，"对财政公平的关注使人们将注意的焦点集中在教育投入的话，那么对财政充足的关注则使教育投入和产出有机地联系起来"。① 部分经济发达国家，义务教育配置标准已经实现了从效率到公平和充足的改变。美国将义务教育财政投入与学生成绩相联系②。日本也是以充足为标准配置义务教育资源，对城乡的办学标准和生均经费都有统一的标准③。

人力资源与财政资源配置有不同的地方，因此，有学者从和谐管理的理论出发，提出了人力资源的和谐配置理论，其主要意图就是使得人与人、人与岗位以及人与组织的关系和谐，促进系统整体功能的发挥④。这种理论兼顾了个人的公平，又照顾了组织的利益，是一种公平与效率的结合。还有学者对青年教师成长的影响因素进行了问卷调查，调查显示：政治环境、个人素质、人际关系、

---

① 曾满超，丁小浩等主编．效率、公平与充足中国义务教育财政改革[M]．北京：北京大学出版社，2010：326.

② Regents 2001-2002 Proposal on State Aid to School Districts，2000（12）：13-14.

③ Ronald C. Fisher. State and Local Public Finance [J]. Third Edition. Mason. Ohio：Thomson South-Western. 2007：125-139.

④ 王济干，郭婧蓉．人力资源和谐配置逻辑框架构建[J]．河海大学学报（哲学社会科学版），2010（2）：59.

文化氛围和基础配置5个因素对青年教师成长存在着影响①，青年教师成长的实际情况也说明，政府仅仅只从效率层面来提升教师的积极性还比较有限，政府还必须兼顾岗位以及学校文化环境等方面的建设，包括公平环境的创设。

（2）基数预算与零基预算：我国目前义务教育财政资源配置的模式

我国目前对义务教育财政资源的配置主要采取的是基数预算。基数预算产生于20世纪50年代，是与计划经济相适应的“基数加增长”的拨款模式，这种模式操作简单，但是基数预算的拨款模式有许多不足，如：拨款与教育业绩脱节、掩盖了城乡矛盾、不鼓励成功、鼓励失败、不利于提高教育质量②。预算基数的形成和增量的决定，主要依赖政治上的讨价还价，预算决策的理性程度较低，政府支出持续增长③。20世纪70年代在美国就出现了零基预算，零基预算是指预算基数不再是下一个预算年度的基础，政府支出机构每年都要为它的全部预算进行辩护④。零基预算可以实现科学分配经费、提高预算管理以及提高预算执行力⑤。但是，零基预算的实施受到经济、政治、法律、技术等方面的限制，因此它的实施在美国和我国运行并不理想，特别是零基预算有很高的技术要求，“决策单位很难界定；难以确定预算目标；很难对各项项目进

① 王济干，王志峰．青年教师成长要素分析和环境构建［J］．江苏高教，2003（4）：113.

② 财政部教科文司，教育部财务司，上海财经大学公共政策研究中心．中国农村义务转移支付制度研究［M］．上海：上海财经大学出版社，2005：108.

③ 马骏．中国的零基预算改革：来自某财力紧张省份的调查［J］．中山大学学报（社会科学版），2005（1）：58-66.

④ 马骏，叶娟丽．零基预算：理论与实践［J］．中国人民大学学报，2004（2）：122-128.

⑤ 王凌智．也论透视零基预算的本质、内涵及实践［J］．海军工程大学学报（综合版），2010（3）：63.

行排序；编制零基预算的工作量非常大”等①。我国在公用经费有限的情况下，用于零基预算的金额非常少。20世纪末期，中国的安徽等地区开始进行零基预算改革。王蓉教授认为目前实行的零基预算将人员经费排除在外，而人员经费是财政支出的大头，因此这种零基预算改革的效果是非常有限的②。同时，零基预算只考虑了总量投入，而未考虑支出效益，零基预算要以绩效为导向③。可见，零基预算受到多方面特别是我国财力的制约，零基预算改革在我国还有很长一段路程。在相当长时间内，我国仍然还是基数预算为主，并以转移支付方式实现。当前，转移支付方式遭到的非议也比较多。转移支付的经费拨付方式会影响到地方提供教育的支出水平④。可见，我国义务教育财政的拨款模式还有许多漏洞。

(3) 充足视角下的义务教育资源配置标准模型

美国义务教育在充足视角下有三种不同的财政资源配置标准模型。第一种方法是成本函数方法，其表达式为 $E_{it}=f(X_{it}, P_{it}E_{it})$，$E_{it}$表示生均教育经费支出，$X_{it}$表示学校特征和学生特征的向量，$P_{it}$表示学区社会经济水平向量，$E_{it}$表示没有观察到的学区特征等随机变量；第二种方法是示范学区设计法，学区内所有的资源都按照标准来配置，从而测算出生均教育经费；第三种方法是教育内容及成本估算法，专家对“典型”学校的成本进行估算⑤。三种模

① 肖育才．中美零基预算改革之比较［J］．财会月刊（综合），2007（7）：83.

② 王蓉．努力构筑我国公共教育财政体制（上）［J］．北京大学教育评论，2003（2）：78.

③ 凌莉宋，良荣．绩效导向下的零基预算探讨［J］．商业时代，2007（11）：72.

④ Mun Tsang & H. Levin. The Impact of Intergovernmental Grants on Educationa Expenditure［J］. Review of Educational Research, 1983: 329-367.

⑤ Guthrie, J. and Rothstein, R. (1999). Enabling Adequacy to Achieve Reality: Translating Adequacy Into State Finace Distribution Arrangment［M］. In Ladd, H., et, al, (eds.) Equity and Education Finace. Washington, DC: National Academy Press, 209-259.

型尽管有差异，但是都重视了学校自身发展所需的经费，实现“按需分配”，部分州已经按照上述模型标准，来配置义务教育资源，取得了明显实效。

(4) 对充足视角下的义务教育资源配置标准的评析

充足标准，较好解决了效率与公平两个标准，在追求公平的前提下，还兼顾了效率，保障义务教育理想发展应该需要的经费。这种标准的实现，需要政府有强大的经济实力作为支撑，经济比较发达的日本和美国实行的是充足标准。当前我国经济实力远还没有达到这种程度，不可能按照学校发展的需要来配置资源。但是上述标准却可以给我们带来启示，政府在现有财力的条件下，应该满足学校发展的最低需求，实现最低水平的公平，然后向充足迈进，实现高水平的公平。

2.1.5 对四种视角下的义务教育资源配置标准研究的评价

义务教育公共产品的属性，再加上成本本身测量的困难以及收益的滞后性，决定了不能从成本和收益视角来分析义务教育资源配置标准。充足作为义务教育资源配置标准，需要雄厚的社会经济发展水平作为后盾。我国或者大多数国家的经济还远未发展到那种程度，因此充足视角，尽管吸收了成本收益视角的精华，但只是一种理想标准，是义务教育资源配置标准的未来发展趋势。基于此，公平视角才比较适合我国当前经济发展水平，也比较符合我国当前提出的义务教育均衡发展策略，才是我国义务教育资源配置标准的分析视角。公平视角分析，只是当前的分析视角，当义务教育和社会经济发展到一定程度，充足就会替代公平，成为新的分析视角。

我国目前的义务教育财政资源配置一般采取基数预算，没有考虑各个地区的财政能力和财政努力，也没有考虑纵向公平，因此本书依据罗尔斯正义论，借鉴美国义务教育财政配置标准的有效经验，测算某省义务教育财政资源配置的横向公平、纵向公平以及机会公平，全面摸清该省义务教育财政资源配置的公平现状。

国内外关于义务教育的教师资源配置标准的定量研究非常少，很少有配置标准模型。我国目前的义务教师资源配置标准，一般采取师生比，没有考虑农村薄弱学校班额偏少的实际情况，不能保障这些学校的正常运转。本书将在国家制定的生师比的基础上，以罗尔斯正义论的差异原则，考虑分类班额以及农村学校，设计义务教育教师配置标准模型，从而保证义务教育学校的教师配置均衡，保障农村学校开足开齐课程。

2.2 有关义务教育资源配置标准的公平理论

上节详细阐释了从成本和收益视角分析义务教育资源配置标准的弊端。充足视角考虑了效率和公平，但要以国家雄厚的经济基础为后盾，我国是发展中国家，经济实力还没有达到充足视角的要求，充足视角还是一种理想化和未来发展的方向。本书立足我国国情，选择从公平视角来分析义务教育资源配置标准。目前关于教育公平的理论繁多，影响力比较大的有科尔曼的教育机会均等理论、胡森的教育过程公平理论、阿玛蒂亚·森的福利经济学理论和罗尔斯的正义论，各个教育公平理论的差异较大。因此，本书仅仅说明从公平视角来分析还不够，还需要对当前主要的公平理论进行比较分析，进一步缩小公平理论范围，聚焦和选定一种具体的教育公平理论，作为本书研究的理论基础，为后文义务教育资源配置标准的现状分析及其构建提供理论依据。

2.2.1 科尔曼的教育机会均等理论

（1）背景

美国的《科尔曼报告》即《教育机会的平等性报告》，发表于1966年。报告产生的社会背景是美国在“二战”后非常注重教育机会均等，先后出台了很多相关政策。美国国会在1945年举行的关于教育机会平等的意见听证会上，教育部指出了学区与学区之间、州与州之间存在着教育不平等现象后，教育行政部门就在基础教育领域采取了一些重要补偿措施，其中影响最大的就是1950年实施的“更高视野计划”（higher horizon program）和1965年实施的“头脑启迪计划”（head start）。上述计划的主要措施就是通过开设小班级、增派经验丰富的教师、增设额外课程对处境不利儿童进行教学，以补偿他们在教育起点上的不平等，从而实现教育结果上的平等。1954年，美国最高法院的“布朗裁决”，正式宣布种族隔离的政策是不平等的。美国采取了上述众多促进教育机会均等的政策，其实效如何，需要实践调查来说明。于是，1964年，美国政府颁布的民权法案中明确要求对公共教育制度各个层次进行专门的调查①。在此背景下，约翰·霍普金斯大学的科尔曼教授对美国4000所学校的64万名学生及相关的教师和校长进行调查，最终形成了举世闻名的《科尔曼报告》。

（2）内容

《科尔曼报告》的主要内容是对美国不同学区、不同学校的不同种族学生的教育条件及学习成就进行对比分析。调查内容大致有7个方面：公立学校的种族隔离程度、学校的设施设备、学校的制度和课程、校长特征、教师特征、学生的社会背景、学生的学业成就②。上述7个维度都有下位指标进行说明：第一个维度是种族隔离程度，主要反映学生接触与自己不同种族的同学和教师的比率。第二个维度是学校设施设备，主要调查的是房舍的新旧程度、生均使用面积、学科实验室建设、图书馆藏书及管理情况、免费教科书是否充足、是否提供免费午餐等。第三个维度是制度和课程，主要调查的是学校资质、师资队伍、招生政策、课程设置、学生社团活动。第四个维度是校长特征，主要调查的是校长的学历、种族等个

① 马晓强．《科尔曼报告》述评——兼论对我国解决“上学难、上学贵”问题的启示［J］．教育研究，2006（6）：29.

② Coleman, J. S., Campbell, E., Hobson, C. F., et al. Equality Ofeducational Opportunity[R]. U. S. Government Printing Office, 1966: 1-35, 575-587.

人特征及与教育公平有关的措施和行为。第五个维度是教师特征，主要调查的是教师的个人背景、专业经验和职业认同情况。第六个维度是学生社会背景特征，主要调查的是师生的种族分布情况、家庭结构和父母受教育程度、家长期望、亲子沟通及家校沟通情况、家庭藏书；各主要学科学习年限、选修大学预科课程或职业教育课程情况等。第七个维度是学生学业特征，主要调查的是学业能力和学习态度两个方面。学业能力包括语言能力、非语言能力（如图形分类、推理等）、阅读理解、数学（计算、推理和问题解决）、自然和社会常识等方面。学习态度包括学习的计划性、坚持性、自信心及自我期望等项目①。《科尔曼报告》考察的主要指标以及下位指标如表2-1所示。

（3）结论及其影响

科尔曼通过调查报告，得出了以下4个主要结论：

其一，美国公立学校存在着严重的种族隔离现象。种族隔离政策对学生成绩存在着严重的影响，种族隔离政策对黑人学生学习成绩的影响要超过白人学生。种族合校可以提高黑人学生的成绩，但是对白人学生的成绩并没有负面影响。

其二，影响学生学业成就的主要原因是学校内的社会经济背景，即学生家庭的社会经济背景、同学的社会经济背景等而不是学校的物质条件。物质条件对学生学习成就的影响并没有我们想象中的那么重要②。学习期望对学生的学习成就有很大的影响，白人学生较之黑人学生的家庭条件，一般比较优越，家庭给予白人学生的期望比较高，学习成绩也就比较好。这个结论对美国公立学校白人和黑人学生合校政策产生的冲击影响力最大，白人学生的家庭期望值会对黑人学生产生积极影响。

---

① 易进，郑丹.《科尔曼报告》对我国教育公平监测的启示［J］.教育科学研究，2009（7）：12.

② 马晓强.《科尔曼报告》述评——兼论对我国解决“上学难、上学贵”问题的启示［J］.教育研究，2006（6）：30.

表 2-1　《科尔曼报告》考察的主要指标①

一级指标	二级指标	三级指标
种族隔离	种族隔离	种族隔离程度
教育条件	设施设备	房舍的新旧程度
		生均使用面积、
		学科实验室建设
		图书馆藏书及管理
		免费教科书
		免费午餐
	制度课程	学校资质
		师资队伍
		招生政策
		课程设置
		学生社团活动
	校长特征	校长的学历
		种族等个人特征
		教育公平有关的措施和行为
	教师特征	个人背景
		专业经验
		职业认同
	社会背景	师生的种族分布
		家庭结构
		父母受教育程度
		家长期望
		亲子沟通
		家校沟通
		家庭藏书
		主要学科学习年限
		选修大学预科课程
		职业教育课程
学习成就	学业成就	学业能力
		学习态度

① 易进，郑丹.《科尔曼报告》对我国教育公平监测的启示［J］. 教育科学研究，2009（7）：12.

其三，同学间的社会背景对学生学习成就有着影响。学生本人的社会背景不仅对学习成就有影响，而且对周围同学的学习成就也有影响。将低收入阶层的孩子送到中等收入阶层子女占大多数的学校，对前者会很有好处，对后者却没有不利影响①。

其四，教育机会均等的理念经历了四个演变阶段。第一个演变阶段是所有儿童都拥有在同样的学校，学习同样的课程；第二个演变阶段是学校应该为每个儿童提供同样的课程，让儿童获得同样成功的机会；第三个演变阶段是不同种族应该拥有同样的学习机会，学校要实行种族合校；第四个演变阶段是教育结果的均等，为不同的儿童提供不同的课程。在上述四个演变阶段中，教育机会均等观念的变化呈现了两个规律，教育机会均等的观念从注重学校资源投入到注重学校教学结果的转变；教育机会均等的观念从注重政府“提供机会的均等”到家庭和儿童“运用机会的均等”的转变。

《科尔曼报告》对美国公立学校的合校政策产生了巨大影响，为美国的“肯定性行动”铺平了道路。美国政府开始采取强制性措施，要求黑人和白人必须同校。同时，给予弱势群体很多优惠，实施“反向歧视”政策。

(4) 评析

《科尔曼报告》主旨是考察教育机会公平，但是教育机会公平与教育过程、教育结果是紧密联系在一起的，并不是孤立存在的。《科尔曼报告》是从教育结果出发，然后寻找影响教育结果的所有因素。因此，科尔曼的教育机会公平既涵盖了教育过程因素，如办学条件、师资水平，又涵盖了教育结果的因素，如学生的学习成就，另外科尔曼的教育机会公平还包含了家庭环境，社会种族隔离政策等。《科尔曼报告》修订了教育机会的概念，他认为“教育机会均等不能仅仅局限于靠平等的投入，如平等的教育支出、教师和设备等来衡量，而应将关注的重心转到独立于家庭背景的学生学业

① 易进，郑丹．《科尔曼报告》对我国教育公平监测的启示［J］．教育科学研究，2009（7）：13.

成就”。① 可见，《科尔曼报告》中教育机会公平包含的范围非常广泛，几乎包括影响教育机会公平的所有因素。

《科尔曼报告》中教育机会公平的目的，就是尽力减少学生因家庭背景不同而进入不同层次学校的机会。或者说，学生的教育机会与自身的家庭环境不应该有极强的正相关，不同出身背景的学生，可以拥有相同的教育机会。这样，教育机会公平就实现了。为了更加全面地测量教育机会是否实现公平，《科尔曼报告》中教育机会公平既包含数量因素，也包含质量因素。科尔曼报告指标考察的不仅是学生受教育的数量，而且考察了学生进入不同层次以及选修不同学科的差异，从质量上考察学生获得的教育环境是否公平，从更深层次上关注教育机会公平。

《科尔曼报告》中教育机会公平与社会经济发展水平紧密相连。教育机会公平要受到社会经济发展水平的影响，教育机会公平也会影响到社会经济发展。仅仅只从办学条件如教育资源的分配情况来考察教育机会公平是不够的，还必须把教育机会公平放在社会经济发展的宏观背景上。

《科尔曼报告》给我国义务教育资源配置的公平带来了重要的启示。我国学者所说的教育机会公平与科尔曼所提倡的概念还有些本质上的区别。我国学者所说的教育公平仅仅只是数量上的，还未指向质量。我国义务教育法在法律上保障了每个适龄儿童享受免费的教育，很多学者误认为学生在受教育机会方面是公平的。事实并非如此，正如科尔曼分析免费教育并不意味着教育机会的均等。“免费学校绝不意味着儿童的教育成本对任何经济水平的家庭都同样为零。当实施免费教育时，仍有许多家庭无法供养较大的子女上学，因为他的劳动无论对地处农村或城市的家庭来说都是必不可少的。”② 我国学生只是在教育机会公平的数量达到了公平，但是质

① 马晓强．《科尔曼报告》述评——兼论对我国解决“上学难、上学贵”问题的启示［J］．教育研究，2006（6）：31.

② 张人杰．国外教育社会学基本文选［M］．上海：华东师范大学出版社，2009：149.

量上远远没有达到。在免费义务教育的大背景下，有的学生可以享受优质教育，有的学生上的学校却不能保障开齐开足国家规定的课程，学生接受教育的环境具有较大差异。因此，科尔曼强调的数量与质量结合的教育机会公平对我国具有启发意义，我们不仅要关注学生有学上，只是数量上的教育机会公平，而且更要关注学生上优质学校的机会是否公平，教育机会是否不受学生出身的家庭环境的影响。

科尔曼的教育机会公平理论虽然对我国的教育公平有着重要启示，但并不适应我国义务教育的特殊国情。《科尔曼报告》主要指向的是黑人与白人之间的种族教育公平问题，而我国义务教育公平问题没有种族问题，即使是民族之间的教育公平问题也不是很明显。我国教育公平问题主要反映在区域之间、城乡之间、学校之间以及群体之间的同一种族内。另外，《科尔曼报告》的教育机会公平几乎涵盖了影响教育的所有因素，这些因素比本书研究的资源配置要素要宽泛得多。因此，科尔曼的机会公平理论并不适合我国义务教育国情，也不适合本书研究的对象，本书需要寻找另外的教育公平理论来作为分析我国义务教育资源配置标准的理论基础。

2.2.2 胡森的教育起点均等、过程均等与结果均等

(1) 背景

在《科尔曼报告》中，教育机会公平几乎包含了影响教育的所有因素，但是《科尔曼报告》的教育机会公平还不能保证学生在受教育整个过程中的平等，于是很多学者对科尔曼的教育机会公平概念进行了修正，进一步丰富和深化了教育公平理论。瑞典教育学家托尔斯顿·胡森提出了教育起点、教育过程以及教育结果均等的公平理论，其公平理论主要在《社会环境与学业成就》著作中阐述。

(2) 内容

胡森提出，教育机会公平不仅包括入学机会的公平，而且还应

该包括受教育过程的公平以及受教育结果的公平。入学机会的公平并不能弥补不利处境给学生带来的消极影响，政府仅仅关注入学机会形式上的平等，并不能保障弱势群体能够享受到公平的教育。政府还应该关注过程公平和结果公平，特别是保证每个不同家庭背景的儿童获得同样的进步。只有包含上述三个方面的机会公平，学生的受教育公平才能真正实现。胡森的教育公平理论主要有以下几个方面：

胡森阐述了起点均等、过程均等以及结果均等的内涵。教育机会公平包括入学机会的起点均等、受教育过程的均等以及教育结果的均等。教育起点均等就是国家要保护每个人的受教育的权利，包括学生的教育权利平等以及教育机会的均等；教育过程均等主要指的是教育办学条件的均等，同时也涉及教育过程中师生关系的平等；教育结果均等指的是质量均等，学生获得成功的机会均等。可见，胡森是从学生整个受教育过程来界定教育公平。

起点均等、过程均等与结果均等分别对应了效率、公平以及自我实现三种社会价值观。起点均等是在教育机会有限的情况下，强调筛选和分流的教育制度合理性的重要性，非常强调经济的效率；过程均等强调在教育资源配置和教育过程中，政府要平等地对待每个学生，让他们享受同样数量以及质量的教育；结果均等强调教育要因材施教，为不同学生提供不同教育，使得每个学生的个性和天赋都得到发展①。胡森对教育均等的价值观分析与科尔曼的教育机会发展过程有着类似之处，实质上都是突出教育公平是一个发展过程。

影响教育机会公平的因素，不仅有校内因素，而且有校外因素；不仅有物质因素，而且还有精神心理因素。具体而言，有校内的物质因素，如学校的建筑设施、设备，有校内的心理因素，如教师对学生的期望、教师对学生的态度；有校外的物质因素，如家庭的经济环境、上学的交通工具等；有校外的心理因素，如家庭对学

① 诸燕，赵晶．胡森教育平等思想述评［J］．徐州师范大学学报（哲学社会科学版），2007（4）：115.

生的期望等。

为了实现教育结果的公平，就必须给予弱势群体一些特殊政策，提出了“补偿教育”。补偿教育“是指提供修改的或附加的教育计划和服务，使残疾儿童恢复正常生活，扩大那些因处于不利地位而丧失接受良好教育的权利的人和学校中的失败者的教育机会”①。胡森指出，正是因为学校教育平等地对待每个人，导致一些有遗传缺失、社会缺失以及文化缺失的学生失去了发展的机会。因此，学校必须改变原来的教育方式，为每个人提供最适合自己发展的教育条件以及机会②。仅仅只有平等的措施来对待所有学生，不能实现所有过程的均等，必须辅助于“补偿教育”。

(3) 影响

“补偿教育”是胡森教育公平理论的亮点，为政府实现教育公平理论提供了操作化思路。美国在20世纪实施了一系列的补偿教育，针对不同的弱势群体，采取不同的政策，给予不同的补偿。如针对经济困境学生的补偿教育计划，就包括更高视野计划、头脑启迪计划和免费午餐计划。针对文化困境学生的补偿教育，就包括黑人儿童补偿教育计划和双语教育计划。针对身体状况不佳儿童的补偿教育，就要求政府必须保证身体残疾的学生享受正常学生的教育权利，为每一个残疾学生提供“个人教育计划”。③ 上述补偿计划及其措施，无疑受到了胡森补偿理论的影响。

(4) 启示评析

胡森对教育公平的阐述比较全面，教育公平不仅包括了起点公

---

① 赵晶．从胡森的教育平等观看美国的补偿教育——兼谈对我国实现教育平等的启示［J］．河北师范大学学报（教育科学版），2008（9）：46.

② Torston Huson. A Marriage to Higher Education［J］. Journal of Higher Education，1980（6）：51.

③ 赵晶．从胡森的教育平等观看美国的补偿教育——兼谈对我国实现教育平等的启示［J］．河北师范大学学报（教育科学版），2008（9）：47-48.

平，而且还包括了过程与结果的公平，提出的“补偿教育”也为政府实现公平提出了操作化的建议。三种公平对应了不同的价值观，也揭示出三种公平是一个前后相继的发展过程。在资本主义发展早期，起点公平是首要任务，随着资本主义经济的发展，过程公平的实现就提上了日程，最后随着资本主义的繁荣，人们再也不能满足于起点公平和过程公平，而是需要个性化教育，呼吁结果公平。胡森的教育公平为我国实现义务教育领域的公平提供了重要理论参考，教育公平是一个全方位的工程，我国在实现教育起点公平之后，就应该向着过程公平以及结果公平方向迈进。

但是，胡森的教育公平带有强烈的理想化色彩，他提出的教育结果的公平很难实现。教育结果公平需要学校针对不同特质的学生，提供不同的教育方案计划。在教育资源有限、学生众多以及学生特质千差万别的情况下，学校如何实现“因材施教”，如何实现结果公平，这是胡森教育公平理论实现的难点。特别是在我国经济不发达，学生人口众多的情况下，实现胡森的教育结果公平在短时间内更是难以企及，因此，胡森的教育公平理论并不适合分析我国的义务教育公平问题，也不适合我要研究的义务教育资源配置标准问题。

2.2.3 阿玛蒂亚·森的能力贫困理论

（1）背景

随着美国资本主义经济的发展，思想界的功利主义、自由主义以及罗尔斯的正义论展开了争锋。在各种思潮都占有一席之地之时，取代追求效用和自由的目标，以追求福利的福利经济学诞生了。福利经济学对社会领域产生了重要影响，其典型性代表是诺贝尔经济学获得者阿玛蒂亚·森的福利思想，他提出了能力贫困的概念，有关福利的观点主要在《以自由看待发展》一书中阐述，其中也有论及教育公平的思想。

(2) 内容

阿玛蒂亚·森在《以自由看待发展》中提出，贫困不仅仅是经济收入低下，而是对基本能力的剥夺。经济贫困只是贫困的表面现象，并不能反映实质，它绝对不能成为分析贫困的终点。他还强烈批判了当前过于强调收入的不平等的现象，认为失业、身体疾病、缺乏教育和社会排斥等方面实施能力的剥夺，实际上才会导致真正的贫困。他的能力贫困理论的主要观点有：

从能力剥夺视角而不是从经济收入低下分析贫困。能力剥夺具有显著特征：能力剥夺从更本质的层面关注贫困，而不是从表象关注贫困；能力剥夺会导致真正贫困，比经济贫困更能影响收入；收入与能力之间的关系在不同的制度安排中会有不同表现，收入对能力的影响是有条件的。由于能力的差异，人与人之间的收入转化“功能的能力”有所差异。他举例一个残疾人，疾病本身降低了他获得收入的能力。残疾人比正常人需要更多的收入来维持正常需要，如治疗费用支出①。能力贫困从两方面导致了贫困，一方面是本身缺乏能力去挣钱，另一方面，需要更多的钱来维持日常开支。

反经济贫困政策的目的应该是能力贫困而不是经济贫困。反经济贫困政策的目的是获取自由，而不是消除经济贫困。他举例说一个经济比较富裕的人，没有参与政治的权利。在当前贫困视角下，这种人不属于贫困群体成员，但在能力剥夺视角下，这种人也属于贫困人。只有自由才是真正富裕的人，才是脱离贫穷的人。只有免于能力剥夺，人才是自由的，才是富裕的。经济贫困和能力贫困只是获取自由的手段，并不是目的。

西欧国家属于高福利国家，非常关注收入平等，失业率较高。而美国的收入差距较大，但是失业率较低。这些国家的政策取向反映了西欧国家是从收入差异来治理国家的，但是美国是从能力视角来治理国家的。在这种道德规范下，西欧国家非常注重对弱势群体

① ［印度］阿玛蒂亚·森著．以自由看待发展［M］．任赜，于真译．北京：中国人民大学出版社，2002：118.

的资助，而美国关注的是失业而不是贫困群体。失业实际上比经济贫困对人的影响更大，大量的证据证明失业除了造成经济收入损失之外，还会带来其他消极影响，如发病率的上升、家庭关系破裂、社会边缘化等。

阿玛蒂亚·森还实证分析能力剥夺。他用印度各州的数据说明，并不是经济贫困导致贫困，而是种族、性别等因素造成了贫困。如女性性别可能更加容易导致社会歧视，从而收入低下，最后才导致贫困。可见，收入低下只是贫困一个中间变量，而不是初始变量。

阿玛蒂亚·森提出了消除能力贫困的策略。从经济贫困视角，可以通过经济增长，增加居民的收入的路径来减少贫困；从能力剥夺的视角，可以发展基础教育，提高能力的路径来减少贫困。阿玛蒂亚·森运用印度各个州的实践说明，后者发展路径的效果比前者好。因此，阿玛蒂亚·森主张：政府提供更好的基础教育和卫生保健，不仅可以直接提高人们生活的质量，而且还提高了一个人获得收入的能力，使其免于收入贫困。同时，越好的基础教育和卫生保健，就会让潜在的穷人越可能拥有较好的机会摆脱贫困。

（3）影响

阿玛蒂亚·森赋予了自由新的含义，自由是“一个人做自己认为有价值的事的可行能力”。① “有价值的事”有不同的组合，每个人有不同的选择。阿玛蒂亚·森根据能力贫困的理论以及自由的思想，为联合国《人类发展报告》涉及了自由的清单，评价世界各国人类发展状况。

（4）评析

阿玛蒂亚·森的能力贫困理论给予政府很大启发，政府要帮助穷人脱贫，并不是一味直接给予经济资助，而是帮助他们增强挣钱

---

① ［印度］阿玛蒂亚·森著．以自由看待发展［M］．任赜，于真译．北京：中国人民大学出版社，2002：48.

的能力，或者创造挣钱的机会。政府为了帮助贫困者增加挣钱的能力，就必须大力发展义务教育，提高他们的素质；政府为了提供更多挣钱的机会，政府可以创造更多的就业机会，让他们的能力可以发挥。阿玛蒂亚·森的贫困理论为政府为何投资义务教育提供了新的理论视角，比公共产品理论更加深层次解剖了问题。但是，阿玛蒂亚·森的贫困理论很难操作化和量化，本书也很难用阿玛蒂亚·森的理论来分析我国义务教育资源配置的标准。

2.3 罗尔斯的正义论：义务教育资源配置标准建构的理论基础

科尔曼、胡森都认识到校外因素，如个人成就动机、家庭等因素对学生成绩的影响，重点分析校外因素对学生成绩的影响，提出政府应该关注校外因素，给弱势群体以补偿教育，从而提高学生成绩。阿玛蒂亚·森从更加长远的眼光，认为国家为了解决贫困，就必须解决能力贫困，对此，政府应该大力发展义务教育。上述理论对本书分析义务教育资源配置标准都有所启发，但是有的理论不符合我国实际，理论设计的思路远远超过我国的经济承受能力，有的理论难以操作和量化，不符合本书研究的对象，本书分析的义务教育资源配置标准更多的是用定量方法分析的实践研究。在上述公平理论分析的基础上，本书决定选择罗尔斯的正义论作为研究的理论基础。

2.3.1 罗尔斯正义论的背景

罗尔斯的《正义论》，引起了学术界关于正义的大辩论，“这场辩论持续时间之长，影响面之广，以及所产生的学术文献之多，在整个西方学术思想发展的历史中是极其罕见的。”① 西方有关社会正义公平、分配公平与均衡、政治自由与政府中立等问题的探讨，都很大程度上受到罗尔斯正义论的影响。《正义论》中文版由

① 姚大志，罗尔斯：从自由到平等［J］. 开放时代，2003（1）：22.

中国科学社会出版社 1988 年出版，同年 7 月 4 日发表了任可题名为《对“社会正义”的探讨——评价罗尔斯的〈正义论〉》的评论文章，至此国内掀起了罗尔斯正义论研究的高潮。罗尔斯正义论产生了这么大的社会影响，除了他本人良好的学术造诣之外，还有理论产生的社会背景和思想背景。

《正义论》出版的时代，虽然资本主义已取得了前所未有的成就，自由主义也得到了学者的一致认同，但是黑人解放运动、民权以及反越战争等，都给美国当时的政治制度提出了挑战。社会正义、种族歧视、贫富差距都成为各种运动的主题，自由主义受到了质疑。罗尔斯通过《正义论》严谨的论述，论证了自由主义仍然有着丰富的理论资源，在此基础上，可以建构一个更加公正的理想社会。

公平正义一直是学者关心探讨的古老话题。如苏格拉底提出“真正的正义就是平等地分享”①。柏拉图提出“正义就是做自己分内的事和拥有属于自己的东西”②。后来学者如卢梭、洛克、休谟、康德也提出了公平正义的观点。在罗尔斯正义论酝酿的时候，正是效益主义盛行之际。罗尔斯在前人有关公平正义研究的基础上，批判了当时盛行的效益主义，指出不公平与不正义产生的政治背景，建构出理想的正义理论，实现更加正义和公平的理想社会。

2.3.2 罗尔斯正义论的主要内容

罗尔斯正义论分为三部分，第一部分是正义的理论，包括正义的内涵、原则、环境、性质等；第二部分是实现正义的制度，包括平等的自由、分配的份额、义务和职责；第三部分是正义的目的，阐释了合理性的善、正义的善等维系社会稳定性的伦理道德。

---

① ［古希腊］柏拉图著．高尔吉亚篇柏拉图全集［M］．王晓朝译．北京：人民出版社，2002：375.

② ［古希腊］柏拉图著．高尔吉亚篇柏拉图全集［M］．王晓朝译．北京：人民出版社，2002：410.

(1) 罗尔斯的正义标准以及程序公正

罗尔斯在开篇中就提出正义是制度的首要价值,“正义是社会制度的首要价值,正像真理是思想体系的首要价值一样……某些法律和制度,不管它们如何有效率和有条理,只要它们不正义,就必须加以改造或废除”。① 他还指出,每个人都拥有基于正义上的不可侵犯性,即使以社会整体利益为名都不可以。为了实现正义,他提出了正义标准必须公平公正,另外社会基本结构也必须能够充分实现该原则的要求②。前者就是公平作为正义的标准,也就是他贯穿全文的“作为公平的正义”,也称为实质公正。后者是程序的公正,也被称为形式公正。为了公正,两者缺一不可。只有标准和程序都公正了,结果才是公正的。他还认为效益主义虽然赞同程序公正,但是由于遵循效率的标准并不公正,因此结果对社会来说是不公正的。

罗尔斯还限定了正义运用的范围,正义应运用在“社会的基本结构”中。“社会的基本结构”意指主要的政治结构和主要的经济和社会安排,并不是所有的制度都要运用正义原则。主要的社会制度对人的影响很深刻,“使某些出发点比另一些出发点更为有利。这种不平等是一种特别深刻的不平等……它影响到人们在生活中的最初机会,然而人们大概并不能通过诉诸功过来为这类不平等辩护”。③ 社会的基本结构分配了基本的权利和义务,每个公民都要深受其影响。按照罗尔斯的正义理论,教育制度作为社会基本结构中的一环,其资源分配也应该遵循正义的公平标准。

---

① [美] 约翰·罗尔斯著. 正义论 [M]. 何怀宏等译. 北京:中国社会科学出版社,2006. 3.

② 周保松. 自由人的平等政治 [M]. 北京:生活·读书·新知三联书店,2010:1-33.

③ [美] 约翰·罗尔斯著. 正义论 [M]. 何怀宏等译. 北京:中国社会科学出版社,2006:61.

(2) 罗尔斯的两个正义原则：自由原则与差异原则

罗尔斯还在《正义论》中阐述了最著名的两个正义原则。

第一个原则是每个人都应有平等的权利，拥有最广泛的平等的基本自由体系。罗尔斯强调了自由在正义论中占有优先的地位，每个人都拥有基本的自由和权利，不能以社会整体、大多数以及其他人为托辞而被剥夺。社会基本结构和主要的社会制度，只保障最低限度的自由，而不是最广泛的自由。自由思想在当时资本主义自由主义思潮中已经得到了广泛的认同，罗尔斯的自由观点并没有遭到多少人的反对。因此，罗尔斯只是强调了自由的重要性，但并没有运用很多笔墨来证明。

第二个原则是差异原则以及机会原则。社会的和经济的不平等应该满足以下两个条件：第一，在与正义的存储原则一致的情况下，适合于最弱势群体的最大利益，被称为差异原则。这个原则令很多人费解，罗尔斯着重证明了正义论中的差异原则，罗尔斯从两个方面来论述，一方面，从理性角度分析，人们在“无知之幕”①下，不知道自己的背景和社会关系，就会按照“小中取大”的原则，设身处地地为社会弱势群体选择较有利的方案；另一方面，从道德角度分析，个人的先天禀赋以及优越的出生环境是偶然的，这些优势者没有理由要求得到比弱势者更多的资源，同时，只有给弱势者以补偿，弱势者才会和他们真诚合作②。从理性与道德两个角度来看，差异原则应该得到认可和实施。第二，在公平的平等机会下，职位与工作向所有人开放，被称为机会原则③。每个人拥有的

① “无知之幕”是罗尔斯证明正义理论的原始状态，这种状态的典型特征是，没有一个人知道他在社会中的地位，无论是阶级地位还是社会出身，也没有任何人知道他在先天的资质、能力、治理、体力等方面的运气，也不知道他们特定的善的观念或他们的特殊的心理倾向。.

② 周保松. 自由人的平等政治［M］. 北京：生活·读书·新知三联书店，2010：1-33.

③ ［美］约翰·罗尔斯著. 正义论［M］. 何怀宏等译. 北京：中国社会科学出版社，2006：302-303.

机会是基于自身的能力，而不是自身的财富或者经济地位。若一个人拥有的机会与财富有关，这种公正只是形式上的公正，并不是实质上的公正。因此，罗尔斯强调："一种公平的机会平等不仅形式上是开放的，而且要求所有人都应该有获得它们的公平机会，即起点的平等。"①

上述两个原则是词典式次序排序，第一个原则即自由原则是优先排列的，第二个原则中的平等机会原则是先于差异原则的，差异原则处于最后序列。自由原则等同于横向公平，即处于相同处境的人应受到同等待遇，每个人享受到最基本的自由和权利。差异原则等同于纵向公平，即处于不同处境的人应受到不相同的待遇，弱势群体可以得到更多的补偿。平等机会原则等同于机会公平，每个人的机会与能力有关，与自身财富无关。罗尔斯还认为，第一个原则适用于宪政实质问题，第二个原则适用于分配正义制度问题。本书整理了罗尔斯《正义论》两个原则的特点，如表 2-2 所示：

表 2-2　　**罗尔斯《正义论》的两个原则**

	名称	内涵	词典式序列	政府的作为	公平的类型	资源配置
第一原则	自由原则	每个人都应有平等的权利，拥有最广泛的平等的基本自由体系	1	价值中立	横向公平	平均分配
第二原则	差异原则	不平等原则 1：在与正义的存储原则一致的情况下，适合于最弱势群体的最大利益	3	弱势补偿	纵向公平	补贴弱势群体
	机会平等原则	不平等原则 2：在公平的平等机会的条件下，职位与工作向所有人开放	2	价值中立	机会公平	平均分配

① ［美］约翰·罗尔斯著．正义论［M］．何怀宏等译．北京：中国社会科学出版社，2006：62.

(3) 实现正义的制度

罗尔斯两条正义原则，尤其是差异原则要被运用于社会的基本结构，国家就要制定配套的制度。“社会制度应当这样设计，以便事情无论变得怎样，作为结构的分配都是正义的。为了达此目的，我们有必要把社会和经济过程限制在适当的政治、立法制度的范围内。没有这些背景制度的恰当安排，分配过程的结果便将不会是正义的。”① 第一条自由原则，政府要以宪法调节，选择正义观、制定正义立法以及正义程序，以保障每个人的最低限度的自由。第二条平等机会原则，在教育领域，政府通过补贴私立学校和建立公立义务教育体系，保证每个适龄儿童拥有平等的教育机会，享受均等的教育质量。第三条差异原则，在教育领域，政府要给予弱势群体一定的最低受惠额，家庭补助。罗尔斯尤其强调了补偿原则要高度依赖于制度，由制度来再次分配和转让收入，反对由竞争决定收入。

2.3.3 给我国义务教育资源配置标准研究的启示

“对于经历了 20 多年改革开放，社会公平问题已凸显的中国来说，罗尔斯理论的指导意义并非可有可无的。如何进行以公平为价值取向的政策调整，如何建立社会保障体系满足贫困者的生存需求，如何对富裕这一阶层进行各种税收调节都成为共同富裕中待解决的问题。”② 同样，我国义务教育呈现差距迹象后，国家如何进行以公平为价值导向的政策调整，罗尔斯理论也是有指导意义的。

罗尔斯的自由原则运用到义务教育资源配置标准中，就是政府应该满足每个适龄儿童享受最基本的受教育权利。福利经济学理论如阿玛蒂亚·森能力贫困理论提出，贫困不仅仅是经济收入低下，

① [美] 约翰·罗尔斯著．正义论 [M]．何怀宏等译．北京：中国社会科学出版社，2006：275.

② 寿建纲．民主的危机与正义论 [J]．内蒙古大学学报，2000 (5)：34.

而是对基本能力的剥夺。经济能力低下只是贫困的表面现象，并不能反映实质。因此阿玛蒂亚·森能力贫困理论主张政府帮助穷人脱贫，并不是一味直接给予经济资助，而是帮助他们增强挣钱的能力，或者创造挣钱的机会，前者，政府可以大力发展义务教育，提高他们的素质；后者，政府可以创造更多的就业机会，让他们的能力可以发挥。福利经济学尽管重视到了政府应该给予弱势者以补偿，提高他们致富的能力，但是他们只重视了弱势群体致富的能力，看到更多的还是经济上的平等，而罗尔斯正义的第一条自由原则，却要求对弱势者最广泛的尽可能的平等，还特别强调了政治权利的平等。罗尔斯的正义论理论比福利经济学更富有人文情怀，更强调每个人的权利与自由。按照罗尔斯正义论的第一个原则，义务教育资源配置标准就是政府要平均分配教育资源，让每个适龄儿童有权利享受最基本的教育。

罗尔斯的差异原则运用到义务教育资源配置标准中，就是政府要补偿弱势群体，让他们享受同样质量的教育。差异原则是正义论中最引起争议和引起反响最大的原则。差异原则要求给予弱势群体特殊补偿，不同的群体不同的对待，以实现纵向公平。差异原则并不是要求平均主义，追求结果的均等，让所有人都拥有相同的收入，而是“让最不利者的延伸到其后代的长远前景的期望”①。为了提高不利者的后代的期望，就要把对机器以及生产资料的直接投资中，转向对学习和教育方面的投资。罗尔斯的差异原则给政府配置义务教育资源提供了很好的视角和理论视角，政府给农村学校、薄弱学校、弱势群体配置教育资源时，是否应该体现差异原则以及如何体现差异原则，以追求教育过程和教育结果的公正。

罗尔斯正义论的机会平等原则运用到义务教育资源配置标准中，就是政府要保证每个人拥有教育的机会与财富无关，仅仅与个人能力有关。政府在配置教育资源时，不仅只是形式的平等，保证

---

① ［美］约翰·罗尔斯．正义论［M］．何怀宏等译．北京：中国社会科学出版社，2006：286.

每个人形式上资源的平等，而是要考虑每个人所在地的社会经济水平。政府配置资源的水平不能与经济水平呈正相关，而应该采取财政中立。这样，每个人拥有教育机会时，就享有了平等的起点，不受所处经济背景的影响。

3　从追求效率到追求公平：我国义务教育资源配置标准的政策变化

上章主要论述了以罗尔斯正义论为理论基础来分析我国义务教育资源配置标准，这仅是从理论上来说明。但是我国义务教育资源配置标准的实际情况是否需要以罗尔斯正义论为代表的公平理论为基础呢？对义务教育资源配置标准的研究，应该放在我国社会的时代背景中，脱离时代现实背景的探讨将没有任何实际意义。本章将从国家政策层面加以说明，我国义务教育资源配置标准的现实价值取向也是公平，这就从实践需求层面解释了以罗尔斯正义论为理论分析我国义务教育资源配置标准是适切的。

有很多学者对我国义务教育资源配置标准的国家政策变化进行了梳理，如李祥云学者就从财政视角出发，按照政策发展的历史顺序分析我国财政体制变迁中的义务教育财政体制变革，把义务教育财政体制变革划分为三个非常具有典型意义的时期：第一个时期是1985年义务教育财政体制分权化改革时期；第二个时期是1994年分税制推行时期；第三个时期是2000年税费改革时期①。按照历史发展顺序梳理，可以很好还原历史，展示政策的发展脉络，但是很难说明政策为何这样变化以及政策的未来走向是什么。为了说明政策变化的深层原因，就不能平铺直叙，必须另辟蹊径来对我国义务教育资源配置标准的政策进行梳理。

本书采取历史制度主义来分析我国义务教育资源配置标准的政策变化。历史制度主义是通过集中关注制度，吸收了理性主义中行

---

① 李祥云．我国财政体制变迁中的义务教育财政制度改革［M］．北京：北京大学出版社，2008.

动者以及结构主义中的深层结构中的有益成分，建立一种新的宏观结构、中层制度与微观行动者的解释框架①。本章将从深层结构（宏观的政治经济文化心理结构）、制度自身以及行动者三个维度来分析我国义务教育资源配置标准的政策的变迁，从而从现实政策层面说明，公平也是我国义务教育资源配置标准研究的理论基础。

3.1 制度变迁的历程描述：从追求效率到追求公平

新中国成立以来，我国义务教育资源配置标准政策经历两个主要的制度变迁阶段，一是1949—2000年，义务教育资源配置标准政策遵循的是效率逻辑，提倡城市教育国家办，农村教育农民办。二是2000年税费改革后，义务教育资源配置标准政策追求的是公平逻辑，国家实施了免费的义务教育，并对弱势学校和弱势群体实行财政倾斜政策。

3.1.1 追求效率的制度变迁（1949—2000）

（1）1949—1984年，计划经济体制（效率逻辑）

新中国成立后，我国各行各业都处于百废待兴状态。国家财力非常有限，不可能承担所有义务教育的经费，仅仅实现了国家在城市办学，而农村学校则由农民自己办。在1949年的第一次教育工作会议上，国家就提出教育应该提倡政府统筹与发动群众办学相结合的策略。在这段时间内，城市义务教育学校由国家投资，而农村学校则由农民自己办。那时教育资源配置标准政策实际上是向城市倾斜，政策中“正向歧视”表现得比较明显，生存较好的城市学校，可以得到国家的财政经费保障，而生存艰难的农村学校，却只能依靠当地农民掏腰包。农村学校一般通过两种方式整合办学资源：一方面，在集体收益向社员分配之前直接扣除农村学校所需要

① 周光礼．公共政策与高等教育——高等教育政治学引论［M］．武汉：华中科技大学出版社，2010：123.

的经费，确保农村学校的正常运转；另一方面，农村学校的老师大部分都是民办教师，他们只需要用“工分”而非现金报酬①，学校获得了廉价的教师劳动力，学校也就减少了教师人员经费支出。通过上述两种方式，农村教育就整合了财力和人力资源，促进了农村义务教育的空前发展，但也导致农民负担沉重，城乡义务教育差距扩大，农村学校办学经费普遍比较紧张。

（2）1985—2000 年，分权化改革（效率逻辑）

1984 年，我国制定了《中共中央关于经济体制改革的决定》，目的是搞活经济，解放生产力，建立社会主义经济体制。为了适应经济发展的要求，教育领域也进行了相应的体制改革。1985 年，《中共中央关于教育体制改革的决定》（以下简称《决定》）规定教育体制改革的根本目的是提高民族素质，多出人才、出好人才，这种目的实际上是为了满足经济发展所需求的人才要求，遵循效率逻辑。对此，该《决定》还规定“发展基础教育的责任交给地方，有步骤地实行九年制义务教育，实行基础教育由地方负责、分级管理的原则”。并根据经济发展状况将全国分成三类地区，按照不同步骤普及义务教育。“基础教育管理权属于地方。除大政方针和宏观规划由中央决定外，具体政策、制度、计划的制订和实施以及对学校的领导、管理和检查，责任和权力都交给地方。省、市（地）、县、乡分级管理的职责如何划分，由省、自治区、直辖市决定。为了保证地方发展教育事业，除了国家拨款以外，地方机动财力中应有适当比例用于教育。乡财政收入应主要用于教育。地方可以征收教育费附加，此项收入首先用于改善基础教育的教学设施，不得挪作他用。”该《决定》赋予地方政府管理和资助义务教育的责任。我国幅员辽阔，经济发展状况极为不平衡。地方政府负责义务教育的资助责任，务必导致各地义务教育资源配置的不平衡，富裕地区的义务教育资源配置标准就比较高，贫困地区的义务

---

① 赵全军．社会转型与压力型动员改革后中国农村义务教育供给制度研究［M］．上海：上海人民出版社，2009：46.

教育资源配置标准就比较低，难以满足学校正常教学需要。同时，人民教育人民办也导致了农民负担沉重，不利于社会的健康和谐稳定发展。

3.1.2 追求公平的制度变迁（2000—至今）

（1）2000—2005年，税费改革（公平逻辑）

2000年，国家以减轻农民负担出发，进行了税费改革。税费改革本来是教育领域外的一场改革，但是它影响了农村义务教育经费来源渠道，对农村义务教育产生了深刻的影响。税费改革标志着义务教育的资源配置标准发生了巨大改变，由追求效率向追求公平迈进。

《国务院关于进行农村税费改革试点工作的通知》明确规定“取消乡统筹费、农村教育集资等专门面向农民征收的行政事业性收费和政府性基金、集资。取消乡统筹费后，原由乡统筹费开支的乡村两级九年制义务教育、计划生育、优抚和民兵训练支出，由各级政府通过财政预算安排”，农村教育的费用由财政统一安排，再也不能向农民集资。农村税费改革明确确定了农村义务教育投资是财政的责任，由以前的“乡镇”管理向“以县为主”管理转变，有利于教师工资落实到位，杜绝义务教育向农民摊派，减轻了农民的负担。但与此同时，农村义务教育陷入了严重的“生存危机”，学校很难正常运转。税费改革前，农村义务教育经费除了国家财政拨款外，主要经费来源是农村教育附加以及集资费。农村税费改革取消了这两项经费收入来源，而财政投入由于在税费改革中收入锐减，对教育的投入没有弥补上述两项经费的缺口。在财政收入紧缩的情况下，地方政府只好想出一些权宜之计，一方面，政府为了节省开支，出现了盲目撤点并校的短视行为；另一方面，政府减少对农村学校投入，导致部分农村学校难以正常运行。农村教师在这个时期流失比较严重。正如有学者指出“农村税费改革后，农村义务教育经费大幅度减少，使农村义务教育原本就难以支撑正常支出的形势更加严峻，现在农村义务教育投入不足是史无前例的”。① 对此，有学者指出，税费改革没有根本解决县级政府的财力结构与其负担的义务教育责任不相称问题，并提出国家明确自身责任，构建起“国家办学，分类承担”的农村义务教育管理体制和财政体制②。部分农村义务教育学校已经几乎走向了穷途末路，在此种背景下，国家免费义务教育提上了日程。

（2）2006年至今：新机制以及义务教育免费（公平逻辑）

2005年底，国家颁布了《国务院深化农村义务教育经费保障机制改革的通知》（以下简称新机制），新机制改革的主要内容包括：全部免除农村义务教育阶段学生学杂费、对贫困家庭学生免费提供教科书并补助寄宿生生活费（俗称“两免一补”）、提高中小学公用经费保障水平、建立校舍维修改造长效机制、巩固和完善教师工资保障机制等。新机制改革的重点在于建立中央地方“分项目、按比例”分担农村义务教育经费的保障体系，并建立中央和省级教育财政转移支付制度，将学校各项开支纳入预算等。中央和省级政府在义务教育经费投入上承担了更多的责任，改变了以前以县为主的局面，有利于农村义务教育经费投入到位。但是我国经济发展差异较大，部分地方的县级政府没有财政能力完成国家和省级政府规定的部分。这就可能引发部分教师实际收入水平的下降、部分代课教师工资无来源、公用经费水平达不到规定的保障标准等一系列矛盾，影响到新机制改革的平稳推进。因此，新机制可能因为县级财政财力不够或者挪用上级转移支付而不能落实到位。

2006年全国人大修订颁布了《中华人民共和国义务教育法》，对“两免一补”进行了法律规定：义务教育经费投入实行国务院

---

① 贾敬全．税费改革对农村教育经费投入的影响及对策分析［J］．淮北职业技术学院学报，2006（1）：37.

② 范先佐．税费改革后农村义务教育面临的问题及对策［J］．华中师范大学学报（人文社会科学版），2004（6）：81.

和地方各级人民政府根据职责共同负担，省、自治区、直辖市人民政府负责统筹落实的体制。农村义务教育所需经费，由各级人民政府根据国务院的规定分项目、按比例分担。地方各级人民政府在财政预算中将义务教育经费单列等。这是对过去“地方负责、分级管理”、“以县为主”等义务教育投入管理体制的重大调整，明确了各级政府的职责，保证了“人民教育人民办”向“义务教育政府办”的根本转变。此外，义务教育经费严格按照预算规定用于义务教育，从法律上杜绝了过去那种“转移支付被转移”、“上进下退”等漏洞，使义务教育经费有了切切实实的保障。新《义务教育法》对义务教育的均衡发展作出了许多明确的规定，要求各级政府合理配置教育资源，编制经费预算除向农村地区学校和薄弱学校倾斜外，应当均衡安排义务教育经费。促进学校均衡发展，改善薄弱学校的办学条件，缩小学校之间办学条件的差距，不得将学校分为重点学校和非重点学校，学校不得分设重点班和非重点班。均衡配置本行政区域内学校师资力量，组织校长、教师的培训和流动。保障家庭经济困难的和残疾的适龄儿童、少年接受义务教育。在非户籍所在地工作或者居住的适龄学生，当地人民政府应当为其提供平等接受义务教育的条件。并要求政府教育督导机构对义务教育均衡发展状况等进行督导，督导报告向社会公布，等等。而要做到“依法治教”，就必须不折不扣地履行《义务教育法》，采取有力的政策措施，推进义务教育均衡发展①。至此，农村义务教育实行了免费，并且有了法律保障，这是罗尔斯正义论中“差异原则”的集中体现。

2008年，国家颁布《国务院关于做好免除城市义务教育阶段学生学杂费工作的通知》，规定从2008年秋季学期开始，全部免除城市义务教育阶段公办学校学生学杂费。免除的学杂费经费由省级统筹，省级及以下政府支付。文件还对进城务工人员随迁子女的义务教育进行了规定，应该以流入地公办学校为主，禁止收取借读

---

① 叶平，张传萍．解读新《义务教育法》[J]．政策，2006（8）：41-42.

费。至此，我国实行了免费的义务教育。但是城市义务教育免费，与农村义务教育相比却晚了两年，农村义务教育是“实行各级人民政府根据国务院的规定分项目、按比例分担”，但是城市义务教育的经费是以“省级及以下政府支付”，这说明在财政资金保障上，农村义务教育财政保障的级别更高，更能体现出国家对农村义务教育政策的“差异原则”，更能体现纵向公平原则。

我国正处于社会经济发展的转型期，义务教育发展的差距问题，越来越引起了社会各界的广泛关注。推进义务教育均衡发展以及促进教育公平，已成为新时期、新阶段我国义务教育发展的一个新的方向和任务，2010 年，集全国教育专家的智慧，征求社会舆论的广泛意见，经过多次修改的《国家中长期教育改革和发展规划纲要》正式公布，该纲要明确提出“均衡发展是义务教育的战略性任务，推进义务教育学校标准化建设……均衡配置教师、设备、图书、校舍等各项资源”，可见资源配置在义务教育均衡中至关重要。《规划纲要》还明确指出推进义务教育均衡发展的战略部署，第一步，切实缩小校际差距，着力解决择校问题；第二步，加快缩小城乡差距；第三步，努力缩小区域差距。这一系列制度旨在全面提高义务教育质量和管理水平，推进义务教育均衡发展。可见，义务教育资源配置标准的政策已经向弱势地区、弱势学校和弱势群体倾斜，更加重视公平。

3.2 政策的理论解释：义务教育资源配置标准政策变迁的深层结构

历史制度主要吸收了结构主义的深层结构要素，制度的深层结构有两个研究思路，一是认为制度的深层结构是社会的政治经济结构，另一种认为制度的深层结构是文化的基本结构①。影响我国义务教育资源配置标准政策变迁的深层结构，主要有改善民生的政治

① 周光礼．公共政策与高等教育——高等教育政治学引论［M］．武汉：华中科技大学出版社，2010：122.

政策、非均衡协调发展的经济政策以及平等博爱的文化模式。

3.2.1 指向改善民生的国家政治政策

义务教育属于公共产品，具有较强的正外部性，这已在学术界达成了共识。但是义务教育资源配置的效率标准与公平标准孰先孰后，却一直在争论之中。这些争论主要表现在以下几个方面：

有学者认为资源配置应该坚持效率优先原则。美国学者帕索说过，“追求优异是所有教育制度总目标的组成部分”。① 我国学者如刘宇舫、李丽霞认为我国实行义务教育制度以来，择校现象非常严重，这都是资源配置制度不合理造成的，“在基础教育资源的配置问题上，必须效率优先，兼顾公平，只有提高了教育资源的使用效率，才能最终解决公平的问题”。因此，该作者认为义务教育资源配置应该引入市场，只有引入了市场，资源配置才能够解决公平与效率的难题②。新中国成立初期的义务教育资源配置标准也体现了效率逻辑。

有学者站在中立的立场，并不是一味反对效率逻辑，或者反对公平逻辑，而是认为义务教育资源配置应该坚持“公平优先，兼顾效率”的价值标准。彭慧指出，义务教育财力资源配置一方面要遵循资源配置的一般规律，如经济发展不平衡与教育发展相对平衡的矛盾规律、教育投资的区域差异规律以及教育投资的边际效益递减规律；另一方面，要坚持义务教育财政资源的原则，如公平优先、兼顾效率原则、供求均衡原则以及利益兼顾原则③。彭慧的论文吸收了经济领域以及高校资源配置的理论基础，但是义务教育资源与经济领域的性质不同，与高校资源的性质也有差异，因此照搬经济领域资源和高校资源的配置标准，过于宽泛，缺乏了针对性。

---

① 瞿葆奎. 教育学文集·教育制度［M］. 北京：人民教育出版社，1990：282.

② 刘宇舫，李丽霞. 基础教育资源配置的制度思考［C］. 中国制度经济学年会论文集，2003：802-806.

③ 彭慧. 城乡义务教育财政资源配置的偏差与平衡研究［D］. 桂林：广西师范大学图书馆，2006：26-30.

也有学者认为义务教育资源配置应该坚持“公平标准优先”的价值标准。政府配置义务教育资源属于公共资源的收入分配，是第二次分配，应该坚持公平原则，一次分配应该坚持效率原则。“义务教育资源均衡配置就是将社会配给义务教育阶段学校的总资源相对平等地分配给每一所中小学，公平合理地对待每一地区、每一所中小学，让每一受教育者实际享有的教育资源份额相当，而不是人为地将地区和中小学区分为若干等级，以牺牲部分地区和中小学为代价，成全一部分地区和中小学享有较多或较优的教育资源。”① 关于公平的论述还向纵深方向发展，有学者提出了起点公平、过程公平与结果公平。与此同时，国外关于公平的理论大量引进中国，如科尔曼的教育机会均等与关注学生的学业成就的公平观，胡森的教育起点均等、过程均等与结果均等的公平观、帕森斯的教育公平是社会公平的基础的公平观、罗尔斯的补偿教育是实现社会平等的前提条件的公平观等②，很多学者对上述公平观进行了阐述和评析，对我国的公平观都产生了重要影响。

在上述有关义务教育资源配置标准中，公平标准明显占了上风，无形中影响了决策层。政府在党的十七大会议以后，可以看见执政党的执政理念在发生变化，开始强调公平的重要性。党的十七大报告指出，“加快行政管理体制改革，建设服务型政府”。“围绕推进公共服务均等化，完善公共财政体系。”这就明确了政府要转变职能，完善公共服务体系，强化社会管理和公共服务。同时，还把“优化教育结构，促进义务教育均衡发展”作为“改善民生为重点的社会建设”的首要一条。党的十七届三中全会又把“城乡公共服务均等化明显推进”作为农村改革发展的基本目标。通过系列政策文件，国家已经把政府实现公共服务均等化提上重要日程。《国家中长期教育改革和发展规划纲要（2010—2020）》指出：

① 罗新云．教育资源分配失衡及其政策均衡配置——以湘南 B 区义务教育为例［D］．长沙：中南大学图书馆，2007：52.

② 易红郡．西方教育公平理论的多元化分析［J］．湖南师范大学教育科学学报，2010（4）：5-9.

“建成覆盖城乡的基本公共教育服务体系，实现基本公共教育服务均等化，缩小区域差距。在教育领域，基本公共服务就是义务教育，实现基本公共服务均等化就是要实现义务教育均等化，体现义务教育的公平与正义。”

国家宏观政策强调了和谐、公平与改善民生，无形中会影响到其他领域改革的价值指向，教育作为关系民生的重要领域，首当其冲地体现了国家政策中的公平的价值取向。

3.2.2 非均衡协调发展的经济政策

区域经济发展有三种模式，即均衡发展模式、非均衡发展及均衡协调发展模式。均衡发展模式指的是，在全国范围内各个区域各个行业都以相同的速度发展；非均衡发展模式是将有限的资源首先投向效益较高的区域和产业，以获得区域经济的高速增长，并带动其他区域、其他产业的发展的战略，不同区域以不同速度发展；非均衡协调发展模式是区域以不同速度发展，但是政府采取适当调控，以保证区域经济协调和谐发展。第三种发展模式是对前两种模式的否定之否定，继承和发扬了前两种模式的优点，摈弃了前两种模式的缺点，其目的最终是要实现共同发展和共同富裕。新中国成立以来，政府为发展经济先后采取了三种不同的经济发展战略。

第一，1950—1978 年实施的经济均衡发展战略。

布阿吉尔贝尔的经济平衡发展理论、罗森斯坦—罗丹的大推进理论、纳克斯贫困恶性循环理论、纳尔逊低水平均衡陷阱理论、莱宾斯坦最小临界努力理论、诺斯出口基地理论等均衡发展理论都非常强调资本在促进经济发展中的作用，关注国家经济，因此都被称为古典经济学的代表思想。这些理论在新中国成立后到改革开放前的经济发展中都可以看见其影响的痕迹。1950—1978 年，国家注重工业化和资本积累，这与当时经济学派的均衡发展理论是分不开的。均衡发展战略对改变宏观区域生产力布局、加速工业化进程以及内地的技术进步都产生了推动作用。但是这种均衡发展策略存在着根本缺陷。第一，没有把区域经济的平衡发展建立在生产力发展的客观规律上，生产要素的配置带有主观性；第二，忽视了经济发展和区域生产力布局的效率原则，造成了较大的经济损失；第三，违背了规模经济原则①。这种均衡发展模式实施的经验教训告诉我们：区域经济共同发展和共同富裕是社会主义的本质要求，而在我国社会生产力水平呈现多层次的不平衡发展状况的条件下，要想通过取长补短的平均主义方式，实现各个地区同时同步地达到这两大目标是不现实的。最终结果不是共同富裕，而是共同贫困②。

第二，1979—1994 年实施的经济非均衡发展战略。

在经济政策上，邓小平提出“允许一部分地区、一部分工人农民，由于辛勤努力成绩大而收入先多一些，生活先好起来”的政策。鼓励东部沿海地区率先发展，然后东部沿海富裕地区带动内地落后地区的发展。优先发展的非均衡发展战略促进了东部沿海地区的发展，促进了整个国民经济的高速增长，形成了增长极③。“非均衡增长”不是目的，是手段，是实现更高水平的平衡增长的一个必要阶段④。非均衡经济发展战略也产生了一些问题，如助长了区域两极分化机制，“不仅表现为区域经济发展差距呈扩大化趋势，更重要的还表现为东部沿海地区损害了中西部地区自我发展能力”⑤。还有学者认为非均衡发展战略是“短缺社会”的必然选择⑥。总而言之，非均衡发展战略在短期内促进了国民财富的快速增长，符合市场规律，但是社会两极分化严重。效率和公平是经济发展不能忽视的问题，经济的效率所获得收益远远不能补偿因缺乏

---

① 杨秋宝．宏观区域经济发展战略 50 年：从平衡发展到非均衡协调发展的转换［J］．中共中央党校学报，2000（2）：44.

② 李本和．均衡·非均衡·新的均衡——党的三代中央领导核心区域经济发展战略思想比较研究［J］．前沿，2001（7）：8.

③ 杨秋宝．宏观区域经济发展战略 50 年：从平衡发展到非均衡协调发展的转换［J］．中共中央党校学报，2000（5）：45.

④ 钟有林，李霁友．区域经济非均衡发展理论的演变与创新［J］．求索，2009（1）：41.

⑤ 贺正楚．从均衡区域经济发展战略到非均衡区域经济倾斜发展战略［J］．长沙民政职业技术学院学报，2003（1）：77.

⑥ 阿迪力·买买提．从非均衡发展到均衡发展的战略——兼谈发展的辩证法［J］．理论与实践，2009（5）：75.

公平带来的损失。在效率的基础上，公平问题日益出现在学者的研究视野。

第三，90 年代后实行的经济均衡协调发展战略。

1995 年，在党的十四届五中全会上，针对经济非均衡发展产生的经济发展和收入分配差距的问题，党明确提出了加快中西部落后地区发展的政策，并把缩小差距作为发展的重要目标之一。“均衡发展是区城经济发展的一般规律，而协调发展又是一国国民经济发展力求要实现的重要目标。”① 在办学条件、学生成就等方面，中西部义务教育要落后于东部沿海地区。在经济领域出现加大中西部地区发展的政策之后，2005 年国家颁布的《国务院深化农村义务教育经费保障机制改革的通知》也充分体现了对中西部和农村落后地区的补偿，国家把农村义务教育全面纳入公共财政保障范围，并建立中央和地方分项目、按比例分担的农村义务教育经费保障机制。中央重点支持中西部地区，适当兼顾东部部分困难地区。全部免除了农村义务教育阶段学生学杂费，对贫困家庭学生免费提供教科书并补助寄宿生生活费。从“新机制”规定的学杂费承担比例也可以看出国家对中西部及农村的政策倾斜，中央和地方按比例分担，西部地区为 8：2，中部地区为 6：4；东部地区除直辖市外，按照财力状况分省确定。3 年之后，城市义务教育才实现了免费教育。

3.2.3 平等与博爱的文化思想

法国革命提出的自由、平等与博爱的思想，激起了西方资本主义启蒙思想的高潮，后来，自由、平等与博爱的思想逐渐被西方资本主义国家接受，有的国家甚至还将其写入宪法。我国五四运动提出了科学与民主的口号，逐步吸收和消化西方自由、平等与博爱的思想。虽然我国深受封建思想的侵蚀，但是自由、平等与博爱的思想还是逐渐对我国产生了影响，民众开始产生了对自由、平等与博爱的需要。国家政党为了适应这种思潮，国家政策也开始有所反

① 茶洪旺．区域经济发展的第三种理论：非均衡协调发展［J］．学术月刊，2008（10）：73.

应。胡锦涛在2003年提出了科学发展观，突出强调了以人为本的思想。以人为本就是“要把人民的利益作为一切工作的出发点和落脚点，不断满足人们的多方面需求和促进人的全面发展”。① 以人为本强调了所有人都平等，强调了所有人全面发展的平等。以人为本的思想反映在教育上，就带来了教育对象和教育目的的变化。在教育对象上，以人为本就是要改变以前面向少数优秀学生转向面向所有学生，包括弱势群体。为了弱势群体拥有同样的发展机会，国家政府应该更加关注弱势群体，给予他们特殊的政策倾斜。在教育培养目标上，以人为本就是要改变以往培养少数精英的做法，实施平民和大众化教育。

3.3 义务教育资源配置标准政策变迁的行动者的理性选择

历史制度主义分析框架吸收了理性主义的理性成分，政府、学校以及学生家长作为义务教育资源配置政策的主要利益相关者，在义务教育资源配置政策价值导向从效率到公平的转变中，他们的理性也起到了重要作用。

3.3.1 政府的理性选择

国家宏观政策体现了均衡和谐、自由、平等与博爱的思想后，其他公共领域分别调整政策，体现与国家一致的思想。公共领域率先体现公平的是农村的合作医疗制度。我国的医疗保障制度是城乡分离的，城镇经历了公费医疗、劳保医疗制度、城镇医疗保险制度以及多层次的医疗保障制度。城镇医疗制度使得城市人的医疗有了基本保障。与此对应的是，农村基本的医疗缺位，解放初期的“赤脚医生”的医疗制度由于集体合作社的消失而不存在了，导致不少农民不能“病有所医”，农民看病难、看病贵的问题极其严重。2002年，国家颁布了《关于进一步加强农村卫生工作的决

① 温家宝．牢固树立和认真落实科学发展观［EB/OL］．新华网 http：//www. sina. com. cn 2004/02/29/.

定》，要求“到2010年，在全国农村基本建立起适应社会主义市场经济体制要求和农村经济社会发展水平的农村卫生服务体系和农村合作医疗制度”，明确指出要“逐步建立以大病统筹为主的新型农村合作医疗制度”。2003年，国家颁布了《关于建立新型农村合作医疗制度的意见》，规定到“2010年，实现在全国建立基本覆盖农村居民的新型农村合作医疗制度的目标，减轻农民因疾病带来的经济负担，提高农民健康水平”。“从2006年起，中央财政对中西部地区参加新型农村合作医疗的农民由每人每年补助10元提高到20元，地方财政也要相应增加10元。地方财政增加的合作医疗补助经费，应主要由省级财政承担，原则上不由省、市、县按比例平均分摊，不能增加困难县的财政负担。”“地方财政每年对参加新型农村合作医疗农民的资助不低于人均10元。从2003年起，中央财政每年对中西部地区参加新型农村合作医疗的农民按人均10元安排补助资金。”在党的十七大会议上，提出加快改善民生为重点的建设工程，其中提出要“加快建立覆盖城乡居民的社会保障体系，保障人民基本生活。社会保障是社会安定的重要保证”，把基本医疗作为一项重要的工程，并提出要加强新型农村合作医疗制度建设。至此，国家通过颁布一系列的政策文件，农村合作医疗制度基本建立起来了，为农民提供了基本的医疗服务，基本解决看病难看病贵的问题。医疗属于公共产品的范畴，农村医疗领域改革的经验，为义务教育资源配置标准的变迁提供了借鉴。

2009年10月，教育部长袁贵仁上任。2009年11月，部长在参加全国推进义务教育均衡发展现场经验交流会上提出，各地要把义务教育作为教育改革与发展的重中之重，把均衡发展作为义务教育的重中之重，把义务教育均衡发展作为国家推动教育发展的奠基工程和贯彻落实《义务教育法》的重要工程，进一步完善政策措施，加大工作力度，切实抓紧抓好抓出成效，努力实现2012年义务教育区域内初步均衡，2020年区域内基本均衡的新目标，保障全体学生平等接受义务教育。各地根据当地的财政能力，因地制宜地采取措施，实施义务教育均衡政策。

3.3.2 学校的理性选择

按照以前的资源配置标准，学校的差异较大，很多学校难以开足开齐课程。但是最近几年，由于各地实施义务教育均衡政策，资源配置向弱势学校和弱势群体倾斜，弱势学校的办学条件和学生的学习成就都取得了长足进展。如湖北通山通过“联校走教”措施，保障了农村小学能够开足开齐课程。在学校设置上，以完小带初小或教学点，初小或教学点是该完小的有机组成部分，原来各自独立的学校成为一个联合办学实体。通山在实施义务教育均衡政策时，就以“联校走教”为手段，让农村学生可以享受到与城市学生一样的优质教育。四川锦江的优质教育链是学校之间的“柔性联合”，是以乡镇中心学校（或乡镇其他相对优质学校）为核心，整合邻近地域的若干农村学校（或教学点），参与的学校仍是独立的法人代表，多个办学实体，实现各学校之间资源重组。四川锦江区还将优质教育链延伸到了市二、三圈层的学校，通过构建“城乡学校互动发展共同体”，促进教育整体发展水平。经过近几年的努力，已逐渐发展成为实验城乡教育一体化，促进优质教育资源满覆盖的生动实践，是推进优质名校集团发展探索的有效模式之一的成型使得锦江区预设的“基于母体、别于母体、优于本体”的链点学校创新型建设得以真正实现，是锦江教育实施“扬峰填谷、精彩纷呈”战略的生动实践。

义务教育资源配置向弱势学校和弱势群体倾斜，这就提高了弱势学校办学的积极性，也增加了弱势群体拥有同样发展的机会。义务教育资源配置标准的转向，赢得了大部分学校和社会的支持与称赞。

3.3.3 家长学生的理性选择

义务教育学校的办学条件以及效果差异较大，长期存在着优质学校不能满足学生家长需求。优质学校的资源非常有限，一般是按照就近入学的原则招生，大部分平民子女就没有办法享受优质教育。我国经济水平有限，在相当长时间内，优质学校和薄弱学校的差异依然会存在。当资源配置标准向弱势学校和弱势群体倾斜时，政府提倡优质学校帮扶薄弱学校，向弱势学校输入优秀的师资和充足的教育经费，薄弱学校的发展，受惠最多的还是农村学生。如湖北省宜昌市夷陵区通过重新调整教师配置政策，教师在中心小学和初中在全镇小学额定编制内统一调配，深度整合师资队伍，做到人尽其才，提高教育综合实力。宜昌夷陵区雾渡河中心完小及其两个分校（交战垭初小、坦荡河初小）实行“一校制”，中心完小和分校教师对口交流。通过交流后，中心完小和分校教师的平均年龄已经优化为44岁、44.7岁和44.5岁，年龄结构基本达到了均衡，改变农村爷爷奶奶教小学的尴尬局面。通过2004年、2006年和2008年三所学校师资构成比较我们可以看出，坦荡河小学和交战垭小学在中级职称和本科学历所占比例都比中心小学要高，各所学校教师构成都在优化，有些初小在师资配备方面还要优于中心小学。

表3-1 **2004年、2006年与2008年宜昌市夷陵区雾渡河镇小学教师构成**

（单位:%）

学校名称	年度	年龄构成		职称构成		学历构成		性别构成	
		30以下	50以上	高级	中级	本科	专科	男	女
合计	2004	9.57	40.43	0.00	62.77	8.51	37.23	64.89	35.11
	2006	9.30	37.21	0.00	62.79	11.63	45.35	75.58	24.42
	2008	4.11	38.36	0.00	79.45	19.18	50.68	75.34	24.66
中心小学	2004	15.79	31.58	0.00	56.14	12.28	56.14	47.37	52.63
	2006	14.81	22.22	0.00	55.56	14.81	61.11	64.81	35.19
	2008	6.00	38.00	0.00	78.00	16.00	54.00	72.00	28.00
坦荡河小学	2004	0.00	64.71	0.00	64.71	5.88	5.88	94.12	5.88
	2006	0.00	64.29	0.00	78.57	7.14	21.43	92.86	7.14
	2008	0.00	36.36	0.00	81.82	27.27	36.36	81.82	18.18
交战垭小学	2004	0.00	45.00	0.00	80.00	0.00	10.00	90.00	10.00
	2006	0.00	61.11	0.00	72.22	5.56	16.67	94.44	5.56
	2008	0.00	41.67	0.00	84.33	25.00	50.00	84.33	16.67

（根据在宜昌夷陵区的调研整理）

在期末考试成绩调考中，分校部分学科的成绩还要超过中心小学。农村学生可以在原来学校就可以享受优质教育。新的义务教育资源配置标准给农村学生带来了实惠，赢得了他们的拥护。

3.4 义务教育资源配置标准政策的自身变迁

制度变迁一般有制度微调、制度置换、制度转换以及制度断裂四种类型。新中国成立以来，我国义务教育资源配置政策体现了制度微调、制度置换与制度转换三种类型，随着改革的进展，我国义务教育资源配置标准政策可能会出现制度断裂现象。唯有如此，义务教育资源配置标准的深度改革才能拉开序幕。

3.4.1 制度微调

“走小步，不停步”是制度微调的典型特征。制度在变迁过程中，会出现没有预测到的结果，为了制度能够存在，就必须对制度做一些微小的调整①。新中国成立后到1984年，实行的是“城市义务教育学校由国家投资，而农村学校由农民自己办”的政策。1985年，《中共中央关于教育体制改革的决定》实行了分级管理的原则，赋予地方政府管理和资助义务教育的责任。这就是制度的一种微小调整，对于农村义务教育，开始是农民办，后来调整到乡级财政征收教育费附加，乡级政府具有资助农村教育的主要责任。乡级政府财力收入来源很有限，最终的主要责任还是落在农民身上。

2000—2005年，义务教育资源配置标准政策也出现了微调。2000年，以《国务院关于进行农村税费改革试点工作的通知》为标志的税费改革拉开了序幕，该文件明确规定农村教育的费用由财政统一安排，再也不能向农民集资，但是财政缺口较大，各级政府的责任也不是很明确。2005年底，国家颁布了《国务院深化农村义务教育经费保障机制改革的通知》规定了各级政府的投资责任。2006年全国人大修订颁布了《中华人民共和国义务教育法》，对

① 周光礼．公共政策与高等教育——高等教育政治学引论［M］．武汉：华中科技大学出版社，2010：139.

"两免一补"进行了法律规定，明确了各级政府的职责，保证了"人民教育人民办"向"义务教育政府办"的根本转变。至此，农民子女实现了免费的义务教育。

3.4.2 制度置换

制度在变迁过程中，制度序列会发生一些变化。原来重要的制度变得不重要，原来不重要的制度变得很重要，从而产生制度的置换现象①。新中国成立之初，在我国各行各业都处于百废待兴状态以及国家财力非常有限的情况下，国家实现了城市学校国家办，而农村的学校则由农民自己办。国家追寻的是效率逻辑，公平体现得较少。随着国民经济的发展，国家办义务教育原来追求的效率逻辑已经不能满足人民的需求，于是，2005 年底，国家颁布了"新机制"，规定了全部免除农村义务教育阶段学生学杂费、对贫困家庭学生免费提供教科书并补助寄宿生生活费等内容。从 2008 年秋季学期开始，城市义务教育阶段公办学校学生学杂费的全部免除。"新机制"以及义务教育法全面体现了国家追求公平的逻辑。效率与公平在义务教育资源配置标准的目标中出现了置换，由原先的追求效率，到现在追求公平。

3.4.3 制度转换

行动者利用原有制度追求新目标，旧的制度开始服务于新的目标，从而出现制度转换现象，制度功能扭曲是制度转换的典型特征②。我国义务教育资源配置标准政策中，同样出现过制度转换现象。如 2000 年国家进行了税费改革，明确规定农村教育的费用由财政统一安排，再也不能向农民集资。农民作为农村义务教育资助的主力军，终于退出了历史舞台。义务教育本来应该由政府承担，政府在税费改革后也走上了前台，承担起了全部资助义务教育的责

① 周光礼．公共政策与高等教育——高等教育政治学引论［M］．武汉：华中科技大学出版社，2010：140.

② 周光礼．公共政策与高等教育——高等教育政治学引论［M］．武汉：华中科技大学出版社，2010：140.

任。税费改革后，政府资金缺口较大，政府为了不违背税费改革精神，虽然没有向农民集资，但是很多地方政府为了节省开支，盲目撤并学校，政府对学校的投入也很不足，部分学校难以开足开齐课程，导致部分地区的义务教育质量令人十分担忧。该项政策在实施过程中，价值取向就开始扭曲，最初的旨意是为了公平，减轻农民负担，让农村义务教育财政经费得到保障，但是地方政府却盲目拆校，节省开支，降低了教育质量，破坏了公平。税费改革后，义务教育呈现的困难以及地方政府的应变策略，急需政府制定明确各级政府的责任的政策，在此背景下，出台了“新机制”，实现了农村义务教育的“两免一补”。

3.4.4 制度断裂

社会政治经济环境的剧烈变化引起了对新制度的需求，而原有的制度又有强烈的制度依赖性，这时候制度断裂就容易产生①。在新中国成立以来的义务教育资源配置政策中，制度变迁尚未有制度断裂现象。若现有义务教育资源配置标准制度的修修补补已经走到了改革的尽头，不能满足当前民众对教育的需求，未来资源配置标准政策就有可能出现制度断裂。

在义务教育资源配置标准政策的自身变迁中，制度微调一般出现在追求效率内部或者追求公平内部，制度转换出现在制度从追求效率到追求公平的转变中，制度断裂在我国社会比较稳定的大背景下，很难出现。

① 周光礼．公共政策与高等教育——高等教育政治学引论［M］．武汉：华中科技大学出版社，2010：141．

4 国外义务教育资源配置标准及其启示

本章运用比较分析方法，选择美国义务教育财政资源配置标准状况，以透视义务教育财政资源配置的一般规律、未来发展方向以及给我国义务教育财政资源配置标准带来启示。与此同时，选择日本义务教育教师资源配置标准状况，以透视义务教育教师资源配置的一般规律、未来发展方向以及给我国义务教育教师资源配置标准带来启示。

4.1 美国义务教育财政资源配置标准的现状

美国是经济发达国家，与我国一样，各个学区的义务教育财政配置也存在着差异。为了缩小各个学区教育财政经费配置的差异，各级政府都有较为成熟的转移支付方式，并有财政资源配置标准模型。本书主要介绍美国一般和充足的财政资源配置模型，还以一个州为例，说明州的义务教育财政资源配置效果。

4.1.1 美国三级政府义务教育财政资源配置标准

（1）美国三级政府义务教育财政资源配置比例

美国是财政高度分权的国家，义务教育经费由联邦、州和学区共同承担，联邦政府的义务教育经费支出虽然有逐年增加的趋势，但义务教育经费主要由州和学区承担，联邦政府只承担极小比例。州和学区承担的比例在“二战”前后有所变化，“二战”以前，教育大部分财力经费是由地方学区承担，这与我国义务教育税费改革前的财力经费主要由乡镇基层负担相似。“二战”后，联邦和州投入的比例逐年提高，州和学区地方承担比例大致相当，1945—1998

年，地方学区的投入比例有缩小趋势，而联邦和州的投入比例都上升了。义务教育财政资助的重心由学区到州政府的上移，有利于保障各个学区尤其是弱势学区得到充足的经费。

表4-1　**1945—1998 年美国公共基础教育财政经费来源构成分析表（%）**①

年度	联邦	州	地方
1945	1.4	35.7	63.9
1950	2.9	39.8	57.3
1960	5.4	39.1	56.5
1970	8.0	39.9	52.1
1980	9.8	46.8	43.4
1990	6.1	47.1	46.8
1998	6.8	48.4	45.8

从 2002 年美国 10 个学区公立中小学的经费投入结构来看，尽管美国各个学区与联邦、州投入的比例不一样，但从表 4-2 还是可以看出一些规律，联邦政府投入比例很少，州投入比例最高，在 10 个学区中，州投入的平均比例超过了 48%，地方政府的投入比例要高于联邦但低于州的投入比例。美国公立中小学教育经费由联邦、州和地方政府的投入结构，体现了义务教育属于地方公共产品这个特点。义务教育财政经费主要由州政府相当于我国省政府承担，并将公立中小学和私立中小学的属性分开，保障了州公共义务教育的基本办学标准，满足了财政相对薄弱的学区也拥有足够的资金办学。

① 高建民．战后美国基础教育财政发展的态势与特征［J］．河北大学学报（哲学社会科学版），2004（3）：44.

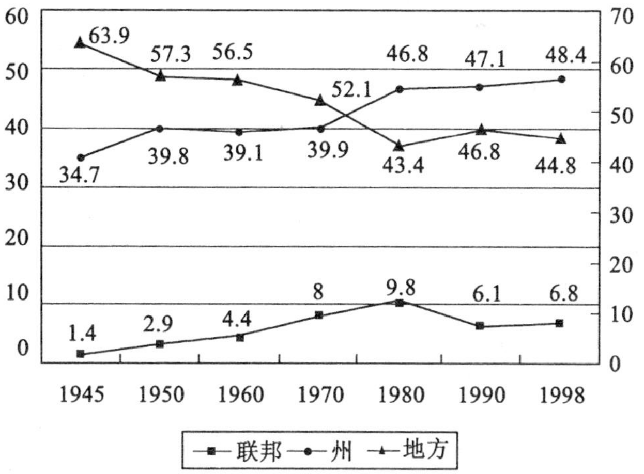

图 4-1 1945—1998 年美国公共基础教育财政经费来源构成趋势图（%）

表 4-2 **2002 年美国公立中小学学区教育投入结构分析表**①

（单位：千美元）

学区	州	合计	联邦		州		地方政府	
			计	比例（%）	计	比例（%）	计	比例（%）
总计		79227569	7208012	9. 10	38353367	48. 41	33666200	42. 49
纽约公立学校	纽约	10184988	1062454	10. 43	4404824	43. 25	4717710	46. 32
洛杉矶联合	加利福尼亚	5007524	504997	10. 08	3421992	68. 34	1080535	21. 58
波多黎各	波多黎各自由邦	2121183	588037	27. 72	1532799	72. 26	357	0. 02
芝加哥	伊利诺伊	3454513	468595	13. 56	1358953	39. 34	1626965	47. 10

① 杨银付．美国公立中小学的经费分担机制［J］．世界教育信息，2004（6）：36.

续表

学区	州	合计	联邦		州		地方政府	
			计	比例（%）	计	比例（%）	计	比例（%）
戴德县	佛罗里达	2818299	230441	8. 18	1551412	55. 05	1036446	36. 78
布劳沃德县	佛罗里达	1616902	103989	6. 43	823238	50. 91	689766	42. 66
休斯敦县	德克萨斯	1284159	127948	9. 96	381639	29. 72	774572	60. 32
费城市	宾夕法尼亚	1637350	193696	11. 83	810100	49. 48	633557	38. 69
克拉克县	内华达	1349309	57901	5. 29	376414	27. 90	914994	67. 81
夏威夷州	夏威夷	1328572	130547	9. 83	1166940	87. 83	31085	2. 34

美国各州的财富差异较大，对教育的供给能力也存在着差异。据统计，2001 年各州生均经费达到 7376 美元，其中最高的是哥伦比亚特区，生均达到 11216 美元，最低的是犹他州，生均经费是 4895 美元，极差达到了 6321 美元①。财产税是学区的主要经费来源，富裕学区在较低的税率基础上，就可以获得充足的教育经费。贫困学区要获得足够的教育经费，就必须制定较高的税率，这势必会加重当地居民的负担。在较低的税率基础上，贫困学区难以获得足够的办学经费。因此，充足的教育经费需要雄厚的经济实力作为后盾。美国与我国一样，也存在义务教育财政资源配置不均衡问题。

（2）美国联邦政府层面的义务教育财政资源配置标准

为了缩小各个学区义务教育财政资源配置的差异，美国联邦和

① 苏榕娜．教育财政诉讼中的“财政充分”问题［J］．外国教育研究，2005（12）：61.

州级政府都具有较为完备的转移支付制度。联邦的转移支付分为一般拨款、专项拨款以及综合性拨款。一般拨款对经费的拨付和使用没有限制，专项拨款将资金的使用和特定的目标联系起来。综合拨款结合了一般拨款和专项拨款，克服了两者的弊端。一般而言，一般拨款让地方拥有经费的使用权利，但是富裕地区和贫困地区一样都会拥有这种拨款，不利于教育财政资源配置的公平，甚至会强化以前的不均衡；专项拨款可以优先发展特殊项目，符合差异原则的补偿原则，但是地方政府丧失了经费使用的优先权，经费如何使用必须满足专项拨款的要求；综合拨款让地方和联邦政府都拥有了资金使用的权利，克服了一般拨款以及专项拨款的弊端。联邦转移支付的类型及其利弊见表4-3：

表4-3　**联邦转移支付类型的利弊分析表**

类型	定义	利	弊
一般拨款	经费使用没有限制，所占比例较大	地方拥有经费的使用权利	富裕地区也拥有拨款，不利于资源配置公平
专项拨款	资金拨款与目标结合	可以优先发展特殊项目如特殊教育等教育的发展，符合补偿教育原则	决策集权化，地方政府不能决定经费使用的优先权
综合拨款	一部分拨款没有使用限制，一部分拨款与教育目标结合	地方拥有经费使用的权利，联邦也可以决定资金使用的优先权	克服了一般拨款以及专项拨款的弊端

联邦政府专项转移支付制度最为著名的是 Title One Program。该计划主要是为低收入学区成绩不好的学生，提供教学帮助，使得低收入家庭子女不因家庭贫困而学业不佳。联邦专项转移支付又分为两个部分，第一部分是基础转移支付，其拨款公式为：基础转移支付总额=有补助资格的儿童人数 * 该州生均教育支出的40%，国

会法案对补助儿童的资格有详细的规定。每个州的生均教育支出水平都不同，这是为了反映各州的义务教育的办学成本。联邦对各州的生均教育经费支出有一定限制，各州的生均教育支出不能低于全国生均支出的80%，也不能高于全国生均支出的120%。联邦的第二项专项转移支付为集中拨款，为贫困学生集中的地方提供额外补助，以满足他们的特殊需求。国会法案对贫困集中地也有明确的界定，联邦对贫困集中地学生的集中补助，以减缓州和学区的压力①。

美国联邦政府层面的教育财政拨款方式，着眼于义务教育公平和促使义务教育均衡发展，不仅照顾到了贫困学区的办学需要，而且还照顾到了低收入学区成绩不好的学生，保障这些弱势群体的教育起点公平。

（3）美国州级政府层面的义务教育财政资源配置标准

美国州级政府具有更为规范的转移支付制度，主要有配套拨款、通用拨款、基本金项目、税基均等项目以及完全支付等5种转移支付制度。

配套拨款是州政府给学区拨款的同时，要求学区必须配套相应比例的资金。这与我国配套拨款的要求相同。配套拨款的初衷是为了调动地方拨款的积极性。在实际操作中，富裕学区以较小的税收努力，就可以赢得配套资金。贫困学区以较大的税收努力才能凑齐配套资金，甚至根本无能力筹措到足额的配套资金，导致不能满足州政府配套拨款的要求，也就争取不到州政府的配套资金。因此，配套拨款难以实现财政均衡的初衷，反而会扩大学区教育财政经费的不平等。

通用拨款是根据在校生数和教师数配置经费。州政府提供了保证每个学生获得最低水平教育所需的资金，这是一种均等模式。这种看似均等的模式忽略了学区的税收能力和税收努力。各学区若把

① 杨军．促进基础教育的均衡发展——来自美国的经验［J］．外国教育研究，2004（3）：10-15.

生均经费提高到州规定的最低基准上，自主决定税率征税，这样富裕学区将以较低的税收努力，获得较多的税收；贫困学区将以较高的税收努力，只能获得比州政府最低标准高一点的生均经费。这种模式与配套拨款一样，也会扩大学区教育财政经费的不平等①。

基本补助模式，是为每一个学区制定最低的生均财政经费标准，与我国生均财政经费拨付最显著的区别是，美国各州的转移支付金额不仅考虑学区的在校生数，而且考虑学区的贫富程度。因此，比较富裕的学区，州的转移支付力度比较低，比较贫困的地区，州负责提供学区所需的所有经费，学区无须再筹集经费②。教育经费财政责任的上移，保障了贫困学区所需经费，保障了各学区学生获得公平的教育机会。基本补助公式为：$G_i = B*(1+C) - R*V_i$，其中 G_i 为 i 学区学生的人均补助；B 为基础性的学生人均补助或基本水平；C 为 i 区的教育成本指数；R 为基本的财产税率；V_i 为 i 区学生的人均财产税基③。这种模式规定的最低经费标准，是根据财政收入，而不是根据教育成本和教育需求。州规定的最低经费标准如果过低的话，贫困学区获得的州经费非常少，将不能获得足够的办学经费。

税基均等模式，有比例均等化、保证税基以及保证经费收入 3 种经费拨款模式。比例均等化是指州和地方政府在整个支出中所占份额，公式表达式为州政府资助比率 = 1 − C *（学区税收能力/州平均税收能力），其中，C 为平均财富水平的学区所筹措的资金占总支出的份额，各个州的 C 并不同。按照这种模式，富裕学区得到州的资助比例少，有的学区还要交纳部分资金给州政府，州政府再进行分配，补充贫困学区资金的不足。为了调动富裕学区办学的

---

① ［美］理查德·A. 金，奥斯汀·D. 斯旺森，斯科特·R. 斯威特兰．教育财政——效率、公平与绩效［M］．曹淑江等译．北京：中国人民大学出版社，2010：167-175.

② 杨军．促进基础教育的均衡发展——来自美国的经验［J］．外国教育研究，2004（3）：10-15.

③ 张锐．中国义务教育投入制度研究［D］．成都：西南交通大学图书馆，2005. 37.

积极性，州政府对州资助比例设置了拨款下限，使得所有学区都能得到拨款，有的州还制定了上限。上限若低于大多数学区的平均水平，那么大多数学区将得不到州的资助。若下限定得太低，那么很多富裕学区将得到资助，上限下限的规定会产生不公平。第二种是保证税基的转移支付，补助公式为：$G_i=(V-V_i)*R$，其中 G_i 为 i 学区学生的人均补助；V 为保证的学生生均税基；V_i 为 i 学区学生的人均财产税基；R 为 i 区财产税率或被允许的最高保证税率①。当 $V_i<V$ 时，i 学区获得州的正补助，当 $V_i=V$ 时，i 学区不能获得补助；当 $V_i>V$ 时，i 学区不仅不能获得州的补助，州还应该增收多余部分，但在实际操作中，没有州这样做，以免挫伤富裕学区办学的积极性②。

保证收入是州政府关注学区的税收努力，与上面的保证税基相同。州政府的资助就是补足预期支出与地方贡献的差额。

完全资助是州政府全部承担了义务教育所需费用。如美国夏威夷就是完全资助模式。这种模式可以让所有学生拥有公平的经费，但是这种模式必须以州的雄厚的经济实力为基础，必须有充足的财政能力来供养义务教育财政经费。

美国联邦以及州两级政府通过上述比较科学的转移支付公式，使得经费配置透明和公正，各个学区都拥有了必要的资金，但是各个模式都有利弊，有的模式可以增进公平，有的模式却扩大差距。我们在借鉴美国转移支付经验时，必须认真审视和分析。

4.1.2 个案分析：美国佐治亚 GEORGIA 州的义务教育财政资源配置标准

上节主要是从国家整体角度分析了美国义务教育财政资源配置标准状况，美国是高度分权的国家，各个州的义务教育财政资源配

① 张锐．中国义务教育投入制度研究［D］．成都：西南交通大学图书馆，2005：38.

② 张锐．中国义务教育投入制度研究［D］．成都：西南交通大学图书馆，2005：38.

置标准的差异较大，本节将以佐治亚 GEORGIA 州为例，介绍州级政府配置义务教育财政资源配置标准状况。

（1）美国佐治亚 GEORGIA 州的义务教育财政资源配置标准

1985 年，美国 GEORGIA 州颁布法律 QBE（*the Quality Basic Education Act*），规定学区要保证每个学生占有最低的生均经费，并根据费用给每个年级设计权重，如 1996 年，9 ~ 12 年级权重是 1，生均财政经费是 1720 美元，其他的年级的权重都要高于 9 ~ 12 年级，1 ~ 3 年级的资源配置的权重是 1.245，那么 1 ~ 3 年级的生均经费就是 2141.4 美元，生均经费标准最高的是专门教育种类 4，每个学生达到了 9589 美元，最低的是 9 ~ 12 年级。其他专门项目也相应设置权重，GEORGIA 州还设置了天才教育和补偿教育的配置标准。1996 年，GEORGIA 州法律 QBE 规定义务教育财政资源配置标准的权重如表 4-4 所示：

表 4-4　**GEORGIA 州法律 QBE 规定义务教育财政资源配置标准的权重①**

序号	项目	权重	生均经费（美元/生）	位次
1	幼儿园	1.330	2288	7
2	1 ~ 3 年级	1.245	2141	9
3	4 ~ 5 年级	1.020	1754	12
4	6 ~ 8 年级	1.024	1761	11
5	9 ~ 12 年级	1.000	1720	13
6	中学图书馆	1.242	2136	10
7	职业图书馆	1.356	2332	6
8	专门教育种类 1	2.340	4025	4

① 根据 ROSS H. Rubenstein，Dwight R. Doering. Larry R. Gess. The Equity of Public in Georgia［C］，1998. 28 资料整理.

续表

序号	项目	权重	生均经费（美元/生）	位次
9	专门教育种类2	2.717	4673	3
10	专门教育种类3	3.453	5939	2
11	专门教育种类4	5.575	9589	1
12	天才教育	1.636	2814	5
13	恢复教育	1.300	2236	8

（2）美国佐治亚州义务教育财政资源配置标准的效果

有学者对美国佐治亚州义务教育财政资源配置标准的实际效果进行了分析。Ross H. Rubenstein 从罗尔斯正义论横向公平、纵向公平以及机会公平三个公平维度考察了 GEORGIA 州义务教育财政资源配置标准的实际效果。横向公平层面，Ross H. Rubenstein 用名义经费（没有考虑通货膨胀率）和实际经费（考虑了通货膨胀率）两组数据说明，1988—1996 年以来学生生均经费在平均数、中位数、极差、协差、麦克隆系数等方面的变化。名义经费数据扩大了学区学生的生均经费差异，消除通货膨胀影响后，实际经费的两组数据也显示了学区学生的生均经费的确存在着较大的差异，尤其是在 1994 年，学区之间生均经费的极差最大。到了 1995 年，极差及麦克隆系数有缩小趋势。排除最高和最低的生均经费数，大多数学区分布比较集中。纵向公平方面，Ross H. Rubenstein 根据法律 QBE 规定的权重，只是对在校生数进行折算，计算方法与横向公平一样，计算生均经费的极差在 1992 年最高。纵向公平与横向公平比较，纵向的公平程度要高于横向公平。调整物价因素，学区的学生实际的生均经费要低于名义的生均经费。自 1993 年以来，该州的纵向公平程度在提高。教育财政经费的机会公平方面，Ross H. Rubenstein 检验了 1994—1996 年生均经费以及财产税之间的关系。财产税和生均经费之间的确存在着较强的相关关系，考虑州政府资助，财产税和生均经费之间的关系会弱化，但是不能彻底消除两者之间的关联。通过上述分析，Ross H. Rubenstein 认为 GEORGIA 州义务教育资源配置的公平程度在逐年提高。

（3）对美国佐治亚州的义务教育财政资源配置标准的评析

美国 GEORGIA 州法律 QBE 对各个年级财政资源的配置标准设置了权重，体现了纵向公平的原则，给薄弱学校和薄弱地区更多的财政资源配置。但是，这些权重设置的依据是什么，这样的权重是否合理，这样的权重是否适应我国国情，上述问题我们还需要认真分析。

在 Ross H. Rubenstein 研究中，他是以在校生数为单位来分析义务教育财政资源配置标准实施状况的。在评价资源配置标准的实施状况时，是以在校生数为分析单位合理，还是以学区或者以州为分析单位合理，这也需要进一步思考。我国各个省份相当于美国的州，但是我国各个省份的义务教育阶段的在校生数要比美国州的多，若按照权重配置财政资源，我国各个省份是否有美国各个州的强大经济实力作为支持后盾，能否支撑庞大的薄弱学校和薄弱地区的特殊教育需求。这些都是我们在借鉴美国义务教育财政资源配置方法时必须考虑的现实问题。

4.1.3 美国义务教育财政资源充足的配置标准

美国义务教育财政资源的配置，已经从追求效率和公平的标准，走向充足，把公平和效率有机结合起来。财政资源充足配置标准，一言以蔽之，就是考虑到了财政资源配置的效率和公平，在追求财力配置效率的同时，也强调了公平。美国很多州为了实现义务教育财政资源配置的充足，实践了很多财政资源配置模式。

（1）成本函数方法

德克萨斯州和威斯康星州的义务教育财政资源配置已经由公平转向了充足，它们对财政资源配置标准是根据教育实际产生的成本，成本预测一般是根据教育经费数据的回归分析得到。成本函数表达式为：Eit=f（Xit，Pit，ε it）。其中 Eit 表示生均教育经费支出；Xit 代表一组表示学校特征和学生特征的变量，如学生成绩、课程数目、教师工资、特殊教育学生所占的比重、在校生数等；Pit 代表一组学区社会经济水平向量，如学区居民平均收入水平、税基、税率、家有小孩的居民比例、房屋所有者的比例、老年人比例、拥有大学教育程度者的比例等；ε it 代表随机变量①。

成本函数法中的 Xit 变量代表了义务教育发展本身所需经费，侧重于公平，Pit 变量代表了当地政府能够提供义务教育经费的经济能力，侧重于效率。这种成本函数法考虑了财政资源配置的需求与供给，在供给与需求中求得平衡，充分借鉴了经济学中的供给与需求动态中求得平衡的教育财政配置的方法。政府从学校办学经费需求出发来配置教育财政资源，需要财政有雄厚的经济实力。

（2）“示范学区（Model District）”设计法

新泽西州的生均教育支出充足水平是通过对示范学区的设计估算出来的。按照新泽西州宪法的规定，新泽西州要求每个公立中小学必须提供合乎规定的教育，也就是办学基准。为了实现规定的教育，学区需要多少生均经费。每年按照当地的消费价格以及在 5% 的幅度调整②。科罗拉多州、伊利诺伊州、堪萨斯州、马里兰州、密苏里州、俄亥俄州都采用这种模式③。

示范学区设计法让每所学校都获得达到教育基本标准的经费，保障了基于教育质量的教育财政公平。教育基本标准制定过低，会导致教育经费并不能满足实际办学需要，导致经费不足；教育基本标准过高，会导致教育经费超过实际办学需要，导致经费的浪费。因此，教育基本标准的设定要在公平与效率之间权衡。这种方法与

---

① 李文利，曾满超．美国基础教育“新”财政——关注财政充足[J]．教育研究，2002（5）：5.

② 李文利，曾满超．美国基础教育“新”财政——关注财政充足[J]．教育研究，2002（5）：6.

③ 苏榕娜．教育财政诉讼中的“财政充分”问题[J]．外国教育研究，2005（12）：65.

成本函数法相比，更多强调的是教育本身的需求，相对较少考虑学区本身供给能力。

（3）教育专家成本估算法

怀俄明州组织教育专家对义务教育的成本进行估算，先匡算学校应该包含哪些教育要素，然后根据要素来估算成本，从而确定生均经费标准。采用这种模式的有印第安纳州、肯塔基州、密苏里州、蒙大拿州、内布拉斯加州、纽约州、北卡罗来纳州、俄勒冈州、华盛顿州、威斯康星州等①。

这种方法与示范学区设计方法的原理相类似，前者根据教育专家认为学校的理想办学应该需要的办学经费，更加侧重公平，后者是根据某些办学比较好的师范学区的实际花费，更侧重效率。

4.2 美国义务教育财政资源配置标准对我国的启示

从上面美国义务教育财政资源配置标准的现状分析可以看出，它既有合理的一面，又有值得反省的一面。美国的财政资源配置标准的现状，既可以说明美国政府在义务教育财政资源配置中，探索和努力的结果，也可以说明全世界义务教育财政资源配置的普遍规律。理性认识美国义务教育财政资源配置标准，可以对我国义务教育财政资源配置标准的重构具有一定的启发和借鉴意义。

4.2.1 义务教育财政经费配置不公平是普遍存在的问题

美国是世界上经济发达的国家之一，经济较为发达，民主公平的价值取向也为世界瞩目，义务教育的财政经费保障做得比较好。美国各州之间以及各学区之间的财富差异较大，对义务教育的供给能力存在着差异，因此，各州之间以及各个学区之间的义务教育财政资源配置也有差异，义务教育的财政资源配置也存在着不平衡和

① 苏榕娜．教育财政诉讼中的“财政充分”问题［J］．外国教育研究，2005（12）：65.

不公平问题。可见，义务教育财政资源配置的公平问题是世界性难题，并不是发展中国家才有的特有现象，经济发达国家和经济不发达国家都有教育财政资源配置不公平问题。这也从另一个侧面说明，义务教育财政资源配置的公平与否不仅和一个国家或者各级政府的财政能力有关，而且还与财政供给意愿、教育拨付制度以及政府间的财政均衡能力有关。尽管如此，我国经济发展相对落后，不能坐以待毙，等着经济发展好了才重视义务教育均衡发展和追求教育资源配置的公平标准，而要从现实经济能力和义务教育财政配置资源的不公平现状出发，加大义务教育的财政投入，加强对薄弱学校和薄弱群体的资助，促使义务教育均衡发展以及提升义务教育公平。

4.2.2　义务教育财政资源配置标准要体现纵向公平原则

美国很多州都颁布法律，规定学区要保证每个学生最低生均经费标准，并给每个年级在校生数设计权重。权重充分考虑了各个年级教育的发生成本的差异和各个年级的特殊发展所产生的额外费用，改变了以往对学生“一视同仁”的拨款方式，加大了对薄弱学校和弱势群体的资助，体现了罗尔斯正义论中“差异原则”和反向补偿的思想，贯彻了纵向公平的原则。美国在重视薄弱学校和薄弱地区资助的同时，还加大了对天才教育财政资源配置的权重。可见，美国义务教育财政资源配置的公平，不是“削峰填谷”，把英才教育的经费挪用到弱势群体，而是加大了对英才教育的投资。美国这种既偏爱英才教育，又重视薄弱群体的教育，两者没有偏废的义务教育财政政策，也给我国提出了这样的问题：每个国家在义务教育财政资源配置标准的实施路径上，是否要走一条先向英才教育倾斜，然后加大扶持薄弱群体，最后走向英才教育和薄弱群体教育两者都坚固的道路？我国义务教育资源配置标准还停留在“向英才教育倾斜”到“加大扶持薄弱群体”的过度转型上，必须体现纵向公平原则，尤其是要还清历史欠账，加大对薄弱地区和薄弱群体的补偿。

4.2.3 明确和提高省级政府义务教育财政配置的标准和责任

美国是财政高度分权的国家，教育经费由联邦、州和学区共同承担。联邦政府的经费支出虽然有逐年增加的趋势，但是教育经费主要由州和学区承担。“二战”后，联邦和州投入的比例逐年提高，州和地方承担的比例大致相当。义务教育财政资助的重心由学区到州政府的上移，有利于保障各个学区尤其是弱势学区得到充足的经费。我国实施“新机制”后，中央和省级政府都加大了投资责任，但是，农村义务教育基建经费长效保障机制的缺位，使得义务教育距离全面保障尚有相当大的差距。基建经费数额庞大，又关系着校舍校园的安全。县级财政特别是贫困地区县级财政不可能独立承担这项基建经费，贫困地区的县级政府只能支付基教修修补补的费用，难以支付重建教学楼等设施。我国需要借鉴美国投资主体结构，加快“以省为主”的义务教育财政体制改革，增加一般性教育转移支付，承担更多的义务教育财政投资责任，减少县级财政负担，给地方政府特别是基层政府支配教育经费更大的自主权。

4.2.4 各级政府要建立完备的转移支付制度

美国义务教育财政资源的配置，已经从追求效率、公平到充足的转变，把公平和效率有机结合起来。美国很多州为了实现义务教育财政资源配置的充足，实践了很多财政资源配置模式。具体的有成本函数方法、“示范学区（Model District）”设计法以及教育专家成本估算法。这三种方法，既保障了学校最基本办学经费，也考虑了教育经费的使用效率，公平与效率相结合；既考虑了学校本身发展所学经费，也考虑了各级政府的财政供给能力，供给与需求相结合。为了缩小各个学区的差异，美国联邦和州级政府都具备了完备的转移支付制度。联邦的转移支付分为一般拨款、专项拨款以及综合性拨款。州政府层面，也具有规范的转移支付制度，主要有配套拨款、通用拨款、基本金项目、税基均等项目以及完全支付等 5 种转移支付制度。美国的联邦以及州两级政府通过上述比较科学的转移支付公式，使得经费配置透明和公正，各个学区都拥有了必要的资金。美国无论哪种拨款公式，都比较公开透明，配置多少一目了然。这点值得我国学习借鉴。我国也要尽力推进地方教育财政体制改革，建立公开透明的财政资源配置标准及其拨款公式，避免“跑部钱进”腐败现象和“上进下退”的不作为行为，切实依法落实“教育经费单列”，努力做到事权与财权的统一。

4.2.5 义务教育财政要体现财政中立原则

美国义务教育经费是由三级政府负担，在大多数学区中，州和学区承担的比例差不多，联邦承担的比例也在逐年增加。联邦和州政府承担的角色就是减少财政配置差异。联邦着眼于各个州之间的义务教育财政经费配置均衡，州政府着眼于各个学区之间的义务教育财政经费配置均衡。州政府众多的转移方式和拨款公式，几乎都考虑了州和学区的财政能力，就是为了保证学区的教育经费要拥有州级的平均水平，给富裕的学区拨付较少的经费，给贫困学区拨付较多的经费，最终减弱各个学区的教育经费与本学区财政能力的相关关系，实现义务教育财政经费配置的财政中立原则。我国在配置义务教育财政经费时，也要遵循财政中立原则，避免富裕地区获得较高的教育经费，贫困地区获得较低的教育经费。

4.3 日本教师资源配置标准的现状

教育资源配置就是要实现教育资源在区域之间、学校之间以及群体之间的均衡分配。在所有资源中，教师资源具有核心作用，它直接制约和影响了教育的质量，教师资源的配置在教育资源配置的作用就显得尤为重要。日本的教师资源配置通过制定系列法律法规和定期流动制度，保证偏僻地区义务教育学校拥有充足和高质量的教师，缩小了学校之间教师差异和学校教育质量的质量，最大程度上实现了教育公平，从而取得了举世瞩目的成就。

4.3.1　《偏僻地区教育振兴法》：日本偏僻地区教师资源配置标准

日本自从1872年颁布《学制》以来，政府就积极推进义务教育的普及，入学率急剧上升。在可喜的成就背后，日本义务教育的城乡差异却较大，农村教育尤其是偏僻地区的教育没有分享到日本经济和义务教育高速发展的好处，依然处于比较落后的局面。1953年，民间组织"全国偏僻地区教育研究联盟"（以下简称"全国边远联盟"）和官办性质的"全国偏僻地区教育振兴促进会"（以下简称"全国边远振兴"）两个社团组织，向国会提交了方案，要求政府重视偏僻地区的义务教育。1954年，国会吸纳了方案意见，通过并制定了《偏僻地区教育振兴法》。后来，日本还相继出台了相关的法律法规，如《偏僻地区教育振兴法实施令》（1954年制定，详细规定政府对偏僻地区义务教育补助金的管理办法和实施细则）、《偏僻地区教育振兴法实施规则》（1959年制定，明确划分偏僻地区的依据和等级以及振兴法的实施细则），从而形成了一整套比较完整的偏僻地区教育的法律法规制度，保障了政府切实实施资助偏僻地区的义务教育。

与我国经济落后地区的薄弱学校一样，日本偏僻地区的交通、医疗、经济等与教育息息相关的经济条件也比较落后，很多教师不愿去这些地区任教。为了保障偏僻地区的学校拥有足够师资，日本在《偏僻地区教育振兴法》针对教师采取了以下一系列措施：第一，发放偏僻地区教师津贴。《偏僻地区教育振兴法》对偏僻地区的等级都给予了详细的规定和说明，按照偏僻地区的等级，给教师发放超过全国统一标准最大额度25%的津贴补助。对于在2级以上偏僻地区学校工作1年以上且业绩较好的教师，发放"特别增加津贴"。第二，提高偏僻地区教职工福利和增加医疗保险，实行教师福利一揽子计划。如每年发放医药品；给教师和家属发放偏僻地区医疗费和交通费；给配偶中35岁以上的妇女实施免费医疗检查；给教师和配偶发放"旅行补助"；修建教职工宿舍或给予补助。通过上述教职工和家属的一揽子的福利措施，吸引教师到偏僻地区的学校工作。第三，保证教师的进修和培训。政府提供偏僻地区教师进修和培训的充足机会，保障进修差旅和相关费用。部分偏僻地区过于偏僻，教师不易走出去，于是国家每年就额外增加培训经费，还临时建立培训机构。第四，改善偏僻地区学校的教育环境，如补助购置电视接收器设施、设备费用；购入校车、校艇；设置偏僻地区集会室；修建学校浴室；补助供水设施、设备费用；配置教材、教具和学校供餐物资①。创办良好的环境，让偏僻地区的教师能享受到优质学校的教学条件和生活条件。为了鼓励优秀教师到偏僻地区的学校任教，日本政府在人事制度上推行了众多偏僻地区教师优先的人事行政制度，选拔优秀的教师到这些地区任教，从而提高偏僻地区教师的素质。

另外，日本政府还制定其他法律法规，要求非教育部分配合实施《偏僻地区教育振兴法》，如对于医疗部门，在《医疗法》中规定要在偏僻地区增设诊所，给偏僻地区的教师甚至家属提供医疗服务；对于电气部门，《农山渔村电气导入促进法》中规定要保障偏僻地区教师的用电用气。日本政府还颁布了《孤岛振兴法》、《大雪地带对策特别措施法》、《人口过疏地区教育特别措施法》，这些非教育部门的法律法规，都给予偏僻和落后地区的教职工种种特殊资助政策，配套保障《偏僻地区教育振兴法》实施，给日本偏僻地区义务教育的发展带来了生机。

4.3.2 日本的教师定期流动制度：学校之间的教师资源配置标准

日本政府除了制定一系列的法律法规，来保障偏僻地区学校拥有有足够教师之外，还通过教师定期额流动制度，来保证学校之间教师质量的均衡，刺激教师获得多所学校的教学和生活经验，保持工作热情和创造力，缩小学校之间的教育质量的差异。

日本的教师定期流动制度对教师流动的时间和对象都有明确的

① 吴晓蓉．日本偏僻地区教育优先发展经验研究——以《偏僻地区教育振兴法》为鉴［J］．当代教育与文化，2009（7）：102.

规定。在公立基础教育学校，平均一个教师必须在6年以内换一所学校，中小学校长也是3～5年更换一所学校①。日本教师定期流动的对象也比较明确，下面所属的教师就必须流动，如在一所学校连续任教10年以上或者新任教师连续任教6年以上的；学校教师数量超编必须流动的以及学校教师结构不够合理的。1996年的统计分析显示，每所公立基础学校，在一所学校任教未满6年的占绝大比例，占15年以上的更是微乎其微，如表4-5所示。

表4-5 **教师在同一学校任教年限统计（1996年）**②

年限（年）	未满6年	6～10年	10～15年	15年以上
比例（%）	76.3	18.1	4.1	1.5

可见，日本教师定期流动很普遍。如此一来，日本公立基础学校不仅保障了足额的师资，还保障了教师年龄结构、专业结构、性别结构、职称等结构的基本合理。日本的教师配置标准，通过定期流动制度，实现了学校之间的教师资源配置在数量和质量两个维度上的均衡。

日本教师的定期交流的范围比较广，学校可以在不同种类、不同级别、不同地域选择。据文部省1995年度的统计资料显示，不同性质学校之间流动的教师共有12268人。其中，小学教师有84.2%转任到初级中学任教；初中教师有84.2%转任到小学任教；高中教师有85%转任到了特殊教育学校；特殊教育学校教师流动到小、中、高的比率也分别占40.4%、27.5%和32.1%③。教师在不同级别学校之间的流动，可以接触不同年龄段的学生，全

① 王莹莹．教育均衡视野下教师流动策略探讨——我国部分地区教师流动策略与日本教师轮岗制度的比较与启示［J］．文教资料，2010（4）下旬刊：106.

② 彭新实．日本教师定期流动［J］．中国教师，2003（6）：60.

③ 黄树生．日本教师“定期流动制”对我国义务教育教师配置均衡化的启示［J］．上海教育科研，2011（7）：27-28.

面掌握学情，还可以从知识内容发展的脉络来全体把握教材进度。同时，也可以刺激教师保持工作的热情和上进的进取心。教师交流以同区域内的城乡学校之间为主，但是也有跨区域的交流。前者着眼于区域内的城乡学校之间的师资均衡，后者着眼于区域之间学校师资的均衡。

另外，日本的教师流动制度还具有强烈的人文关怀色彩。并不是所有公立基础学校的教师都必须流动，属于下列一种情况的就可以例外，如着眼于教师个人身体健康，规定 57 ~ 60 岁年龄段和妊娠或休产假期间的教师不能流动；为了学校教学的基本稳定，规定任教不满 3 年的教师可以不流动；为了保证学校教师的质量，规定长期缺勤的教师不能流动；充分尊重教师个人意愿，只有教师同意，政府才能够安排教师流动到哪所学校。

日本公立基础教育教师的流动制度取得了举世瞩目的成就，赢得了世界教育界的认可。之所以这么成功，主要是源于两个方面原因：一是日本教师属于公务员。《国家公务员法》和《教育公务员特例法》确定了教师的公务员身份，并明确规定了教育公务员的权利与义务，教师的流动就视为公务员人事变动，属于教育公务员的义务之一。与一般公务员不同的是，教育公务员不需要参加公务员考试，由教育委员会选拔任用。另外，教育公务员还可以获取社会兼职，取得教育外收入。可见，教育公务员还享受到一般公务员的额外优厚待遇。二是日本教师采取的任命制。人事任用制度一般分为任命制和聘任制两大类。在任命制中，任命者和教师是一种命令与服从关系，能否成为一名教师，在何校工作任何种职务、享受何种待遇等，都取决于任命者的规定。在聘任制中，聘任者和教师是一种契约关系，双方在商量意愿一致的基础上签订契约，明确双方的权利和义务①。日本教师采取的任用制，就让政府和教师的关系简单明了，教师的流动就比较顺畅。

---

① 刘文华．日本教师管理制度及其启示［J］．山东教育学院学报，2006（6）：16.

4.4 日本义务教育教师资源配置标准对我国的启示

以教师定期流动制度实现的教师资源配置标准，在日本实行60多年，学者一直对此褒贬不一。有学者认为，日本的教师资源配置标准在实现教育公平、提高教师素质、减少学校之间师资差异以及改善薄弱学校等方面都起到了重要作用①。也有学者持相反意见，认为日本教师的配置标准出现一些问题，如程序繁琐和行政命令倾向比较明显，易压制和影响年轻骨干教师脱颖而出。最近几年逐渐增加的人事行政诉讼更是暴露了教师流动制度存在的隐患。日本教师交流制度被介绍到我国后，成为我国教师交流的基本框架。有学者认为，日本教师交流制度在我国实施存在着先天性不足，我国教师交流忽视了对农村教师本身的培训，以及没有加大教师交流的宣传以及培训，导致教师交流的非正式制度与教师交流的正式制度配套。同时，日本与我国的教师交流制度在实施的前提差异较大，日本公立基础学校之间差异较小，我国城乡学校之间差异较大以及过程也有着本质的不同，因此有学者认为日本的交流制度对我国借鉴性不大②。

日本通过实施《偏僻地区教育振兴法》和教师定期流动制度，取得了明显成效，学校的师资得到了保障，缩小了学校之间教育质量的差距，教育迅速发展。日本的教师资源配置标准，最大的特点就是通过系列立法和教师定期流动制度，保障偏僻地区和落后地区的教育有足够数量和优质的教师。日本教师资源配置标准虽然遭来非议，但是给我国义务教育教师资源配置带来了很多有益的启示。

4.4.1 突出了罗尔斯正义论中的“差异原则”

日本的教师资源配置标准突出了罗尔斯正义论中的“差异原

① 汪丞．基础教育均衡发展视角下的中日中小学教师流动比较研究[D]．武汉：华中师范大学图书馆，2006：26.

② 袁颖．中小学教师城乡交流实践中的问题及对策[J]．教育与教学研究，2011（12）：13.

则”，通过给薄弱学校的教师和教师行业以特殊关注，鼓励薄弱学校和教育事业的发展。《偏僻地区教育振兴法》给予到偏僻地区和薄弱学校任教的教师更多的优惠政策，如优先的人事制度、医疗、工资津贴、培训等方面的待遇，让这些教师得到实惠，鼓励教师乐于到偏僻地区任教。日本政府还联合非教育部门，给偏僻地区的教师创造更加良好的工作生活环境，让他们也能享受到优质学校教师的城市生活。偏僻地区工作的教师与非偏僻地区工作的教师相互比较而言，前者实现了政府的“差异原则”，获得了更多的优惠和福利政策。

日本教师与其他行业比较，也实现了“差异原则”。1949 年，日本颁布《教师职员资格证书法》，不仅规定了教师的入门资格，而且还把教师的绩效等过程指标纳入教师资格中，教师考核不合格，就要退出教师队伍。同时，日本政府还颁布了《教育公务员法》，赋予教师公务员身份，规定了教师的权利和义务。日本中小学教师的工资不仅高于同级公务员，而且要比美国教师工资更具有吸引力。巴罗和乔·李调查发现，他们发现日本和美国教师的平均工资相似，但是与本国其他行业比较，日本中小学教师的平均工资是全国人均收入的 2.4 倍，而美国中小学教师的平均工资只是全国人均收入的 1.7 倍①。日本教师的高工资待遇，既吸引了大量优秀人才从教，又稳住了教师队伍长期从事教师行业。教师的配置和公务员调动一样，这就减轻了政府配置教师面临的阻力。

我国《教育法》、《教师法》等法律虽然明确规定“教师的平均工资应当不低于或者高于当地公务员平均工资水平，并逐步提高”，从现实情况来看，教师的各种待遇并没有公务员那么有保障，也难以和同级公务员的待遇相比较。周洪宇教授曾经在人民代表大会上呈交提案，建议“中国可以建立独立的教育公务员制度，将取得教师资格证书并获得教师职位的公办教师的身份确认为教育公务员”。周教授着眼于提高教师福利，尤其是农村教师的福利，

---

① 黄建一. 日、美教师的待遇、地位以及教学质量之比较［J］. 教育评论，1991（1）：71.

以提高教师的经济地位，从而提升教育质量。可惜，周教授的提案在我国财政能力有限的情况下，并没有被采纳。如果我国教师拥有了公务员身份，不仅是待遇有了保障和提高，而且政府实行教师交流制度就会变得顺畅得多，优秀教师就更愿意到偏僻农村任教。

4.4.2　缩小学校之间教师的差异，促进义务教育均衡发展

学校之间办学条件的差异，“硬件”差异比较容易解决，对于经济发达和国土面积小的日本，更是可以在短时间内解决。学校之间办学条件的“软件”差异，尤其是教师质量的差异，在短时间内难以解决。日本政府高瞻远瞩，为了让薄弱地区的居民也享受到经济发展和义务教育普及的好处，着眼于缩小学校之间教师的差异，提升偏僻地区的教育质量，促进义务教育均衡发展。

日本政府针对偏僻地区学校教师数量不足和质量低下的状况，就采取了系列优惠措施，鼓励教师到偏僻地区公立基础学校任教。随时监测公立基础学校教师的结构状况，通过教师定期流动，来保证学校教师的结构平衡。这样学校之间的较小差异与教师配置之间呈现了良性循环。如果学校之间的教育质量和教师待遇的差异较少，教师就更加容易适应流动学校的环境，胜任教师职责。如果学校之间教育质量差异较大，教师个人更难以接受去薄弱学校工作，就难以胜任教学。日本教师定期流动制度，从数量和质量两个维度，实现了学校之间师资的均衡配置。我国和日本的教师流动制度设计的初衷虽然都旨在缩小学校差异，促进义务教育均衡发展，但是效果却不同。汪丞教授认为“日本教师定期流动促进了教师队伍整体质量的提高，推动了教育的均衡发展。我国教师流动，使教师队伍整体素质下降，加剧了教育发展的不均衡，危及教育公平①”。这种说法主要是针对我国的教师流动主要是一种单行流动，优质教师流向优质学校，薄弱学校教师流失严重的现象，而日本教

① 汪丞. 中日中小学教师流动之比较及启示［J］. 比较教育研究，2005（11）：68.

师流动主要是针对学校教师需要而产生的流动。此种评价虽然有点言过其词，但是也道出我国教师流动制度的效果不甚明显。我国目前各地摸索的教师流动实践，很大程度上还停留在教师数量上，仅仅考虑到补充薄弱学校的师资数量，还没有考虑到教师的质量。因此，我国也可以随时监测学校的教师结构，根据学校教育发展的需要，来指导教师有序的流动。

4.4.3 通过系列立法和制度，保障公立基础学校教师资源的合理配置

日本政府围绕偏僻地区的公立教育，不仅教育部门制定了《偏僻地区教育振兴法》等相关法律法规，而且非教育部门制定了《医疗法》、《孤岛振兴法》、《大雪地带对策特别措施法》、《人口过疏地区教育特别措施法》等配套法律法规，调动社会力量，配合教育部门实施教师资源的合理配置。每年 11 月，日本县级政府都会制定教师流动的详细细则，建立一整套教师流动的长效机制，保障教师在学校之间的合理流动。这些法律是日本政府能够合理配置教师的重要保障。当然，日本的教师资源配置政策突出人文关怀，情理结合，尊重教师个人选择。日本教师流动程序的第一个程序就是教师个人申请，包括流动到哪所学校。教师的流动是教师个人选择和政府分配相互结合的产物，可见日本政府高度尊重教师个人的意愿和选择权利。

相比较而言，我国教师流动就不是很顺畅，除了城乡教师经济待遇和学校之间差异等方面原因之外，与我国尚未建立教师流动法有关。目前各地的教师流动都是地方政府的摸索性实践，远没有形成教师定期流动制度，有的教师流动还属于个人行为。因此，我国可以建立与教师流动相关的法律，联合其他部门建立相应配套法规，明确规定教师流动的对象、流动的范围、流动的义务、流动的权利等，设立规范流动程序，让教师流动“有法可依”，促使教师的合理流动。

5 财政中立：义务教育财政资源配置标准的现状及对策分析

前几章，本书都是从价值标准角度来分析义务教育资源配置标准，本章和下一章将从事实标准角度，分别分析义务教育财政资源和教师资源配置标准。

各个县市义务教育的办学经费，一般主要来源于国家财政拨款。因此，教育财政资源配置标准，直接关系到了各个县市办学经费的多寡以及学校办学条件的好坏。近几年来，各级政府的义务教育财政经费投入逐年增长，学校办学条件不断改善，但是县域之间和县域内的义务教育学之间的财政配置差异仍然存在。但是差异到底如何，需要进行数据分析。本章采取 W 省 2006—2009 年四年《教育经费统计数据库》以及《教育统计数据库》中有关教育财政经费数据，以县市为分析单位，根据罗尔斯《正义论》中的“财政中立”，计算各个县市内部以及县市之间的义务教育财政的横向公平、纵向公平以及机会公平现状，并提出改进义务教育财政资源配置标准的政策建议。

5.1 数据来源及分析方法

5.1.1 数据分析单位

义务教育属于公共产品，其财政资源主要来源于国家、省和县级政府。因此，义务教育财政资源配置标准状况分析可以从财政来源的主体分析，即可以分别把国家、省和县作为分析单位。

分析义务教育财政资源配置标准，可以把国家作为分析单位，其分析思路一般是把我国义务教育财政资源配置标准与其他国家比较，得出我国财政资源配置标准存在的问题，然后在借鉴国外经验的基础上，构建我国财政资源配置标准的政策建议。这种研究的典型代表就是经济学家厉以宁提出的“我国财政教育经费投入应占国民生产总值的4%”主张。20世纪80年代，厉以宁课题组分析西方国家公共教育投入水平状况，指出当一个国家人均国民经济收入达到1000美元时，国际的公共教育投入大约是4%。因此学者厉以宁提出我国经济发展人均国民经济收入达到1000美元的时候，国家财政性教育经费投入应该占到国内生产总值的4%。此后，4%就成为我国经费投入的追求目标，《国家中长期教育改革和发展规划纲要》（2010—2020）提出我国将在2012年实现这个目标。以国家为分析单位，进行国际比较分析我国教育财政投入标准，数据分析将面临着我国和其他国家财政数据统计口径不一致的难题。西方国家一般提的是公共教育投入，指的是联邦、州和学区三级政府对教育的投入。我国的国家财政性教育投入指的是预算内教育经费、各级政府征收用于教育的经费、企业办学经费、校办产业勤工俭学和社会服务用于教育的经费。西方国家的公共教育投入比我国财政经费构成狭窄，仅相当于我国财政预算内经费。即使在相同4%标准下，西方国家公共教育投入占国民生产总值的4%的含金量要高于我国。由于数据统计口径不一致，进行国际比较分析后得出的结论难以符合我国现实。

分析义务教育财政资源配置标准，可以把省作为分析单位，比较省级之间的财政资源配置差异，从而分析我国财政资源配置的公平状况。我国《教育经费统计年鉴》、《中国统计年鉴》等全国公开的年鉴都是以省为单位，数据较易得，数据分析处理相对简单。很多学者都是以省为分析单位，这方面的研究也较为成熟。王善迈①、杜育红、袁连生②等学者就运用省级数据，对教育财政资源

① 王善迈，杜育红，刘远新．我国教育发展不平衡的实证分析［J］．教育研究，1998（6）：19-23.

② 袁连生．我国义务教育财政不公平探讨［J］．教育与经济，2001（4）：1-6.

配置进行了分析，得出省级之间教育财政配置不均衡。我国幅员辽阔，不仅省与省之间的经济发展和义务教育发展差异较大，省域内的经济发展和教育发展差异也较大，仅以省级为分析单位，就易掩盖省域内部差异，不利于省级政府宏观调控县级转移支付。

当前，以县为分析单位研究义务教育财政资源配置标准尤为重要。有研究证明，分析省域内差异比省际的差异更加重要。有学者以我国2000多个县为样本，对我国义务教育均衡发展进行了实证分析。研究得出结论，义务教育阶段的生均教育事业费经费支出表现得不平等，这种不平等更多的是由于省内差异引起，而不是省际的差异引起的。有学者对农村义务教育的生均教育费支出的不平衡研究，也得出了同样的结论，即农村义务教育阶段的生均教育事业费支出的不平等是由于省内差异引起，而不是省际的差异导致的①。《国家中长期教育改革和发展规划纲要》（2010—2020）中也提出，义务教育均衡要率先在县域内实现，然后再向更大范围内推进。县域内义务教育财政资源配置是否公平，直接关系到人们的公平感。

从理论和实际的需要，本章采取以县为分析单位。首先分析W省县域之间的义务教育财政资源配置状况，然后分析县域内部的义务教育财政资源配置状况。这样，全方位扫描义务教育县域财政资源配置标准的现状。

5.1.2 数据来源

为了分析各个县域之间的财政资源配置的状况，就必须获取W省的各个县市的义务教育经费支出和在校生数两种类型的数据。为了分析县域内部之间的财政资源配置状况，就必须获取每个县市所有义务教育学校教育经费支出和在校生数两类数据。相比较而言，各个县市的数据较容易获得，但是包含所有义务教育学校的学校数据较难获得。本研究通过各种渠道，仅仅获得了W省2006—

① 王蓉．我国义务教育经费的地区性差异研究［EB/OL］．http：//www.moe.edu.cn/edoas/website18/info5963.htm，2002.

2009年四年《教育经费统计数据库》以及《教育统计数据库》，其中2006年、2008年和2009年三年的数据库还不完整，仅有2007年数据库相对完整。本研究就以2007年教育经费数据库为主线，根据上章提出的罗尔斯《正义论》中的“财政中立”作为理论基础和分析框架，来测算W省县域之间以及县域内的义务教育财政经费支出的三种公平状况。

5.1.3 数据处理原则

在数据计算前，首先要对数据进行整理。本章根据4个原则对2006—2009年的《教育统计数据库》以及《教育经费统计数据库》进行了筛选整理。

第一，删除了只包含一个学校的县市。一般而言，一个县市一般都不会只有一所义务教育学校，一个县市若只包含一所学校，就没有反映县市教育的真实情况。并且，一个县市仅包含一所学校的数据，难以计算该县市学校之间的教育财政配置的差异，无学校之间公平可谈。

第二，删除了教育局、电教馆、农场等不属于学校的教育单位，仅保留学校单位。现实基层中，有的非学校单位的费用支出是挂靠在一所学校，在同一个账户支出。这就扩大了学校的实际财政支出，从而扩大一个县市内的学校之间的财政配置差异。

第三，删除数据不完备的学校。删除生均预算教育经费支出不完整的县市，生均预算教育支出是衡量义务教育财政资源配置标准的重要指标，其他教育经费指标难以替代。为了更好说明一个县市义务教育整体情况，数据库只保留了包含生均预算教育经费的学校。

第四，删除了开发区学校和私立学校的数据，仅保留公立学校的数据。本章主要分析的是义务教育财政资源配置的现状以及政府的财政配置责任，开发区和私立的义务教育虽然也属于义务教育的范畴，但是这些学校的经费除了政府配置外，还获得了社会力量的大量资助。这些学校的财政支出一般要高于公立学校，有的县市没有开发区学校和私立学校。为了给各个县市统一计算标准，非公立学校都排除在分析范畴外。

经过整理后，分析县域之间财政资源配置的数据库，普通小学还保留85个县市，普通初中还保留77个县市。W省共有120个县市，保留下来的县市占到总量的64%以上，这些样本能够大致说明总体情况。分析县域内部学校财政资源配置状况的数据库，普通初中和普通小学的样本数量相同，2006—2008年的样本数量分别为5212个、828个以及850个。

表5-1　**W省义务教育学校财政资源配置现状分析的样本分布情况**

（单位：个）

	普通小学				普通初中			
	2006	2007	2008	2009	2006	2007	2008	2009
县域之间	—	85	85	85		77	77	77
县域内部	5212	828	850	—	5212	828	850	—

（数据来源：根据论文数据处理原则对W省《教育经费统计数据库》进行整理的样本数量）

5.1.4　数据分析的方法

通过文献综述发现，计算义务教育财政资源配置的方法有很多，如比较流行的基尼系数、简便易行的差异系数、平均值、极差、中位数、方差等。考虑本研究获取的数据情况和分析的理论基础及其分析框架，本研究主要用平均值（Mean）、标准差（Std. Deviation）、中位数（Median）、极差（Range）、限制极差（Restricted Range）、差异系数（Coef of Variation）、麦克伦指数（Mcloone Index）和沃斯特根指数（Verstegen Index）计算教育财政资源配置状况。

（1）平均值（M）、标准差（$S.D$）

平均值和标准差是最通用的集中量数和差异量数统计指标。平均值的计算公式为：

$$M=\frac{S}{N}$$

公式中，M 为平均值，S 为总和，N 为样本数。

标准差是各个县市或者学校数据偏离平均值距离的平均数，可以反映样本的离散程度。其数学公式为：

$$SD=\sqrt{\frac{\sum_{i=1}^{n}(X_i-\bar{X})^2}{N}}$$

其中，SD 表示标准差，N 为样本数，X 为各个县市或者学校的生均预算事业费支出数据，$\bar{X}$ 为县市或者学校的生均预算事业费支出数据的平均值。

（2）极差（Range）

极差可以反映一个县市经费支出最大的学校与经费支出最小的学校之间的差异，是最简单地反映学校经费差异的计算方法。数学计算公式为：

$$R=X_{max}-X_{min}$$

其中，X_{max} 为 W 省生均预算教育事业费支出最高的某个县市或者学校，X_{min} 为 W 省生均预算教育事业费支出最低的某个县市或者学校。

（3）限制极差（Restricted Range）

限制极差是对极差的修正，剔除了样本中的最大值与最小值的极端值。一般都是提出样本最高值的 95% 以上的数值，以及样本最小值 5% 以下的数值，剔除两端极端值后，再以上述极差的方法求得极差。

（4）差异系数（Coef of Variation）

极差和限制极差仅仅反映了两个样本的差异，忽略了很多中间值，不能反映所有县市和某个县市所有学校的离散程度。极差也不能对各项不同指标进行比较。差异系数就弥补了极差的不足，因此，本章还采用了差异系数。差异系数的计算方法是标准差与平均值比值的百分数，数值越小，说明相对差异就越小；数据越大，说明相对差异就越大。差异系数对各项指标进行了无量纲处理，不同指标可以进行比较。有学者认为，义务教育区域间的差异应该不超过10%①。至于义务教育区域间差距的差异系数应该控制在哪个范围区间，尚未有人研究。人们的公平感主要来源于对周围环境的理解，一个人感到教育资源配置的不公平，首先是把自己能够利用的教育资源与本县市内其他教育资源配置的相比较，而不是对本县以外的教育资源的盲目攀比。县市内学校之间的差异直接关系到人们的公平感。既然有学者认为区域间的差异系数应该控制在10%以内，那么县市内的差异应该低于区域间的差异系数，也就是应该小于10%才算合理。另外，县市的差异系数应该有逐年缩小的趋势，差异系数缩小了，表示财政推进义务教育均衡取得了积极效果。差异系数扩大了，说明县域内的教育差距扩大了，财政推进义务教育均衡还未见效。

（5）沃斯特根指数（Verstegen Index）

沃斯特根指数提供了一种测量数据位于中位数以上数据分布的一种方法，沃斯特根（Verstegen）指数是将数据从小到大排列，中位数以上样本数据的总和除于这些样本都取得中位数所得总和的比值，以反映位于中位数以上数据分布的公平状况。

如果样本数是偶数，中位数 $m=\frac{1}{2}(x_{\frac{n}{2}}+x_{\frac{n+2}{2}})$，那么麦克伦指数的计算公式为：

$$\textbf{Verstegen Index}=\frac{\sum_{i=\frac{n+1}{2}}^{n} X_i}{\frac{nm}{2}}$$

① 林挺进，张树剑，时帅．上海市基础教育经费投入均衡性问题研究（2000—2006）[J]，复旦教育论坛，2009（6）：60-66.

如果样本数 n 是奇数，中位数 $m=x_{\frac{n+1}{2}}$ 那么麦克伦指数的计算公式为：

$$\text{Verstegen Index}=\frac{\sum_{i=\frac{n+1}{2}}^{n}X_i}{\frac{(n+1)m}{2}}$$

沃斯特根指数的取值应该大于1，没有绝对的公平标准，但是取值越接近1，就越公平。沃斯特根指数如果运用到义务教育学校财政资源配置分析中，强调的就是优质学校和强势群体所得资源配置的公平情况。该种方法的指向，并不适合本章罗尔斯正义理论强调的反向歧视的思想，因此，本章没有采取该种方法，而是采用了以此相对应，强调弱势群体和薄弱学校财政资源配置的方法麦克伦指数。

(6) 麦克伦指数（Mcloone Index）

麦克伦（Mcloone）指数是测量中位数以下样本的公平程度，指的是中位数以下样本数据的总和除以这些样本取得中位数所得总和的比值。中位数的计算方法比较简单，先把样本数据从小到大排列，样本数若是偶数，取中间两位数相加除于2，样本若是奇数，中间一位数就是中位数。麦克伦（Mcloone）指数具体测算方法如下：

如果样本数是偶数，中位数 $m=\frac{1}{2}(x_{\frac{n}{2}}+x_{\frac{n+2}{2}})$，那么麦克伦指数的计算公式为：

$$\text{Mcloone Index}=\frac{\sum_{i=1}^{\frac{n}{2}}X_i}{\frac{nm}{2}}$$

如果样本数 n 是奇数，中位数 $m=x_{\frac{n+1}{2}}$，那么麦克伦指数的计算公式为：

$$\text{Mcloone Index} = \frac{\sum_{i=1}^{\frac{n-1}{2}} X_i}{\frac{(n-1)m}{2}}$$

麦克伦（Mcloone）指数的取值在0和1之间，一般而言，取值越接近1，就越公平。若把麦克伦指数运用到义务教育学校财政资源配置分析中，就是分析弱势群体和薄弱学校所得资源配置状况。本章主要是以罗尔斯正义论为理论基础，强调弱势群体和薄弱学校的财政资源配置状况，麦克伦（Mcloone）指数正好符合本研究的旨意。因此，麦克伦指数也成为本章研究数据的一种方法。

5.1.5 数据分析方法

美国学者在分析公共教育财政时，也用了平均数、极差、差异系数和麦克伦指数①。在借鉴美国学者以及上述综述各种方法优劣和可行的基础上，本章采取了平均值、中位数、标准差、极差、限制性极差、差异系数、麦克伦（Mcloone）和沃斯特根指数8项指标，来分析W省县域义务教育财政资源配置的横向公平和纵向公平。对义务教育财政资源配置的机会公平，本章采取生均预算教育经费支出与当地县市人均财政支出的相关系数来衡量。

5.2 县域之间义务教育财政资源配置的三种公平

根据罗尔斯正义论中提出的横向公平、纵向公平以及机会公平三种公平维度，并以odden提出的财政中立为分析框架，以县市为单位，分析县域之间的义务教育财政资源配置的公平现状。

5.2.1 县域之间义务教育财政资源配置的横向公平

2007—2009年，W省普通小学财政资源配置的极差、限制极

① Ross H. Rubenstein. The Equity of public education funding in Georgia [M]. Atlanta, Ga.: Fiscal Research Program, School of Policy Studies, Georgia State University, 1998.

差和差异系数都呈现增长趋势，差异系数从 0.3270 增加到 0.3639。仅从差异系数增长趋势，不能简单得出 W 省县域之间的财政资源配置差异在增大。通过三年的麦克伦系数可以看出，W 省三年的麦克伦系数也在增长。2009 年，麦克伦系数增加到 0.8129，比 2007 年增加了 0.0295，说明 W 省县域之间的差异系数增大，是因为 W 省加大了对弱势县市的财政倾斜。这种差异系数以及麦克伦系数都在增长的情况，是对往年义务教育财政资源配置不均衡的纠正，是民众可以接受的。当然，当差异系数增长，麦克伦系数却在减少的情况，说明政府财政资源配置倾斜于优质学校，与当前提倡义务教育公平的基调不相协调。

2007—2009 年，W 省普通初中的极差和限制极差也呈现了增长趋势。与普通小学不一样的是，W 省普通初中的差异系数三年缩小了，由 2007 年的 0.3896 下降到 2009 年的 0.2988，说明县域之间普通初中的财政资源配置的差异在缩小。麦克伦系数在三年内出现了先下降后上升的趋势，2009 年麦克伦系数低于 2007 年，与此同时，沃斯特系数却在降低，说明 W 省普通初中的财政配置差异在减少，薄弱学校的差异在小幅度增大，优质学校的差异在小幅度减小。

普通小学和普通初中相比较，2009 年，普通小学的差异系数为 0.3639，比普通初中的差异系数高了 0.0659 个百分点，麦克伦系数虽然三年持续增长，仍低于普通初中。总体而言，普通初中的财政资源配置比普通小学更为公平。这与普通初中的布局设置有关，普通初中一般设立在乡镇及县城，普通小学的布局较为广泛，部分县市为了方便当地子女就近入学，保留了很多教学点和规模比较小的农村小学。这些教学点和农村小学存在着布点分散，学校规模小的特点。为了保障农村学校的正常运转，规模小的农村学校的生均预算公用经费就要高于规模大的学校。小学学校之间的财政资源配置及其办学条件差异较大。

表5-2 **2007—2009年W省义务教育生均预算教育经费支出横向公平分析表**

类型	年度	N	Mean	Median	Std. Deviation	Range	Restricted range	Coef of Variation	Mcloone Index	Verstegen Index
普通小学	2007	85	1985	1888	649	2770	2267	0.3270	0.7834	1.3207
	2008	85	2506	2296	911	4880	2861	0.3635	0.7938	1.3911
	2009	85	3064	2784	1115	5474	3509	0.3639	0.8129	1.3907
普通初中	2007	77	2387	1976	930	4099	2744	0.3896	0.8596	1.5609
	2008	77	3258	2945	1139	4802	3666	0.3497	0.8186	1.3966
	2009	77	4367	4058	1305	5219	4016	0.2988	0.8278	1.3265

（数据来源：根据W省2007—2009年教育财务数据库以及教育统计数据库整理计算）

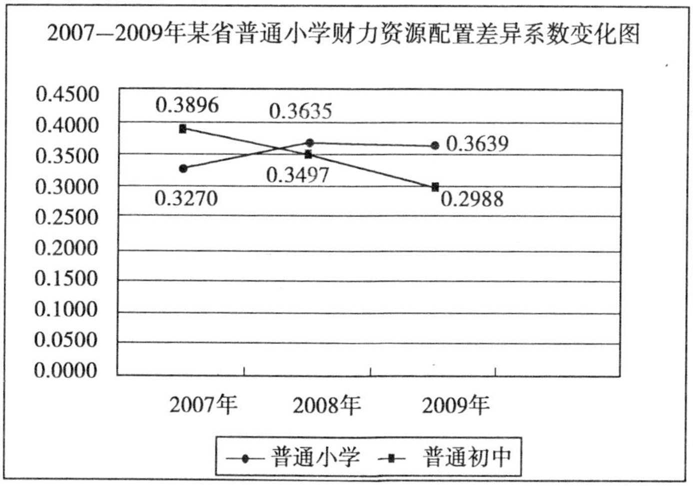

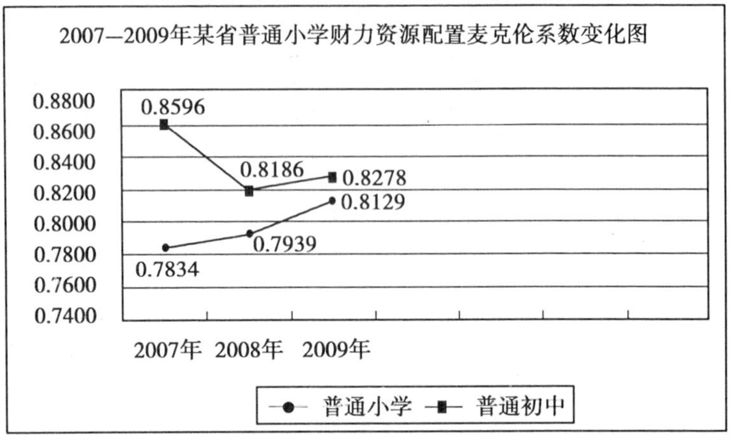

（数据来源：根据 W 省 2007—2009 年教育财务数据库以及教育统计数据库整理计算）

5.2.2 县域之间义务教育财政资源配置的纵向公平

笔者虽然收集到了 W 省 2007—2009 年《义务教育财务数据库》以及《教育统计数据库》的所有数据，但两个数据库由不同单位整理收集，数据统计的学校单位口径并不一致，导致两个数据库整合后，2007 年普通小学数据完整的样本学校只剩下 18 个。在这 18 个样本单位中，大部分单位都是开发区或者管理区，并不能代表 W 省义务教育的整体面貌。也就是说，这剩下的 18 个样本单位并没有代表性。为了说明 W 省纵向公平的基本情况，笔者还是尝试着对这些数据进行整理，以期能够粗线条勾勒出 W 省义务教育财政资源配置的纵向公平情况。

根据罗尔斯的正义论中的纵向公平，不同人要差别对待。在义务教育财政资源配置中，就是将城市、县镇和农村不同区域的学生，区别对待，将不同区域的在校生数进行折算。2001 年，中央编办、教育部、财政部《关于制定中小学教职工编制标准的意见》（国办发［2001］74 号）的附表中，提出了中小学教职工的编制标准，其中小学城市、县镇与农村教职工与学生比分别为1∶19，1∶21以及1∶23。各个省根据本省实际情况，按照中央文件都对师生比进行了微调，各个省的师生比并不一样。本章认为国家颁布的师生比代表了全国整体情况，更接近大多数省份的实情，因此本章就按照国家规定师生比的标准，对学生数进行折算。普通小学的折算方法是：城市学生比例保持不变，县镇与农村学生分别按照1.11与1.21进行折算。普通初中的折算方法是：城市学生比例保持不变，县镇与农村学生分别按照1.19与1.33进行折算。经过折算后发现，由于样本单位的农村学生所占比例较高，大多数样本单位的学生数折算后都比原来学生数大幅度增加。样本单位学生折算基本情况见表5-3：

表5-3　**2007年普通小学纵向公平的样本县市学生情况分析表**

（单位：人）

代码	地县名称	学生总数	县镇总数	农村总数	城市总数	折算学生数
普通小学	001	20434	4852	15582	0	24240
	002	8976	0	0	8976	8976
	003	7296	0	0	7296	7296
	004	27816	5768	22048	0	33081
	005	28837	5029	2392	21416	29893
	006	3638	0	3638	0	4402
	007	8869	0	0	8869	8869
	008	1376	0	0	1376	1376
	009	3955	0	3955	0	4786
	010	734	0	734	0	888
	011	15886	0	0	15886	15886
	012	1735	0	0	1735	1735
	013	5992	1838	4154	0	7067
	014	897	0	897	0	1085
	015	75423	34389	41034	0	87823
	016	9049	0	0	9049	9049
	017	53496	12359	31689	9448	61510
	019	41648	0	28898	12750	47717

续表

代码	地县名称	学生总数	县镇总数	农村总数	城市总数	折算学生数
普通初中	020	27948	12423	7078	8447	32644
	021	40593	38351	2242	0	48620
	022	50549	22627	27922	0	64062
	023	39426	15660	19061	4705	48692
	024	15018	11844	3174	0	18316
	025	16128	9946	6182	0	20058
	026	44647	13333	31314	0	57514
	019	38916	3920	22971	12025	47241
	027	33247	523	25525	7199	41770
	028	33695	28202	5493	0	40866
	029	10728	1306	9422	0	14085

（数据来源：根据 W 省 2007 年教育财务数据库以及教育统计数据库整理计算）

《义务教育财务数据库》中，各个县市仅有教育财政经费的生均指标，《教育统计数据库》中，各个县市仅有在校生数指标。折算出各个县市的在校生数后，就计算出代表义务教育财政资源配置的各项折算经费指标。折算生均预算内教育经费的公式为：折算生均预算内教育经费=原始生均预算内教育经费 * 原始在校生数/折算在校生数。通过折算，县镇和农村的在校生数比原来增加了，导致县镇和农村的生均预算内经费缩小，这样县域内的学校预算内经费差距会比没有折算前更大。通过表 5-4 数据分析也可以发现，大部分县市的上述四项指标都缩小了。县市的纵向公平比横向公平的公平程度更加低。

表 5-4 **2007 年普通小学经费纵向分析表** （单位：元）

样本单位	生均教育经费支出		生均预算支出		生均预算事业支出		生均预算公用支出	
	原始	折算	原始	折算	原始	折算	原始	折算
1	1567	1321	1413	1191	1413	1191	249	210
2	2536	2536	2421	2421	2421	2421	387	387
3	3105	3105	2876	2876	2876	2876	419	419
4	2175	1829	1918	1612	1918	1612	474	399
5	2408	2323	2292	2211	2292	2211	334	322
6	1292	1068	1273	1052	1273	1052	296	245
7	1588	1588	1429	1429	1429	1429	283	283
8	1611	1611	1438	1438	1427	1427	189	189
9	3071	2538	2389	1974	2389	1974	177	146
10	2337	1932	2083	1722	2082	1720	370	306
11	2387	2387	2015	2015	2015	2015	371	371
12	1725	1725	1363	1363	1363	1363	146	146
13	1797	1524	1639	1390	1639	1390	339	287
14	2698	2230	2514	2078	2508	2073	314	260
15	1953	1677	1912	1642	1912	1642	242	208
16	2854	2854	2592	2592	2578	2578	420	420
17	1500	1305	1481	1288	1481	1288	378	329
18	1785	1558	1566	1367	1563	1364	191	167

（数据来源：根据 W 省 2007 年教育财务数据库以及教育统计数据库整理计算）

按照上述计算纵向公平的同样的计算方法，可以计算出 2008 年普通初中的预算教育经费支出的纵向公平分析表，按照折算过的在校生数，本章计算出各个县市普通初中的生均教育支出、生均预算经费支出、生均预算事业经费支出以及生均预算公用经费支出情况。学生经过折算，学生总数增加，导致生均各项经费支出也相对缩小。

表 5-5　　2008 年普通初中折算经费支出情况分析表

（单位：元）

县市代码	县市名称	生均教育经费支出	生均预算经费	生均预算事业经费支出	生均预算公用经费支出
1	020	2372	2186	2186	521
7	021	1722	1331	1274	396
8	022	2136	1728	1660	361
13	023	2457	2388	2273	595
19	024	3206	2284	1978	561
33	025	3051	2841	2822	976
35	026	1984	1955	1955	1095
36	019	2332	2065	2065	389
40	027	1907	1755	1638	417
42	028	2144	1985	1861	467
48	029	3637	3080	3080	545

（数据来源：根据 W 省 2008 年教育财务数据库以及教育统计数据库整理计算）

由于 2007 年普通初中的数据缺省，本章计算了 2007—2009 年三个年度折算预算内教育经费支出的差异系数、麦克伦系数和沃斯特系数。与上述横向公平的分析数据相比较，除了 2008 年，差异系数都比没有折算的差异系数要大，从麦克伦系数来看，也可以发现折算的麦克伦系数都比较偏小，尤其是 2009 年 W 省样本县域之间普通小学的麦克伦系数仅有 0. 6976，普通初中仅有 0. 7649，说明 W 省县域之间的纵向维度的财政资源配置差异较大。

表 5-6 **2007—2009 年 W 省义务教育生均预算教育经费支出纵向公平分析表**

类型	年度	N	Mean	Median	Std. Deviation	Range	Coef of Variation	Mcloone Index	Verstegen Index
普通小学	2007	6	1873.4582	1492.8361	934.18506	2436.01	0.4986	0.8414	1.6685
	2008	15	2064.8606	1813.4244	799.92449	3148.96	0.3874	0.8427	1.4544
	2009	14	2747.5506	2602.8995	1248.37089	4471.90	0.4544	0.6976	1.4136
普通初中	2007	—	—	—	—	—	—	—	
	2008	11	2146.27	2066.00	499.537	1749	0.2329	0.8478	1.4598
	2009	9	3537.7483	3153.0400	1452.5602	4668.99	0.4106	0.7649	1.5096

（注释：普通小学数据：2007 年数据折算合成 034、008、015、017、019、029；2008 年 020、021、022、023、024、008、033、078、079、025、026、019、027、028、029；2009 年 080、059、081、082、008、083、084、015、033、085、079、086、046、029）2008 年，普通初中数据折算后，仅剩下 020、021、022、023、024、025、026、019、027、028、029 共 11 个县市。2009 年，普通初中折算后仅有 9 个样本，分别是 080、081、082、008、015、085、086、046、029。）

5.2.3 县域之间义务教育财政资源配置的机会公平

义务教育经费支出的机会公平，应该采取财政中立性原则（The Notion of "Fiscal Neutrality"），即每个学生所占有公共教育资源的多少不应该与其所在学区的富裕程度呈现显著的统计相关，来衡量教育机会均衡程度（Berne、Stiefel，1984）。本章运用表征教育经费的生均预算教育经费支出指标与表征地方财富的人均财政支出，求出彼此的相关关系。如果生均预算教育经费支出与人均财政支出呈现相关，那么财政没有实现中立。两者的相关系数为正数，表明财政偏向富裕地区，经济越富裕的地区，得到了更多的教育财政经费；两者的相关系数为负数，表明财政偏向经济困难地区，经济越贫困的地区，得到了更多的教育财政经费；生均教育经费支出与人均财政支出关系为零，说明财政实现了中立。

2007—2009 年，W 省普通小学生均预算教育经费支出和人均财政支出呈正相关关系，2007年，相关系数为0.290。到了2008年，相关系数大约增加了17个百分点，2009年，相关系数下降到0.240，低于2007年的相关系数，说明三年期间，W省的普通小学的教育财政逐步走向中立。

2007—2009年，W省普通初中生均预算教育支出与人均财政支出的相关系数也呈现了与普通小学一样的发展态势，先上升后下降。2007年，相关系数为0.180。2008年，相关系数增加到0.266，到了2009年，两者不相关，普通初中的教育经费实现了财政中立。

表5-7　**2007—2009年W省义务教育生均预算教育经费支出机会公平分析表**

类型	生均预算教育经费支出		人均财政支出 2007年	人均财政支出 2008年	人均财政支出 2009年
普通小学	2007年	Pearson Correlation	.290(**)	.348(**)	.226(*)
		Sig. (2-tailed)	.007	.001	.037
		N	85	85	85
	2008年	Pearson Correlation	.340(**)	.457(**)	.348(**)
		Sig. (2-tailed)	.001	.000	.001
		N	85	85	85
	2009年	Pearson Correlation	.280(**)	.350(**)	.240(*)
		Sig. (2-tailed)	.009	.001	.027
		N	85	85	85
普通初中	2007年	Pearson Correlation	.180	.253(*)	.117
		Sig. (2-tailed)	.137	.029	.334
		N	70	74	70
	2008年	Pearson Correlation	.139	.266(*)	.149
		Sig. (2-tailed)	.252	.022	.217
	2009年	Pearson Correlation	70	74	70
		Sig. (2-tailed)	.059	.176	.022
		N	.627	.133	.856

* * Correlation is significant at the 0.01 level(2-tailed).

· Correlation is significant at the 0.05 level(2-tailed).

（数据来源：根据W省2007—2009年教育财务数据库以及教育统计数据库整理计算）

从下图可以看出，普通初中和普通小学与人均财政支出的相关系数的发展态势大致一致，开始是上升，后来下降。普通初中的相关系数要低于普通小学。W 省的普通初中大部分设立在县镇，学校之间的差异并不大，而小学为了实现就近入学，还有部分小学设立在农村，小学之间的差异较大。总体而言，W 省义务教育财政资源配置逐渐走向财政中立，普通初中的财政中立情况要优于普通小学。

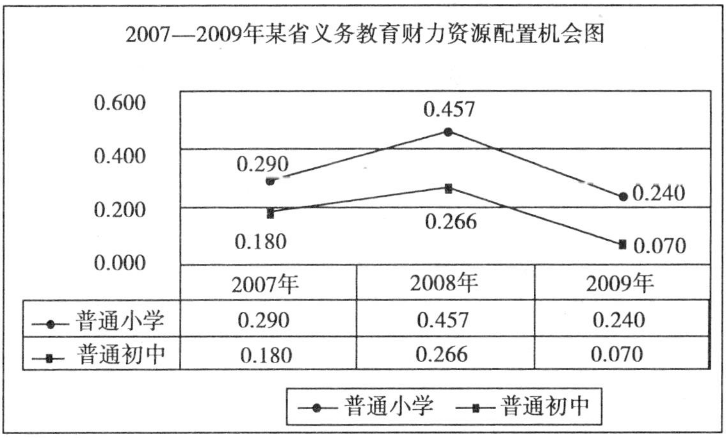

（数据来源：根据 W 省 2008 年教育财务数据库以及教育统计数据库整理计算）

5.3 县域内部义务教育财政资源配置的三种公平

5.3.1 分析单位

本章的上部分主要是以县为单位，测算出县域之间义务教育财政资源配置的公平状况，为了更好说明县域内部学校之间的义务教育财政资源配置的公平状况，就必须重新调整分析单位，就必须以每个县市的所有学校为分析单位。W 省一共有 120 个县市，12000 所义务教育学校，如果以学校为分析单位，并以学校为单位统计出计算结果，就会导致结果异常繁琐。本章的分析思路是，首先以每所学校为计算单位，计算 W 省每个县市的生均预算教育经费支出的差异系数，然后将各个县市的差异系数从小到大排序，总量的 10% 为 1 类县市，总量的 30% 为 2 类县市，总量的 50% 为 3 类县市，总量的 10% 为 4 类县市。以重新划分的县市为分析单元，然后测算这 4 类县市学校之间的财政资源配置的公平现状。

重新划分的四个类别都分别包含了多个县市，各个县市的财政能力不一致，并且师生比也不一致，因此，这种重新划分的分析单位只能测算义务教育学校财政资源配置的横向公平，难以测算义务教育财政资源配置的机会公平和横向公平。

5.3.2 县域内部普通小学财政资源配置的横向公平

(1) 划分单位

以 W 省普通小学 2007 年生均预算内教育支出为指标，计算出每个县市的差异系数。差异系数从小到大排列，差异系数取值范围为 0.0995 ~ 0.1430 的县市为第 1 类县市，差异系数取值范围为 0.1439 ~ 0.2009 的为第 2 类县市，差异系数取值范围为 0.2047 ~ 0.3624 的为第 3 类县市，差异系数取值范围为 0.3649 ~ 0.7691 的为第 4 类县市。各个县市的类别和差异系数见表 5-8：

表 5-8　**2007 年 W 省生均预算内教育经费支出分析表**

(单位：元)

县市名称	N	Mean	Median	Std. Deviation	Range	Coef of Variation	归类
030	11	1300.03	1303.22	129.42	359	0.0995	1
031	13	1993.77	2041.91	208.18	765	0.1044	1
024	9	1340.52	1369.74	146.64	473	0.1094	1
032	4	2506.95	2424.20	290.37	619	0.1159	1
028	12	1402.88	1423.74	192.68	598	0.1373	1
033	11	2009.67	2097.25	287.45	906	0.1430	1
034	11	1751.51	1741.02	251.96	832	0.1439	2

续表

县市名称	N	Mean	Median	Std. Deviation	Range	Coef of Variation	归类
035	11	3180.19	3047.84	460.53	1627	0.1448	2
036	8	4334.39	4226.89	650.92	1473	0.1502	2
037	7	3048.24	2862.94	458.58	1262	0.1504	2
038	16	1746.14	1646.65	269.23	990	0.1543	2
039	10	2442.15	2376.00	387.55	1323	0.1587	2
040	20	1919.13	1941.04	319.65	1230	0.1666	2
026	12	1608.07	1656.52	269.39	834	0.1675	2
025	11	1858.81	1847.90	324.59	1143	0.1746	2
041	11	3097.80	3080.69	560.13	1819	0.1808	2
042	12	2539.61	2373.80	466.07	1382	0.1831	2
043	13	2333.82	2282.81	427.96	1474	0.1834	2
022	8	1328.20	1346.17	243.67	686	0.1835	2
044	6	2234.93	2166.21	410.96	1146	0.1839	2
045	10	1871.33	1756.22	359.64	993	0.1922	2
046	9	2996.10	2861.92	593.40	1635	0.1981	2
017	8	1140.58	1059.20	227.59	656	0.1995	2
047	7	1608.38	1534.72	323.10	912	0.2009	2
048	18	2171.33	2100.47	444.52	1503	0.2047	3
049	15	1978.44	1927.90	419.26	1540	0.2119	3
050	3	3324.66	3527.27	722.95	1403	0.2174	3
051	8	1582.89	1543.60	347.35	1240	0.2194	3
023	25	1968.76	1937.30	432.44	1352	0.2197	3
052	10	3044.97	2989.66	671.29	2333	0.2205	3
029	13	2846.12	2691.67	644.14	2326	0.2263	3

续表

县市名称	N	Mean	Median	Std. Deviation	Range	Coef of Variation	归类
021	17	1478. 97	1433. 96	337. 57	1505	0. 2282	3
053	12	1803. 43	1644. 43	419. 47	1571	0. 2326	3
054	31	1566. 09	1557. 89	369. 65	1578	0. 2362	3
020	15	1591. 05	1549. 63	376. 85	1473	0. 2362	3
055	16	1096. 72	1099. 47	264. 83	1080	0. 2415	3
056	12	1196. 99	1170. 68	290. 67	826	0. 2428	3
057	19	1807. 08	1798. 31	438. 92	1922	0. 2429	3
058	10	3452. 15	3530. 70	856. 66	2692	0. 2482	3
059	12	1360. 30	1311. 97	338. 73	1143	0. 2490	3
015	26	1472. 17	1459. 12	374. 73	1454	0. 2545	3
060	13	2500. 20	2584. 26	639. 05	2257	0. 2556	3
061	15	1768. 60	1921. 13	463. 91	1637	0. 2623	3
019	18	1710. 11	1529. 56	461. 56	1747	0. 2699	3
062	19	1346. 12	1291. 00	374. 74	1301	0. 2784	3
063	10	2220. 42	2152. 41	618. 69	2230	0. 2786	3
064	14	2533. 41	2378. 62	730. 47	2273	0. 2883	3
065	16	2509. 17	2492. 38	750. 83	3416	0. 2992	3
066	11	3028. 84	2608. 31	912. 18	3059	0. 3012	3
027	17	2129. 11	2003. 10	656. 09	2798	0. 3077	3
067	13	1058. 74	1116. 81	336. 26	1172	0. 3167	3
068	20	2259. 00	2156. 97	732. 34	3266	0. 3242	3
069	16	1093. 75	974. 56	354. 82	1134	0. 3244	3
070	20	1396. 00	1219. 18	467. 64	1784	0. 3352	3
071	15	1361. 76	1253. 37	493. 52	2062	0. 3624	3

续表

县市名称	N	Mean	Median	Std. Deviation	Range	Coef of Variation	归类
072	18	2427.29	2240.78	886.75	3903	0.3649	4
073	9	3748.61	3517.55	1532.43	5328	0.4088	4
074	13	1261.41	1089.94	527.35	2041	0.4181	4
075	16	2450.55	2172.50	1140.42	4494	0.4654	4
076	17	1411.98	1308.14	757.31	3325	0.5363	4
077	23	1326.03	1064.77	1019.89	5147	0.7691	4

（数据来源：根据 W 省 2007 年教育财务数据库以及教育统计数据库整理计算）

2007 年，W 省普通小学划分类别的差异系数的范围、总量的比例、县市的个数以及县市的名称如表 5-9 所示：

表 5-9　　**2007 年 W 省普通小学县市分类情况分析表**

类别	差异系数范围	比例（%）	个数	县市名称
第 1 类	[0.0995, 0.1430]	10	6	030、031、024、032、028、033
第 2 类	[0.1439, 0.2009]	30	18	034、035、036、037、038、039、040、026、025、041、042、043、022、044、045、046、017、047
第 3 类	[0.2047, 0.3624]	50	31	048、049、050、051、023、052、029、021、053、054、020、055、056、057、058、059、015、060、061、019、062、063、064、065、066、027、067、068、069、070、071
第 4 类	[0.3649, 0.7691]	10	6	072、073、074、075、076、077

（2）财政资源配置的差异

按照上表重新划分的类别，分别计算出 W 省 4 种类别 2006—

2008年三个年度生均预算教育经费支出的平均值、中位数、标准差、极差、限制极差、差异系数、麦克伦系数和沃斯特系数。

表5-10 **2006—2008年W省县域内部普通小学财政资源配置分析表**

（单位：元）

年度	类别	N	Mean	Median	Std. Deviation	Range	Restricted range	Coef of Variation	Mcloone Index	Verstegen Index
2006年	1	608	1354.0854	1018.9011	912.3210	6106.6800	2733.9600	0.6738	0.7026	1.9553
	2	1379	1489.8785	1233.7181	1021.4806	12974.2900	2686.3200	0.6856	0.6996	1.7160
	3	3290	1590.6715	1306.5591	1212.6710	23616.9400	2864.3100	0.7624	0.6884	1.7465
	4	1118	736.8333	541.8614	539.3848	3293.0700	1649.8700	0.7330	0.6789	2.0370
2007年	1	60	1687.4791	1556.5604	433.6451	1834.6900	1306.6000	0.2570	0.8534	1.3162
	2	191	2241.4076	2102.6581	817.1701	4329.4700	1296.8600	0.3646	0.7676	1.3651
	3	476	1854.6100	1726.2200	760.6000	4282.0000	2512.7000	0.4101	0.7418	1.4069
	4	95	1953.9297	1514.4388	1238.9536	6800.4800	3354.8300	0.6341	0.7210	1.8655
2008年	1	65	2121.9938	2108.8800	569.8533	2359.8500	1742.9900	0.2685	0.7814	1.2312
	2	206	3101.2504	2693.5200	1547.4843	8512.3400	4760.0100	0.4990	0.7459	1.5569
	3	489	2323.6122	2136.0000	1023.6959	9044.1400	3308.5700	0.4406	0.7360	1.4401
	4	87	2087.9182	1538.2800	1206.0280	5734.0200	3300.2800	0.5776	0.7785	1.9444

（数据来源：根据W省2006—2008年教育财务数据库以及教育统计数据库整理计算；2008年普通小学4类没有073；2006年1类没有031和033；2006年2类没有039、025、087、042、045、017；2006年3类没有049、052、053、054、055、056、059、015、061、064、069、071；2006年4类没有074和076。）

（3）结论

通过下图2006—2008年4类小学的财政资源配置的差异系数、麦克伦系数以及沃斯特系数的变化趋势，可以发现以下变化规律：

首先，差异系数都呈下降趋势，说明W省学校之间财政资源配置的差异在缩小。2007年，第1类小学、第2类小学和第3类小学的差异系数都比2006年低，但是到了2008年，差异系数比上年增长。第4类小学一直处于下降趋势。

其次，麦克伦系数的变化趋势正好与差异系数相反，呈现了上升的趋势，说明W省各个县市倾斜了对薄弱学校的财政资源配置。2007年，第1类小学、第2类小学和第3类小学的麦克伦系数都比2006年高，但是到了2008年，麦克伦系数比上年下降。第4类小学一直处于上升趋势。

再次，沃斯特系数的变化趋势与差异系数趋同，呈现了下降趋势，说明W省各个县市改变了以往对优质学校的财政资源的倾斜，优质学校之间的财政资源配置差异在缩小。2007年，第2类小学、第3类小学和第4类小学的差异系数都比2006年低，但是到了2008年，差异系数比上年增长。第1类小学一直处于下降趋势。

最后，W省各个县市都2007年以来，财政资源配置都加大对薄弱学校的倾斜，减少了以往对优质学校的偏爱。同时，第4类学校财政资源配置差异较大，与其他3类学校比较，更加重视对薄弱学校的财政配置倾斜。第1类学校财政资源配置差异较小，与其他3类学校比较，更加重视对优质学校的财政资源配置的均衡。

本章可以得出各个县市推行义务教育财政资源配置均衡进程中的路径，财政资源配置差异较大的县市更加重视对薄弱学校的扶持，正所谓"低位均衡"，当发展到一定程度，财政资源配置差异较小的县市，就会重视对优质学校的扶持，正所谓"高位均衡"。各个县市遵循着"高位均衡"到"低位均衡"路径行进。

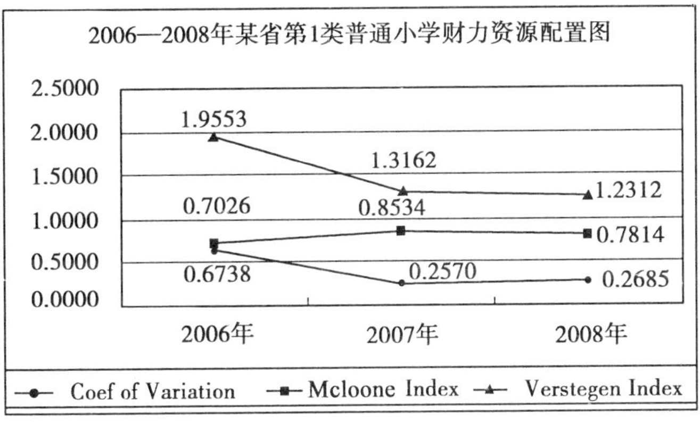

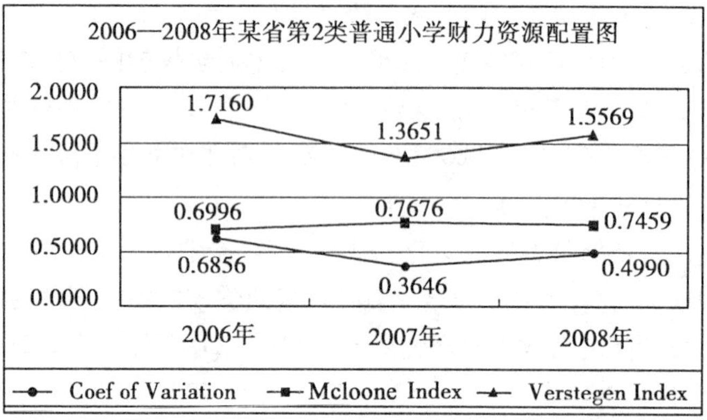
2006—2008年某省第2类普通小学财力资源配置图
2.0000
1.5000
1.0000
0.5000
0.0000
1.7160
1.3651
1.5569
0.6996
0.7676
0.7459
0.6856
0.3646
0.4990
2006年
2007年
2008年
Coef of Variation
Mcloone Index
Verstegen Index

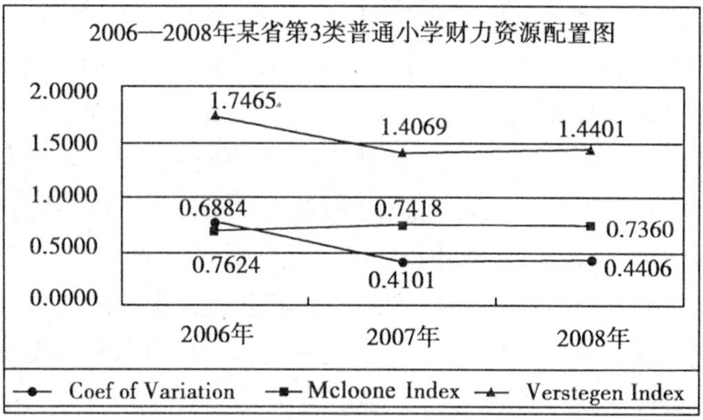
2006—2008年某省第3类普通小学财力资源配置图
2.0000
1.5000
1.0000
0.5000
0.0000
1.7465
1.4069
1.4401
0.6884
0.7418
0.7360
0.7624
0.4101
0.4406
2006年
2007年
2008年
Coef of Variation
Mcloone Index
Verstegen Index

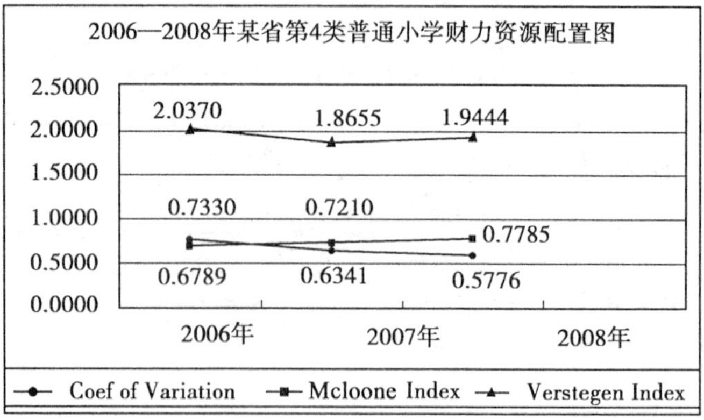
2006—2008年某省第4类普通小学财力资源配置图
2.5000
2.0000
1.5000
1.0000
0.5000
0.0000
2.0370
1.8655
1.9444
0.7330
0.7210
0.7785
0.6789
0.6341
0.5776
2006年
2007年
2008年
Coef of Variation
Mcloone Index
Verstegen Index

5.3.3 县域内部普通初中财政资源配置的横向公平

(1) 划分单位

与普通小学划分方法类似，以 W 省普通初中 2007 年生均预算内教育支出为指标，计算出每个县市的差异系数。差异系数从小到大排列，差异系数取值范围为 0.0901 ~ 0.1416 的为第 1 类县市，差异系数取值范围为 0.1427 ~ 0.2111 的为第 2 类县市，差异系数取值范围为 0.2166 ~ 0.3759 的为第 3 类县市，差异系数取值范围为 0.3807 ~ 0.5227 的为第 4 类县市。

表 5-11 **2007 年 W 省普通初中县市分类**

（单位：元）

县市名称	N	Mean	Median	Std. Deviation	Range	Coef of Variation	归类
020	15	2130.0435	2170.8959	398.42655	1216.44	0.1871	2
042	12	2796.2872	2742.3173	456.42317	1641.87	0.1632	2
035	11	2530.4493	2531.1475	406.66137	1429.23	0.1607	2
034	11	4646.3013	4549.2730	759.74567	2849.25	0.1636	2
064	15	2461.4807	2406.3707	427.83530	1431.15	0.1738	2
059	12	1858.9755	1833.8893	224.31312	686.41	0.1207	1
021	17	1486.9928	1353.5311	419.36625	1711.65	0.2822	3
022	9	1482.9784	1479.6523	210.03560	706.23	0.1416	2
037	7	3971.8236	4166.6667	812.48955	2417.68	0.2046	2
031	28	2003.3515	1944.6321	420.50762	1964.49	0.2099	2
032	4	3186.7780	3083.5701	1197.77707	2694.60	0.3759	3
070	19	1694.9958	1516.6812	497.00153	1962.74	0.2932	3
038	16	2070.9899	1717.5678	1082.42736	4539.61	0.5227	4
060	12	3056.8954	2731.5688	1166.94140	4406.32	0.3815	4

续表

县市名称	N	Mean	Median	Std. Deviation	Range	Coef of Variation	归类
023	25	2266. 5578	2234. 1904	522. 34622	2306. 31	0. 2305	3
039	36	2059. 3303	2039. 4007	521. 44663	2288. 78	0. 2532	3
043	12	2243. 0648	2166. 2599	536. 18071	1893. 48	0. 2390	3
062	19	1869. 2856	1779. 3511	604. 39691	3053. 98	0. 3233	3
061	13	1747. 6110	1740. 6565	440. 10185	1417. 11	0. 2518	3
055	16	2114. 6261	2066. 0925	519. 88707	2257. 09	0. 2459	3
051	8	2073. 9551	2046. 8284	746. 25670	2266. 39	0. 3593	3
077	23	1596. 7495	1536. 8696	399. 82281	1974. 41	0. 2506	3
045	10	3587. 3269	3592. 1480	444. 53466	1429. 84	0. 1239	1
024	11	1818. 6194	1823. 7861	460. 56899	1419. 10	0. 2533	3
063	9	2522. 3036	2422. 6306	842. 11541	3117. 66	0. 3339	3
047	9	2469. 6955	2464. 9533	892. 23991	2297. 60	0. 3613	3
056	12	2127. 4409	2042. 363	628. 57385	1983. 18	0. 2955	3
076	17	1792. 8843	1780. 9331	326. 47698	1433. 50	0. 1821	2
066	11	2081. 4845	2034. 1698	574. 19971	2142. 67	0. 2759	3
069	16	1736. 2136	1731. 9843	409. 02887	1786. 51	0. 2356	3
044	5	2430. 8173	2721. 0797	691. 72638	1576. 58	0. 2846	3
067	12	1567. 8236	1518. 5062	266. 44784	723. 44	0. 1693	2
075	16	2860. 2857	2427. 3576	1459. 75542	6058. 34	0. 5104	4
033	11	2041. 5862	2106. 2053	312. 46630	846. 06	0. 1531	2
074	12	1821. 3581	1700. 9837	333. 00315	1156. 41	0. 1828	2
030	10	1506. 0031	1474. 8196	326. 02874	971. 78	0. 2166	3
052	9	3630. 6534	3618. 8341	906. 30216	3130. 18	0. 2493	3
017	7	2316. 0106	2272. 9149	556. 93796	1613. 37	0. 2400	3

续表

县市名称	N	Mean	Median	Std. Deviation	Range	Coef of Variation	归类
071	14	1456. 0782	1336. 7388	531. 47787	2089. 13	0. 3653	3
025	11	2698. 267	2566. 5742	836. 17749	2906. 24	0. 3095	3
065	18	2248. 8953	2038. 4495	1050. 16066	4664. 79	0. 4670	4
026	12	1732. 9565	1636. 5799	304. 09165	956. 21	0. 1755	2
019	13	1810. 9361	1848. 6772	258. 48752	826. 80	0. 1427	2
036	8	4382. 0122	4242. 9899	691. 30255	2076. 69	0. 1578	2
050	12	3577. 6288	3380. 8567	687. 13374	2589. 03	0. 1921	2
041	9	3407. 2184	3454. 4892	751. 26976	1946. 11	0. 2205	3
058	9	3523. 8428	3461. 5657	317. 52659	836. 41	0. 0901	1
027	17	2262. 0183	2126. 2570	861. 12140	3686. 46	0. 3807	4
053	10	2016. 6404	2031. 9988	426. 56685	1360. 44	0. 2111	2
088	7	3729. 0119	3426. 5306	941. 51528	2606. 70	0. 2525	3
028	12	1552. 4250	1491. 4367	363. 43073	1272. 78	0. 2341	3
072	16	1671. 3580	1641. 4104	207. 81746	732. 55	0. 1243	1
068	20	2428. 3297	2361. 3342	668. 55287	2954. 29	0. 2753	3
048	17	3021. 6453	2436. 1878	1119. 0964	4589. 76	0. 3704	3
054	28	1896. 4700	1850. 0170	470. 15070	2286. 24	0. 2480	3
046	9	3196. 6664	3299. 3516	307. 58185	933. 27	0. 0962	1
040	19	2344. 2544	2351. 9695	542. 33755	2501. 27	0. 2313	3
057	17	1436. 3353	1474. 2917	259. 19662	808. 43	0. 1805	2
029	12	3301. 7916	3351. 9010	603. 93589	2391. 49	0. 1829	2

（数据来源：根据 W 省 2006—2008 年教育财务数据库以及教育统计数据库整理计算；2008 年普通小学 4 类没有 073；2006 年 1 类没有 031 和 033；2006 年 2 类没有 039、025、087、042、045、017；2006 年 3 类没有 049、052、053、054、055、056、059、015、061、064、069、071；2006 年 4 类没有 074 和 076。）

2007 年，W 省普通初中划分类别的差异系数的范围、总量的比例、县市的个数以及县市的名称如表 5-12 所示：

表 5-12　　2007 年 W 省普通初中县市分类情况分析表

类别	差异系数范围	比例（%）	个数	县市名称
第 1 类	【0.0901，0.1416】	10	6	058、046、059、045、072、022
第 2 类	【0.1427，0.2111】	30	18	019、033、036、035、042、034、067、064、026、057、076、074、029、020、050、037、031、053
第 3 类	【0.2166，0.3759】	50	30	030、041、023、040、028、069、043、017、055、054、052、077、061、088、039、024、068、066、021、044、070、056、025、062、063、051、047、071、048、032
第 4 类	【0.3807，0.5227】	10	5	027、060、065、075、038

（2）教育财政资源配置的差异

按照上表重新划分的类别，分别计算出 W 省 4 种类别 2006—2008 年三个年度的平均值、中位数、标准差、极差、限制极差、差异系数、麦克伦系数和沃斯特系数，如表 5-13 所示。

（3）普通初中财政资源配置横向公平的现状

通过下图 2006—2008 年 4 类普通初中的财政资源配置的差异系数、麦克伦系数以及沃斯特系数的变化趋势，可以发现以下变化规律：

表 5-13　**2006—2008 年 W 省县域内部普通初中财政资源配置分析表**

（单位：元）

年度	类别	N	Mean	Median	Std. Deviation	Range	Restricted range	Coef of Variation	Mcloone Index	Verstegen Index
2006年	1	38	2006.68	1853.69	710.08	3411.62	1823.25	0.3539	0.8415	1.3256
	2	195	1959.30	1616.99	1267.34	6191.21	3784.78	0.6468	0.5953	1.8303
	3	438	1606.17	1366.82	926.51	7802.93	2629.79	0.5772	0.7370	1.6134
	4	85	1983.37	1808.49	986.93	5879.33	2606.70	0.4976	0.7627	1.4330
2007年	1	65	2442.23	1986.78	931.38	3277.00	2539.14	0.3814	0.8151	1.6505
	2	235	2406.90	2108.77	992.08	5161.05	3170.54	0.4124	0.7964	1.4866
	3	428	2134.40	1964.27	794.08	5536.07	2444.71	0.3720	0.7930	1.3802
	4	79	2462.10	2150.00	1164.75	7291.96	3549.30	0.3720	0.8262	1.4678
2008年	1	69	3689.09	3567.83	1256.18	7498.28	3188.97	0.3402	0.7552	1.3138
	2	235	3583.93	3250.19	1499.94	12561.36	3976.60	0.4185	0.7780	1.4453
	3	414	3104.58	2770.02	1407.08	13556.16	3776.38	0.4532	0.7781	1.4635
	4	70	3433.11	3091.08	1612.48	9228.31	3654.74	0.4697	0.7693	1.4520

（数据来源：根据 W 省 2006—2008 年教育财务数据库以及教育统计数据库整理计算；注释说明：2006 年 1 类没有 058、059、072；2 类没有 033、042、064、076、074、031、053；3 类没有 069、017、055、054、061、039、056、025、071。）

首先，除了第 1 类普通初中以外，其他三类普通初中的差异系数都呈现先下降后上升的趋势，2008 年的上升值低于 2006 年。第 1 类普通初中的差异系数呈现先上升后下降的趋势，2007 年虽然比上年上升，但是仍低于其他三类普通初中三年的差异系数值，该类普通初中的差异系数三年内都低于其他类别的学校。总之，W 省各个县市都比较重视公平配置财政资源，注重对薄弱学校的倾斜。

其次，除了第1类普通初中以外，其他三类普通初中麦克伦系数都呈现上升和下降的趋势，2008年的下降值低于2006年。说明W省各个县市普通初中财政资源配置倾向公平。第1类普通初中的麦克伦系数一直处于下降趋势，三年的均值为0.8039，高于其他三类学校的均值。

再次，4类普通初中的沃斯特系数变化没有呈现一致的变化趋势，但是普通初中的沃斯特系数变化呈现了普通小学一样的规律。差异系数比较小的第1类和第2类普通初中的沃斯特系数呈现了下降趋势，这些县市的财政资源配置也由“低位均衡”向“高位均衡”迈进，第3类和第4类普通初中的沃斯特系数呈现了上升趋势，这说明这两类县市把财政集中到优质学校中，这也正好说明这两类普通初中的差异系数为何在增长。

最后，2007年，除了差异系数比较小的县市外，其他三类县市都比较注重对薄弱学校的财政配置倾斜，但是到了2008年，这些县市的差异系数和沃斯特系数都呈现了上升趋势，第3类和第4类县市都弱化了对薄弱学校的财政倾斜，而重视了对优质学校的财政支持，与W省的义务教育均衡政策相违背。第1类和第2类普通初中已经从“低位均衡”到“高位均衡”迈进。

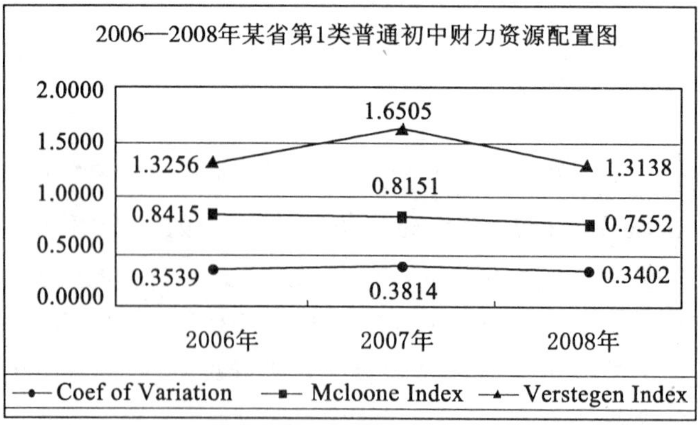

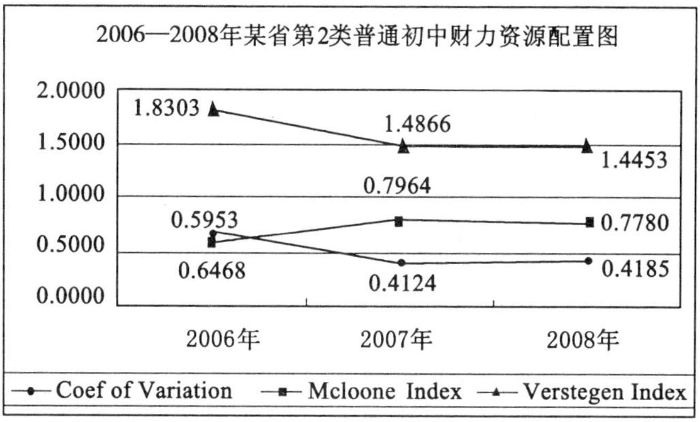
2006—2008年某省第2类普通初中财力资源配置图
2.0000
1.5000
1.0000
0.5000
0.0000
1.8303
1.4866
1.4453
0.7964
0.5953
0.7780
0.6468
0.4124
0.4185
2006年
2007年
2008年
Coef of Variation
Mcloone Index
Verstegen Index

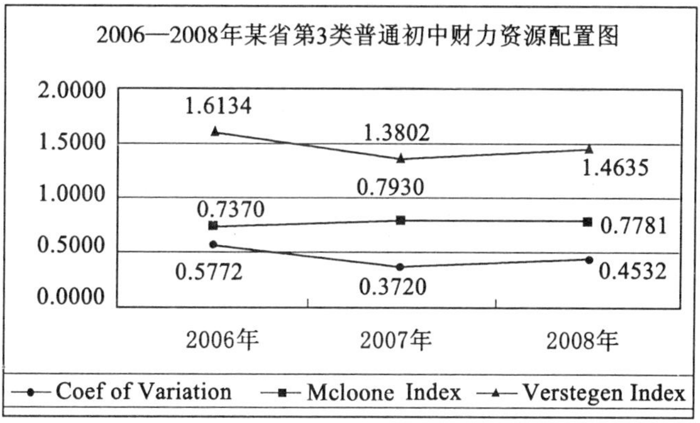
2006—2008年某省第3类普通初中财力资源配置图
2.0000
1.5000
1.0000
0.5000
0.0000
1.6134
1.3802
1.4635
0.7930
0.7370
0.7781
0.5772
0.3720
0.4532
2006年
2007年
2008年
Coef of Variation
Mcloone Index
Verstegen Index

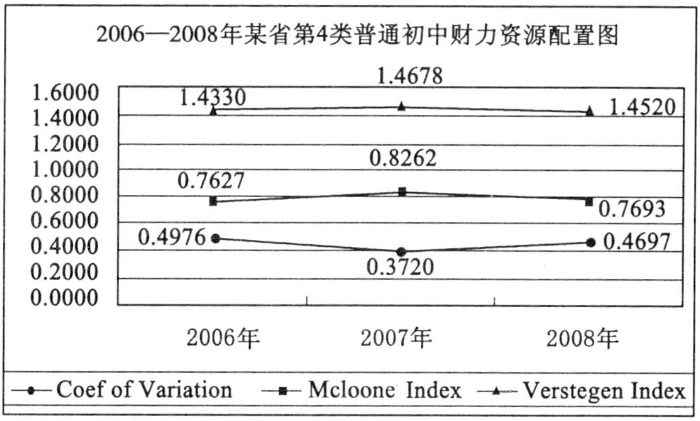
2006—2008年某省第4类普通初中财力资源配置图
1.6000
1.4000
1.2000
1.0000
0.8000
0.6000
0.4000
0.2000
0.0000
1.4678
1.4330
1.4520
0.8262
0.7627
0.7693
0.4976
0.4697
0.3720
2006年
2007年
2008年
Coef of Variation
Mcloone Index
Verstegen Index

5.4 实施义务教育财政资源配置新标准的政策建议

上文是从县域之间以及县域内部的角度，分析得出义务教育财政资源配置的现状，这种分析可能会犯以偏概全和管中窥豹的错误。要想分析义务教育财政资源配置的现状，还必须从义务教育总体来对上文的结论进行归纳和总结。只有这样，才能解释 W 省某些县市的普通初中的差异系数呈现了增长趋势，而普通小学的差异系数却呈现了下降趋势的现象。

从学段上看，本书通过数据分析可以得出，无论从县域之间还是从县域内部分析，无论是从横向公平还是从机会公平分析，普通初中的财政资源配置比普通小学更为公平。这与其他学者如潘天舒①、钟宇平等学者运用本书不同的分析方法得出结论的相同。钟宇平学者从普通小学和普通初中的财政分担体制角度，提出普通小学是由经济能力最为薄弱的农村兴办，初中由乡镇兴办，乡镇在集中财政优先满足初中经费后，才顾及小学经费投入。②《新机制》后，虽然农村不再有兴办小学的经费责任，但是历史遗留对当前普通初中和普通小学的差距仍然有影响。同时，普通小学的支出差距大于普通初中，还与学校布局设置有关，普通初中一般设立在乡镇及县城，普通小学的布局较为广泛，部分县市为了方便当地子女就近入学，保留了很多教学点和规模比较小的农村小学。为了保障农村学校的正常运转，规模小的农村学校的生均预算公用经费就要高于规模大的学校，这样也会加剧普通小学之间的经费支出差距。

从公平维度上看，县域之间的横向公平比纵向公平更倾向公平。义务教育学校财政资源纵向公平的计算，由于受到数据库编码不一致以及数据不足的影响，本章没有计算更多县市的学校财政配

---

① 潘天舒．我国县级义务教育投资的地区差异及其影响因素分析［J］．教育与经济，2000（4）：36-40.

② 钟宇平，雷万鹏．公平视野下中国基础教育财政政策［J］．教育与经济，2002（1）：5.

置的纵向公平程度。通过有限县市的测算，除了2008年，差异系数都比没有折算的差异系数要大，从麦克伦系数来看，也可以发现折算的麦克伦系数都比较偏小。本章仍然可以得出结论，即W省县域之间义务教育学校之间财政资源配置的纵向维度，学校差异较大。较之横向公平，纵向维度显得不公平。

从实现公平路径来看，各个县市基本都遵循从“低位均衡”到“高位均衡”的路径行进。通过县域之间以及县域内部义务教育财政预算内教育经费支出的各项指标分析，本章可以得出各个县市推行财政资源配置均衡进程中的路径，财政资源配置差异较大的县市更加重视对薄弱学校的扶持，追求“低位均衡”。在“低位均衡”状态中，县域内部学校之间生均教育财政预算内支出水平比较低，但学校之间的财政资源配置比较均衡，通俗说就是一样穷。当差异缩小到一定程度，财政资源配置差异较小的县市，就会重视对优质学校的扶持，追求“高位均衡”。在“高位均衡”状态中，县域内部学校之间生均教育财政预算内支出水平比较高，财政资源配置也比较均衡，通俗说就是一样富。W省大多数县市都是按照“低位均衡”到“高位均衡”路径推进义务教育均衡，实现财政资源配置的公平。

本书通过W省义务教育财政资源配置的数据分析，可以透视义务教育财政资源配置标准的问题。如普通小学义务教育财政资源配置比普通初中更为不公平，纵向公平比横向公平以及机会公平更为不公平，教育财政相对充足的县市比教育财政相对贫乏的县市更为不公平。美国具备较为完善和行之有效的义务教育财政资源配置模型，因为我国经济发展整体水平有限以及各个县市经济发展水平差异较大，鉴于我国财权和事权不对称的事实，尚不能完全照搬国外配置模型，要建立完善的财政资源配置模型，笔者力所不能及。基于上文的数据分析，笔者避免宏观的夸夸其谈，基于省域内的义务教育公平，提出建构新的义务教育财政资源配置标准的政策建议：

第一，按照罗尔斯正义论的财政中立原则，完善财政转移制度。财政中立就是让每个学生所占有公共教育资源的多少不应该与其所在学区的富裕程度呈现显著的统计相关。《农村义务教育经费保障新机制改革》政策，建立了中央和地方分项目、按比例承担农村义务教育经费的机制。中央重点支持中西部地区以及东部比较困难的地区，提高了义务教育经费承担的政府层次。该政策有效缓解了农村义务教育经费紧张的问题，有很多研究也证实了它缩小了城乡教育经费的差距，促进了义务教育均衡发展①。尽管如此，各个省份的财政能力有限，省域内学校之间的差距仍然存在。在上文分析中可以看出，W 省普通小学的生均预算教育支出和人家财政支出呈现正相关关系，相关关系在三年期间呈现了下降趋势。普通初中生均预算教育支出与人均财政支出的相关系数也呈现了与普通小学一样的发展态势，先上升后下降，到了 2009 年，两者不相关。可见，W 省的义务教育财政在逐步走向财政中立，义务教育均衡取得了一些成效。但是，除了普通初中 2009 年外，W 省义务教育的生均预算教育支出与人均财政支出在三个年度都呈现了相关，也就是 W 省在省域内教育财政没有做到中立。经济发达的县市，学校可以获得较充足的经费；经济困难的县市，学校的经费比较紧张。为了让贫困地区的学校，获得充足的教育经费，不受本地财政水平的限制，中央和省级政府就需要加大转移支付制度，加大对贫困地区的财政支持力度，弥补以前发展的差距，促进义务教育财政资源的均衡配置。

第二，在义务教育不同类型中，更加重视对普通小学的财政投入。从收益率来看，初等教育的收益率要高于中等教育，中等教育的收益率要高于高等教育。根据收益原则，教育资源的配置应该按照初等教育、中等教育和高等教育的顺序依次满足。从公共性来看，初等教育的公共性要高于中等教育，中等教育的公共性要高于高等教育。根据公共性原则，教育资源的配置也应该按照初等教育、中等教育和高等教育的顺序依次满足。然而，我国教育财政投入体制没有体现这点。此外，小学教育与中学教育对比的结果更值

① 范先佐，付卫东．农村义务教育新机制：成效、问题及对策［J］．华中师范大学学报（人文社会科学版），2009（4）：110-120.

得深思。不仅普通小学学校之间，而且普通小学和普通初中之间，也存在着资源配置差异。“随着地方政府支出权力的扩大，本已不多的教育资源被更多地分配到了中学教育，而更基础的小学教育却被忽视，这是由小学教育更强的外部性和中学升学率压力所造成。”① 从W省义务教育财政资源配置的分析来看，横向公平、纵向公平以及财政中立三个公平维度，普通小学与普通初中相比，公平程度要逊色许多。普通小学存在着布局分散、班额偏小等问题，农村普通小学的问题更加严重。为了保障学校规模偏小的农村小学正常教学，生均预算内经费需要更高的额度。另外，普通小学是义务教育的根基，直接关系着公共教育的公平，直接影响到民众对公平的认知。为了弥补普通小学之间、普通小学与普通初中学校之间的财政资源配置的差异，避免适龄儿童输在起跑线上，各级政府就应该采取罗尔斯“反向歧视”原则，加大对普通小学尤其是农村小学的财政经费投入，逐渐缩小差异。

第三，在义务教育学校不同地域中，加大对城镇和农村义务教育学校的财政投入。罗尔斯正义论中的差异原则等同于于纵向公平，即处于不同处境的人应受到不相同的待遇，弱势群体可以得到更多的补偿。纵向公平的计算是给具有特殊需要的学生数进行加权，然后将加权的学生数与将横向公平分析的结果加以比较。从W省义务教育财政资源配置的分析来看，纵向公平比横向公平的公平程度要低。这主要是因为纵向公平的计算是将农村学校在校生数进行了折算，折算后的在校生数增大，在教育财政经费不变的情况下，折算后的生均教育财政经费必然会减少。加上我国历史上长期存在着的“城市教育城市办，农村教育办”的办学思维，导致我国农村教育发展基础薄弱，城乡教育发展差距较大。要缩小城乡教育发展的差距，需要政府在配置财政资源时，坚持反向歧视。如果政府对农村义务教育实行了反向歧视原则，给予农村学校更多的经费，那么纵向公平就会比横向公平更为公平。如果政府实行正向

---

① 罗伟卿．财政分权是否影响了公共教育供给——基于理论模型与地级面板数据的研究［J］．财经研究，2010（11）：48-49.

歧视原则，给予城市学校更多的经费，那么纵向公平就比横向公平更为不公平。只有当农村学校得到更多的教育财政经费，纵向公平才能实现。因此，W省在将来义务教育财政资源配置中，应该加大对农村学校的扶持，给予更多的经费，逐步缩小农村学校和城市学校的财政经费的差异，实现纵向公平。

第四，在推行义务教育均衡进程中，政府应该遵循“低位均衡”到“高位均衡”的发展路径。一个县市是否推行义务教育均衡发展，与政府的价值观有关。当政府坚持公平的价值观，必定会推行义务教育均衡发展。当政府坚持效率的价值观，必定还沿袭以前发展优质教育的思路。在公平已经成为政府公认的价值观时候，推行义务教育均衡发展也就成为实现公平的一致举措。一个县市的义务教育均衡发展到何种程度，与该县市的财政水平发展息息相关。当一个县市的经济还处于较低层次时，就只能推行“低位均衡”，保障每所学校最低办学条件，否则，财政能力供给不足。当一个县市的经济发展水平较高，可以推行“高位均衡”，为学校提供更好的办学条件，甚至可以按照学校发展的需求来配置财政资源。从W省义务教育财政资源配置的分析来看，大多数县市教育财政资源配置遵循了“低位均衡”到“高位均衡”的发展思路。因此，政府在推进义务教育均衡过程中，基于财政和学校公平发展状况，可以首先着手推行“低位均衡”，保障所有义务学校最低办学标准，让所有孩子享受到最低标准的义务教育质量。在此基础上，再推行“高位均衡”，保障优质学校的办学条件均衡，满足民众对个性化教育的需求。

6 差异原则：义务教育学校教师资源配置标准及其重构

为了推进义务教育均衡发展，实现教育公平，就要使资源得到均衡配置。教师资源配置是资源配置的核心，是实现教育公平的重要保障。最近几年，薄弱学校的硬件条件发生了日新月异的变化，学校之间硬件条件差异日益缩小，但是学校质量的差异依然存在，学生择校的现象依然屡禁不止。认真反思学生择校现象背后的根源，主要是源于学校之间的教师质量差异较大。城区优质学校，积聚了大量优质教师，农村薄弱学校，优质教师较少，优质教师流失也较为严重。提高教师素质和缩小学校之间教师质量差异，是个长期工程，不可能一蹴而就。相对而言，解决学校之间教师数量配置的差异就显得容易一些。本章从现实出发，仅就教师的数量配置标准进行研究，教师质量维度暂且不论。

6.1 数据来源及研究目的

本章数据分析单位和数据处理原则与上章相同，此章就不赘述。

6.1.1 数据来源

本章按照 W 省《中小学机构编制管理暂行规定》文件中有关班额以及师生比的规定，根据 W 省 2008 年《教育统计数据库》中提供的数据，计算出每所义务教育学校的教职工以及专任教师超（缺）编情况，并汇总各地市州所有义务教育学校的教职工以及专任教师超（缺）编数。比较不同城乡、不同农村地域的义务教育学校的专任教师和教职工超（缺）编情况，揭示出现有教师资源配置标准的不足。根据罗尔斯正义论的差异原则，构建出新的义务教育教师资源配置标准的模型。依据新的标准，再次计算每所义务教育学校的教职工以及专任教师超（缺）编情况，并汇总各地市州所有义务教育学校的教职工以及专任教师超（缺）编数，验证新的义务教育教师资源配置标准的有效性。

6.1.2 研究目的

本研究数据来源于W省2008年教育厅《教育统计数据库》中提供的有关各地市州所有义务教育阶段的分城乡的学校数、在校生数、班级数、教职工数和专任教师数。

6.1.3 数据分析方法

本章数据分析方法较为简单，都是计算的绝对数。根据国家和W省的师生比文件，计算W省每所义务教育学校应该配置的教职工数以及专任教师数，然后计算应该配置和现有配置的差额，最后建构新的教师资源配置标准。

6.2 当前义务教育教师资源配置标准的现状[①]

6.2.1 当前义务教育教师资源配置标准

W省当前义务教育教师资源配置标准是根据国家或本省的教师编制标准确定的。中小学教职工编制通常区分为高中、初中、小学等不同教育层次和城市、县镇、农村等不同地域，按照在校生数的一定比例核定。2001年，中央编办、教育部、财政部《关于制定中小学教职工编制标准的意见》（国办发［2001］74号）的附表中，提出了中小学教职工的编制标准，简称“国颁标准”。

① 张传萍. 普通小学教师资源配置标准研究——以湖北省为例［J］. 教育与经济，2011（1）：10-15.

表 6-1　　中小学教职工编制的“国颁标准”

学校类别		教职工与学生比
高中	城市	1∶12.5
	县镇	1∶13
	农村	1∶13.5
初中	城市	1∶13.5
	县镇	1∶16
	农村	1∶18
小学	城市	1∶19
	县镇	1∶21
	农村	1∶23

注：1. “城市”指省辖市以上大中城市市区；2. “县镇”指县（市）政府所在地城区。

通过上述“国颁标准”可以看出，国家根据教育的不同类别与不同地域，配置教师有所差异。对于普通初中学校，城市教师负担的学生数要少于县镇教师，县镇教师负担的学生数要少于农村教师。对于普通小学，呈现与普通初中一样的规律，城市教师负担的学生数要少于县镇教师，县镇教师负担的学生数要少于农村教师。罗尔斯正义论的差异原则是向薄弱地区和弱势群体配置更多的资源，在义务教育学校中，农村针对城市和县镇而言就是薄弱地区，按照罗尔斯正义论的差异原则，教师配置标准应该给农村学校配置更多的教师。“国颁标准”体现出的是对城市和县镇配置更多的教师，这种差异体现的是对优势群体的特殊照顾，与罗尔斯正义论的差别原则背道而驰。

2001 年，W 省人民政府办公厅发布《中小学机构编制管理暂行规定》，提出了 W 省中小学教职工和专任教师的配置标准，简称“省颁标准”，规定“各县（市）对山区、湖区等偏远地区的小学可从实际出发适当增配教职工编制”，但并没有和“国颁标准”一样区分城市、县镇、农村等不同地域。

表 6-2　W 省中小学教职工定编标准（“省颁标准”）

	班平学生数	专任教师与学生比	教职工与学生比
小　学	40	1∶23.8	1∶21.6
初　中	45	1∶19.3	1∶16.8
高　中	45	1∶15.8	1∶13.8

通过上述“省颁标准”可以看出，W 省财政能力有限，缩减了“国颁标准”的教师编制。按照“省颁标准”，各类教育除了农村教育外，城市和县镇学校都比“国颁标准”配置更少的教师。“省颁标准”改变了“国颁标准”向城市学校配置更多教师的做法，只区分了学校类别，并没有区分地域，将所有地域一视同仁地配置教师，这是一种进步。另外，仅从农村义务教育学校来看，农村普通小学的“国颁标准”，一个教师需要负担 23 个学生，而农村普通小学“省颁标准”中，一个教师只需要负担 21.6 个学生。普通初中的“国颁标准”，农村初中需要负担 18 个学生，而农村普通初中“省颁标准”中，一个老师只需要负担 16.8 个学生。可见，W 省的“省颁标准”与“国颁标准”相比较，农村学校可以配置更多的教师。按照同样的比较方法，W 省的城市学校和县镇教师只能配置较少的教师。因此，W 省的“省颁标准”体现了罗尔斯正义论中的差异原则，给薄弱学校配置更多的教师。

6.2.2　义务教育学校分城乡专任教师超（缺）编情况

按照 W 省“省颁标准”，计算出 W 省 120 个县市分城乡每所普通小学的专任教师的超（缺）编情况，然后汇总 W 省 17 个地市州分城乡小学教师超（缺）编数。超（缺）编的具体算法公式为：小学专任教师超（缺）编数 = 现有专任教师数 − 在校生数/23.8，其中 23.8 指的是一个专任教师负担的在校生数，是 W 省规定的专任教师与学生的比例。在校生数/23.8 意指政府应该给每所学校配置的教职工数。通过计算，W 省 17 个地市州普通小学专任教师超（缺）编的结果如表 6-3 所示：

表 6-3　　2008 年 W 省普通小学专任教师超（缺）编数

（单位：人）

市（州）	在校生人数				专任教师人数				省标测算超/缺编			
	计	城市	县镇	农村	计	城市	县镇	农村	计	城市	县镇	农村
1	404064	324514	16781	62769	28112	20743	1358	6011	11135	7109	652	3374
2	224314	32814	44220	147280	10017	1996	2469	5552	592	617	611	-636
2	194276	50739	26959	116578	15080	3029	1855	10196	6918	897	723	5298
4	165916	34518	40940	90458	11170	1756	2225	7189	4198	305	504	3389
5	321029	95429	45068	180532	23019	4959	2689	15371	9529	948	796	7785
6	65937	22181	0	43756	4878	1468	0	3410	2107	536	0	1571
7	129584	25572	11393	92619	9284	1464	776	7044	3840	390	297	3153
8	290920	38272	69297	183351	19220	1971	4086	13163	6994	362	1173	5459
9	354370	33782	130604	189984	16066	1639	6308	8119	1178	219	821	138
10	506611	31157	66317	409137	22789	1673	3052	18064	1501	363	265	873
11	191623	3604	36420	151599	9471	156	1599	7716	1420	5	69	1346
12	131761	0	45448	86313	6977	0	2192	4785	1441	0	282	1159
13	224323	16312	49673	158338	14507	888	2682	10937	5082	202	595	4285
14	71031	0	43854	27177	3882	0	2168	1714	897	0	325	572
15	54240	0	17782	36458	3780	0	1112	2668	1501	0	365	1136
16	72942	11501	25735	35706	2739	671	1004	1064	-325	188	-77	-436
17	2979	0	1329	1650	365	0	78	287	240	0	22	218
合计	3405920	720395	671820	2013705	201356	42413	35653	123290	58248	12141	7423	38684

注：数据来源于 W 省教育厅 2008 年教育统计年鉴数据库

按照普通小学教师专任教师超（缺）编计算的方法，同样计算出 W 省 120 个县市分城乡每所普通初中的专任教师的超（缺）编情况，然后汇总 W 省 17 个地市州分城乡普通初中教师超（缺）编数。超（缺）编的具体算法公式为：普通初中专任教师超（缺）

编数=现有专任教师数-在校生数/19.3，其中19.3指的是一个专任教师负担的在校生数，是W省规定的专任教师与学生的比例。在校生数/19.3意指政府应该给每所学校配置的教职工数。W省17个地市州普通初中专任教师超（缺）编的结果如表6-4所示：

表6-4　**2008年W省普通初中专任教师超（缺）编数**

（单位：人）

市(州)	在校生人数				专任教师人数				省标测算超/缺编			
	计	城市	县镇	农村	计	城市	县镇	农村	计	城市	县镇	农村
1	288700	225296	27369	36035	21337	16552	1924	2861	6377	4878	506	993
2	150888	25565	68551	56772	7401	1397	3220	2784	-417	72	-331	-158
2	164216	29644	19387	115185	11082	2082	1176	7824	2571	545	171	1855
4	120784	21088	31551	68145	9137	1490	2171	5476	2878	397	536	1945
5	221013	55209	46805	118999	16308	3575	3854	8879	4856	713	1429	2714
6	51742	14941	0	36801	3356	956	0	2400	675	182	0	493
7	98806	23119	8174	67513	7722	1379	666	5677	2602	181	242	2179
8	268353	40642	112412	115299	15293	2102	6604	6587	1388	-4	780	612
9	256997	26141	161461	69395	16374	1530	10414	4430	3060	176	2048	836
10	400606	29717	72848	298041	20738	1809	4038	14891	-20	270	262	-552
11	153695	2534	40951	110210	8552	147	2164	6241	589	16	42	531
12	109727	242	54669	54816	6979	18	3226	3735	1293	5	394	894
13	161576	12518	56873	92185	8367	766	2951	4650	-4	117	5	-126
14	61601	0	60557	1044	4302	0	4223	79	1110	0	1085	25
15	43565	0	13011	30554	3156	0	931	2225	899	0	257	642
16	57626	8814	45565	3247	3368	684	2551	133	382	227	190	-35
17	2560	0	1086	1474	194	0	65	129	62	0	9	53
合计	2612455	515470	821270	1275715	163666	34487	50178	79001	28301	7775	7625	12901

注：数据来源于W省教育厅2008年教育统计年鉴数据库

通过上述义务教育专任教师的超缺编统计分析，可以看出同样的特点：W 省普通小学和普通初中的专任教师都超编严重，义务教育阶段专任教师总计超编将近 9 万人，其中农村教师超编更为严重，超过了 5 万人。笔者在义务教育学校调研中，了解到部分农村义务教育学校缺乏体音美等学科教师，难以开足开齐课程。部分农村学校的教师“在编不在岗”，即年龄老化，知识没有更新，不能满足新课程改革的需要，已经难以承担第一线教学任务。义务教育阶段专任教师的超编和现实的缺编构成了矛盾，义务教育阶段的专任教师配置标准亟待调整，否则学校不能配置到足够的教师，影响到了义务教育的公平。

6.2.3 义务教育学校分城乡教职工超（缺）编情况

按照上述义务教育学校专任教师超（缺）编同样的计算方法，计算出 W 省 120 个县市分城乡每所小学的教职工的超（缺）编情况，然后汇总 W 省 17 个地市州分城乡小学教职工超（缺）编数。超（缺）编的具体算法公式为：小学教职工超（缺）编数=现有教职工数-在校生数/21.6，其中 21.6 指的是一个教职工负担的在校生数，是 W 省规定的教职工与学生的比例。在校生数/21.6 意指政府应该给每所学校配置的教职工。17 个地市州小学教职工超（缺）编的结果如表 6-5 所示：

表 6-5　　**2008 年 W 省小学教职工超（缺）编数**

（单位：人）

市（州）	在校生人数				教职工人数				省标测算超/缺编			
	计	城市	县镇	农村	计	城市	县镇	农村	计	城市	县镇	农村
1	404064	324514	16781	62769	31850	23585	1601	6664	13144	8561	825	3758
2	224314	32814	44220	147280	10596	2268	2616	5712	212	749	569	-1106
2	194276	50739	26959	116578	16134	3280	1988	10866	7142	931	741	5470
4	165916	34518	40940	90458	12175	1973	2395	7807	4494	375	501	3618
5	321029	95429	45068	180532	25488	5427	3093	16968	10626	1009	1007	8610

续表

市(州)	在校生人数				教职工人数				省标测算超/缺编			
	计	城市	县镇	农村	计	城市	县镇	农村	计	城市	县镇	农村
6	65937	22181	0	43756	5135	1542	0	3593	2082	515	0	1567
7	129584	25572	11393	92619	10003	1552	837	7614	4004	369	310	3325
8	290920	38272	69297	183351	19842	2038	4317	13487	6377	268	1109	5000
9	354370	33782	130604	189984	17188	1909	6792	8487	783	345	746	-308
10	506611	31157	66317	409137	24052	1952	3392	18708	599	510	323	-234
11	191623	3604	36420	151599	9744	176	1714	7854	873	9	28	836
12	131761	0	45448	86313	7605	0	2426	5179	1504	0	321	1183
13	224323	16312	49673	158338	15043	925	2890	11228	4658	170	591	3897
14	71031	0	43854	27177	3988	0	2249	1739	700	0	219	481
15	54240	0	17782	36458	3971	0	1174	2797	1460	0	351	1109
16	72942	11501	25735	35706	2876	722	1043	1111	-500	190	-148	-542
17	2979	0	1329	1650	429	0	88	341	291	0	26	265
合计	3405920	720395	671820	2013705	216119	47349	38615	130155	58449	14001	7519	36929

注：数据来源于W省教育厅2008年教育统计年鉴数据库

按照上述同样的计算方法，计算出W省120个县市分城乡每所普通初中的教职工的超（缺）编情况，然后汇总W省17个地市州分城乡小学教师超（缺）编数。超（缺）编的具体算法公式为：初中教职工超（缺）编数=现有教职工数-在校生数/16.8，其中16.8指的是一个教职工负担的在校生数，是W省规定的教职工与学生的比例。在校生数/16.8意指政府应该给每所学校配置的教职工数。W 省 17 个地市州普通初中教职工超（缺）编的结果如表 6-6 所示：

表 6-6　　**2008 年 W 省普通初中教职工超（缺）编数**

（单位：人）

市（州）	在校生人数				教职工人数				省标测算超/缺编			
	计	城市	县镇	农村	计	城市	县镇	农村	计	城市	县镇	农村
1	288700	225296	27369	36035	25862	20214	2340	3290	8660	6804	711	1145
2	150888	25565	68551	56772	8262	1622	3616	2961	-783	100	-465	-418
2	164216	29644	19387	115185	12961	2510	1370	9047	3153	746	216	2191
4	120784	21088	31551	68145	10821	1891	2495	6158	3653	636	617	2400
5	221013	55209	46805	118999	20552	4390	4846	11381	7461	1104	2060	4297
6	51742	14941	0	36801	3758	1156	0	2597	673	267	0	406
7	98806	23119	8174	67513	9096	1615	746	6763	3241	238	259	2744
8	268353	40642	112412	115299	16861	2423	7325	6985	760	3	634	123
9	256997	26141	161461	69395	18491	1872	11623	4924	3122	316	2012	794
10	400606	29717	72848	298041	23705	2144	4976	16328	-398	375	639	-1412
11	153695	2534	40951	110210	9328	176	2461	6579	68	25	23	20
12	109727	242	54669	54816	7981	23	3762	4160	1414	9	508	897
13	161576	12518	56873	92185	9477	934	3355	5108	-220	189	-30	-379
14	61601	0	60557	1044	4862	0	4779	82	1194	0	1174	20
15	43565	0	13011	30554	3438	0	1036	2385	828	0	262	566
16	57626	8814	45565	3247	3822	828	2834	137	369	303	122	-56
17	2560	0	1086	1474	230	0	73	164	84	0	8	76
合计	2612455	515470	821270	1275715	189507	41798	57637	89349	33279	11115	8750	13414

注：数据来源于 W 省教育厅 2008 年教育统计年鉴数据库

通过上述义务教育阶段的教职工超（缺）编数的统计分析可以看出，W 省的义务教育阶段的教职工和专任教师一样，超编比较严重，总计超编 9 万人，其中普通小学超编了大约 6 万人，农村小学的教职工超编大约 4 万人。随着中小学新课程改革和布局调整，义务教育阶段需要比以前更多的教师，如寄宿学生的增加，学校需要配置生活管理员，留守学生的增加，需要配置心理辅导员等。目前的教职工配置标准并没有考虑到上述需要，学校常用的做法就是让专任教师兼职，加大了专任教师工作量，抢占了教学时间和精力。学校或者聘请外来员工，增加了学校管理难度和经济压力。目前的教职工超编状况与学校实际情况不符，急需对教职工配置标准进行调整，否则也会影响到教育公平。

6.2.4 W 省当前义务教育教师资源配置标准存在的问题

通过上述义务教育学校的专任教师以及教职工的超（缺）编情况可以看出，除了少数地市州义务教育的专任教师数以及教职工缺编外，大多数地市州都处于超编状态，某些地市州的专任教师以及教职工超编已经超过 1 万人。超（缺）编情况还呈现如下三个特点：

第一，W 省除了一个地市州的城市普通初中专任教师缺编 4 人之外，其余的城市义务教育学校的教职工和专任教师都没有缺编的情况，县镇和农村的义务教育学校的专任教师与教职工都有缺编现象，W 省义务教育学校教师缺编以农村学校为主。个别地市州的农村义务教育学校的专任教师和教职工缺编较为严重，2008 年，一个地市州的农村普通小学专任教师缺编 636 人，一个地市州的普通初中专任教师缺编 552 人，一个地市州的农村普通小学教职工缺编 1106 人，一个地市州的普通初中的教职工缺编 1412 人。通过考察专任教师和教职工缺编严重的地市州来看，这些地市州的经济发展水平并没有呈现一致性规律，既有经济发展水平比较好的地市州，也有经济发展水平比较落后的地市州。可见，通过以上表格的分析难以得出一个地市州教师超（缺）编与经济发展水平有直接相关关系的结论。笔者在调研中也发现，一个地市州教师的（缺）

编与当地的教育政策和行政人员的发展观念有关。

第二，从学校地域来看，农村山区小学的专任教师按现行标准测算，“超编”最为严重。城市、县镇和农村比较，除个别地市州外，大多数地市州的农村小学超编情况最严重，其次是县镇，最后是城市，如一个地市州的农村小学的专任教师超编已超过大约8000人，绝大多数地市州的农村小学的专任教师超编超过1000人。农村普通初中专任教师超编现象稍微好一些，大多数农村初中的专任教师超编控制在1000人以内。农村小学的教职工超编也较为严重，一个地市州的农村小学教职工超编已经超过8000人，农村初中教职工超编现象也稍微好一些。通过考察超编比较严重的地市州来看，这些地市州一般都处在山区。笔者在调研中发现，山区学校布局分散，学校规模较小，服务半径比较大，为了学校正常教学，政府一般都要给这些山区学校配置更多的教师。因此，山区学校的教师配置要远远超过“省颁标准”，数据分析与调研结果比较一致。

第三，从学校类别来看，普通小学与普通初中相比，普通小学超编更为严重，农村小学尤为突出。2008年，W省普通小学专任教师超编大约有6万人，普通初中专任教师超编大约有3万人，普通小学专任教师超编比普通初中专任教师超编大约多3万人。与此同时，W省普通小学教职工超编大约有6万人，普通初中教职工超编大约有3万人，普通小学教职工超编比普通初中教职工超编大约多3万人。在超编中，农村小学占了大部分比例。普通小学专任教师超编大约有6万人，农村小学就超编了大约4万人，省普通小学教职工超编大约有6万人，农村小学教职工就超编了大约4万人。笔者在调研中，农村小学的教师表面上超编，但是实际工作却需要更多教师。现行教师配置标准，难以满足小学实际需要。

可见，农村小学的专任教师和教职工教师配置在实际教学中遇到的困难最大。这主要是因为农村学校分散、班额偏小、年级和课程科目齐全，甚至还有复式班教学等因素影响，现有的教师资源配置标准仅考虑在校生数而没有考虑上述情况。部分农村小学即使在教师超编情况下，多数教师工作量也超过了国家和省教育部门规定的标准。义务教育教师的资源配置，除了受到学校类别和在校生数的影响外，还受到班额、学校地域等其他因素的影响。

6.3 义务教育教师资源配置标准的重构

政府按照当前的义务教育教师资源配置标准配置教师，大部分义务教育学校，尤其是农村小学，教师都处于超编状态，这不符合学校的实际教学情况。为了满足学校正常教学需要，必须对现有的教师资源配置标准进行修订，采取更为科学的“师班比”（即每班可配备教师人数）和“分类班额”（不同类型学校的班额不同）的测算方式，替代仅以在校生数为测算依据，向农村小学实行教师资源配置政策倾斜，设置更为科学的教师资源配置标准。因此，本章将根据罗尔斯正义论中的差异原则，对小学的教师配置标准进行重新设计。按照当前教师配置标准，可以满足学校教学的实际需要，普通初中超缺编现象并不严重。加上普通初中都集中在城市和县镇，农村普通初中因学校布局调整也在向城市和县镇集中，农村普通初中学校会越来越少，目前教师配置标准问题也不突出。普通初中的教师配置标准没有重构的需要，仍然保持原来的省定标准不变。

6.3.1 重构的理论基础：反向歧视

罗尔斯在正义论中阐述了最著名的两个正义原则。第一个原则是每个人都应有平等的权利，拥有最广泛的平等的基本自由体系。第二个原则是差异原则以及机会原则。社会的和经济的不平等应该满足以下两个条件：第一，在与正义的存储原则一致的情况下，适合于最弱势群体的最大利益，被称为差异原则；第二，在公平的平等机会的条件下，职位与工作向所有人开放，被称为机会原则。在自由原则、差异原则以及机会原则中，差异原则引起的争议最大。差异原则与机会原则的差别在于，机会平等原则意味着社会就像一个竞技场，只要尽量保证每个人站在同一个起点，每个人尽其所能，为自己争取到最多的好处。至于竞争最后所得，都是个体所应得的。差异原则则强调社会并不是一个竞技场，而是如何善用社会共同资源，以改善所有人的处境。差异原则体现了一种博爱精神，只有对弱势者有利的条件下，优势者才能得到好处①。罗尔斯正义论中的差异原则与国际法中的反向歧视不谋而合，差异原则突出给予弱势群体更多有利条件或者更多的资源，优势群体反而得不到优惠待遇。即使给予优势群体有利条件或者更多的资源，出发点也是为了让弱势群体获取更多利益。按照差异原则进行配置资源，就是站在弱势群体利益立场，为了他们争取更多的资源，改善他们不利条件。

我国义务教育教师资源配置政策中，因为历史上长期的“农民教育农民办”和“城市教育国家办”的思路，重视城市教育的发展，导致农村教育教师质量低下，城乡学校的教师之间的差距日益明显。如果按照现有“省颁标准”不分学校地域，同一个标准给学校配置教师，那么农村学校将难以弥补历史发展中的差距，难以满足农村学校发展的需要和缩小城乡教育的差异。当代美国学者莱伊·道格拉斯（Ral Rouglas）认为，政府平等地配置教育资源，可以有两种选择：一是追求的边际平等。即立足于资源配置范围，把可以配置的资源平等地分配给每个对象，而不考虑每一个对象原有的基础以及这种基础所造成的分配结果的不平等。可见，这种平等配置资源的配置不顾前提的不平等，即使平等地配置资源，其结果依然不平等。二是追求的整体的平等，即把可以配置的资源，根据以前配置的基础，不平等地资源分配给每个对象，以追求结果的平等。政府若采取第一种边际平等的方式，学校差距会越来越大。政府若采取第二种整体平等方式，资源越缺乏的学校，将获得更多的资源；资源充足的学校，将获得较少的资源。通过这种不平等的配置，缩小学校之间的差距，实现结果的平等。第二种资源配置方式，就体现了罗尔斯正义论的差异原则。“在当代社会，人们追求

① 周保松. 自由人的平等政治［M］. 北京：生活. 读书. 新知三联书店. 2010. 60.

的应该是扶贫济弱的整体平等，义务教育亦不应例外。"①

罗尔斯正义论中的差异原则与国际法中的“反向歧视”有很多相似之处。反向歧视最原初的含义是外国人到本国，可以享受本国的国民待遇，但是本国国民反而得不到外国人同样的待遇②。反向歧视在很多领域都有表现。美国在公共教育以及政府的职位中，少数民族和黑色人种都要占有一定比例。我国少数民族学生上大学也可以增加额外分数等，这些都是反向歧视以及差异原则在公共领域的体现。反向歧视是否符合社会正义，一直处于争论之中。加州大学对 Bakke 一案更是掀起了反向歧视争议的高潮。诚然，反向歧视会损害优势群体的利益，不能体现人人平等的自由原则。

尽管如此，我国为了实现教育公平，就必须着力于农村薄弱学校的发展，解决农村学校教师不足和质量不高的难题。罗尔斯的差异原则正好可以满足当前农村义务教育教师配置的需要，由历史上歧视农村到反向歧视城市的思路，加大对农村教育资源的配置。在短期内，按照差异原则配置资源，可能会造成优势群体的利益。在教育领域，为了照顾经济薄弱地区、薄弱学校以及薄弱群体的义务教育发展，政府会配置更多的资源，经济发达地区、优质学校、优势群体可能会得不到相应的资源，缩小两者在教育资源发展中的差距。如当前农村义务教育学校都实现了“两免一补”，但是城市学校仍然要缴纳教科书费用，这就是差异原则在教育领域的灵活运用。

本章就以反向歧视为基础，构建新的义务教育学校教师资源配置标准。政府给农村学校配置更多的教师，让农村教师享受城市教师没有的待遇，加快发展农村教育，缩小城乡教育差异。当前，以反向歧视为理论基础设计新的义务教育教师配置标准，一言以蔽之，就是给农村义务教育学校更多的教师编制。

① 朱家存．教育均衡发展政策研究［M］．北京：中国社会科学出版社，2003. 29.

② 余海云．反向歧视［J］．知识经济．2009（9）：40.

6.3.2　普通小学专任教师配置新标准的测算公式

《关于进一步加强农村教育工作的决定》文件指出：在核定义务教育教师编制时，应充分考虑农村中小学区域广、生源分散、教学点较多等特点，保证这些地区教学编制的基本需求。同时还指出，对生源相对集中的初中、高中、县镇小学，坚持以国家或省颁标准为依据，从严从紧核定教职工编制。对生源分散的农村小学，可以按照“班师比”（即每班可配备教师人数）和“分类班额”（不同类型学校的班额不同）进行测算。全国已有部分省市（如吉林省）采取了类似方法来配置教师资源。为了保障农村小学教学的正常运转，本书将以“班师比”和“分类班额”为依据，设计新的教师资源配置标准。

专任教师数=班师比×在校生数/分类班额

其中，“班师比”按国颁标准的规定执行，即小学1.8人/班。本书又以W省的县（区）为测算单位，分别按平原（丘陵）和山区（湖区）分类进行统计，计算出2008年W省普通小学的“分类班额”（见表6-7）。同时，将2008年的统计结果作为农村小学的“分类班额”标准。县镇小学仍执行国颁标准（或省颁标准）提出的班额标准，平原/丘陵农村小学的班额为35人，山区/湖区农村小学班额为31人，可见W省的农村小学实际上的分类班额要小于国颁标准（或省颁标准）。若不考虑不同地域学校班额的差异，按照国颁标准（或省颁标准）同样配置教师资源，那么农村小学教学就不能正常运转。

表6-7　**农村中小学分类班额的基本标准**

层次	类　别	分类班额标准（人）
小学	县镇小学	40
	农村小学（平原、丘陵）	35
	农村小学（山区、湖区）	31

注释：“县镇”指县（市）政府所在地城区；“分类班额标准”按W省2008年《教育统计年鉴》提供的数据测算。

6.3.3 义务教育学校专任教师和教职工新标准的测算方法

(1) 义务教育学校专任教师新标准的测算方法

将W省在“省颁标准”中农村小学配置标准提出的“班师比”和“分类班额”，转换为各类学校的“生师比”（分类班额/班师比1.8）。农村小学专任教师新的配置标准的测算原始公式：

专任教师数=班师比×在校生数/分类班额

该公式可以转换为：在校生数/专任教师数（生师比）= 分类班额/班师比，班师比按照省标标准小学1.8人/班，而分类班额按照表6-7的数据，分类计算出各类小学的专任教师与学生比。县镇小学依然执行省颁教师编制标准（参见表6-8）。

表6-8　各类小学的专任教师资源配置标准

	分类班额（人）	班师比（人/班）	新的专任教师与学生比	“省颁标准”中的专任教师与学生比
县镇小学	40	1.8	1∶23.8	1∶23.8
农村小学（平原、丘陵）	35	1.8	1∶19.4	1∶23.8
农村小学（山区、湖区）	31	1.8	1∶17.2	1∶23.8

注：按“班师比”计算的县镇小学的师生比为22.2，仍按“省颁标准”确定为23.8。

从表6-8可以看出，县镇小学每个专任教师负担学生数大约是24人，农村小学（平原、丘陵）每个专任教师负担学生数大约是19人，农村小学（山区、湖区）每个专任教师负担学生数大约是17人，“省颁标准”规定的小学，每个专任教师负担的学生数大约是24人。三类学校仅有县镇学校和“省颁标准”保持不变，农村小学按照地域分类后，专任教师分担的学生数都要小于“省颁标准”。重新建构的专任教师与学生的比例由于受分类班额的影响，农村小学的师生比值要高于省标标准，农村小学可以配置更多的教师资源，这既符合农村小学班额偏小的实际情况，有利于满足农村小学的正常教学需要，又符合罗尔斯正义论的差异原则，农村小学（山区、湖区）比农村小学（平原、丘陵）可以比县镇小学配置到更多教师。

（2）义务教育学校教职工新标准的测算方法

综合考虑 W 省小学不同教育层次，以及城市、县镇、农村等不同地域对教职工配置的需求，小学教职工的配置标准参数，将以省颁标准为基础，仅对农村小学教职工进行适当调整。

农村小学分类的“教职工与学生比”参数，根据省颁小学标准提供的整体比例匡算。整体比例＝原有的生师（专任教师）比/原有的生师（教职工）比＝23.8/21.6＝1.10，整体比例＝新的生师（专任教师）比/新的生师（教职工）比，那么新的生师（教职工）比＝新的生师（专任教师）比/1.10＝19.4/1.10＝17.6，同理可以算出农村（山区、湖区）的教职工与学生的比例。城市和县镇仍然采取“省颁标准”。W 省普通小学教职工配置标准见表 6-9：

表 6-9　　普通小学教职工新的配置标准

类别	分类班额	专任教师与学生比	教职工与学生比	“省颁标准”教职工与学生比
城市和县镇	40	1∶22.2	1∶21.6	1∶21.6
农村（平原、丘陵）	35	1：19.4	1：17.6	1∶21.6
农村（山区、湖区）	31	1：17.2	1：15.6	1∶21.6

从表 6-9 可以看出，县镇小学每个教职工负担学生数大约是 22 人，农村小学（平原、丘陵）每个教职工负担学生数大约是 18 人，农村小学（山区、湖区）每个专任教师负担学生数大约是 16 人，“省颁标准”规定的小学，每个教职工负担的学生数大约是 22

人。三类学校仅有县镇学校和“省颁标准”保持不变，农村小学按照地域分类后，教职工分担的学生数都要小于“省颁标准”。重新建构的教职工与学生的比例由于受分类班额的影响，农村小学的师生比值要高于省颁标准，农村小学可以配置更多的教师资源，这既符合农村小学班额偏小的实际情况，有利于满足农村小学的正常教学需要，又符合罗尔斯正义论的差异原则，农村小学（山区、湖区）比农村小学（平原、丘陵）可以比县镇小学配置到更多教职工。

按照新的教师资源配置标准，分别计算了W省17个市州普通小学专任教师和教职工超（缺）编情况，见表6-10：

表6-10　**2008年W省17个市州小学教师超/缺编状况统计表**

（单位：人）

市（州）	专任教师保障标测算超/缺编					教职工保障标测算超/缺编				
	计	城市	县镇	农村		计	城市	县镇	农村	
				平原	山村				平原	山村
1	10537	7109	652	2776	—	12483	8561	825	3097	—
2	−1475	617	611	847	−3550	−2072	749	569	711	−4101
2	5701	897	723	101	3980	5799	931	741	105	4022
4	3115	305	504	1415	891	3298	375	501	1406	1016
5	7648	948	796	5131	773	8550	1009	1007	5486	1048
6	1616	536	0	1097	−17	1539	515	0	1061	−37
7	2956	390	297	2269	0	3030	369	310	2351	0
8	5067	362	1173	3420	112	4249	268	1109	2828	44
9	−814	219	821	−1528	−326	−1414	345	746	−2025	−480
10	−3399	363	265	−2266	−1761	−4810	510	323	−3261	−2382
11	−420	5	69	869	−1363	−1158	9	28	441	−1636
12	325	0	282	247	−204	272	0	321	81	−130

续表

市（州）	专任教师保障标测算超/缺编					教职工保障标测算超/缺编				
	计	城市	县镇	农村		计	城市	县镇	农村	
				平原	山村				平原	山村
13	2529	202	595	0	1732	1839	170	591	0	1078
14	638	0	325	313	—	414	0	219	195	—
15	1154	0	365	789	—	1077	0	351	726	—
16	-666	188	-77	-777	—	-876	190	-148	-918	—
17	213	0	22	—	191	261	0	26		235
合计	34725	12141	7423	14703	458	32481	14001	7519	12284	-1323

注：表格中的—表示该市州没有这种类型，如 17 地市州仅有山村，没有平原。

从表 6-10 可以发现，与原有的“省颁标准”相比，新的教师资源配置标准具有以下特点：

体现了罗尔斯正义论中的差异原则，农村学校比城市和县镇学校可以配置到更多的教师资源，城市和县镇学校的教师资源配置标准保持不变。农村学校因为得到了额外的教师配置优惠，这样，在一段时间内，农村学校可以弥补长期发展落后的历史欠账，减少与城市和县镇学校的发展差距。

考虑了学校地域特点，农村小学分为平原/丘陵与山区/湖区两大类。在同一类农村小学内，学校因为所处地理位置的不同，会导致在校生数和班额的差异，对教师配置的需求会不同。为了满足就近入学的要求和实现义务教育起点公平的需要，山区/湖区学校不能盲目撤销和合并。一般而言，山区/湖区比平原/丘陵的生源更加分散，班额更少。因此，这些学校每个教师分担的学生数要少于平原/丘陵学校，需要配置更多的教师。新的教师资源配置标准正好满足了不同地域学校的需要。

考虑了不同类型学校之间班额的差异。W 省城市县镇普通小学的平均班额为 40 人，要高于农村学校。平原/丘陵农村小学平均班额为35人，山区/湖区农村小学平均班额为31人。三类小学如果都按照城市县镇小学的平均班额配置教师，会导致部分学校规模较小的教学点和学校，一个班级将不能配置一个教师，这远远不能满足正常教学的需要。新的教师资源配置标准考虑了农村小学平均班额偏小的现状，比城市和县镇学校配置更多的教师。

农村学校的教师超编现象减少。按照“省标标准”，W省大部分地市州的农村小学的教师都处于超编状态，且超编非常严重。按照新的教师资源配置标准，W省农村小学教师超编减缓，且有的学校特别是山村的农村小学教师处于缺编状态。这比较符合农村小学的实际情况。

因此，政府应该根据学校地域特点，改变单纯依据在校生数配置教师的标准，给予农村小学尤其是山区小学配置更多的教师资源，从而保障农村教学正常教学运转，推进义务教育均衡发展。

6.4 实施义务教育教师资源配置新标准的建议

上文虽然按照罗尔斯正义论的差异原则，制定了新的义务教育教师配置标准，加大了对农村学校教师的配置，有利于缩小城乡之间教师差异，有利于促进教育公平。但是实施新的教师配置标准，将遇到财政、编制办、教育等多个部门的工作难题，编制很难松动，新的教师配置标准没有W省快速经济发展为支撑，短期内很难实现。鉴于此，在现有教师配置标准下，为了满足农村学校教学需要，政府还可以进行学校之间教师的流动和教师资源的共享。这种渐进性改革对经济实力没有更高的需求。

6.4.1 行政统筹配置为主，兼顾市场的交换配置

人力配置分为自由配置、交换配置、自由配置和争夺配置四种形式。对我国义务教育教师配置而言，不可能存在着自由配置和争夺配置，更多地是以行政统筹配置为主，有少量的交换配置。当前我国教师人力资源存在着数量充足与质量不高的结构性困境，教师数量总量超编和结构性缺编是很多学校的现实情况，教师人力资源

的质量和结构还不能满足学校发展需要。特别是我国尚未建立教师流出机制，即使不合格教师，教育行政部门也难以让教师退出，因此教师人力资源的自由配置在现实中不能实现。教育领域，特别是在义务教育领域，教师资源不能盲目照搬经济其他领域中的市场人力资源配置模式。义务教育领域内的教师人力资源配置要坚持政府为主的人力资源配置模式，同时吸收市场人力资源配置模式的优点。如果照搬市场模式，会导致贫困地区和薄弱学校师资不足，而富裕地区优质学校教师过剩。

为了鼓励优秀教师到艰苦和偏僻的农村学校任教，政府一般都采取了经济形式、行政形式和思想文化形式，以使薄弱学校能够有教师开足开齐课程。例如，湖北宜昌夷陵区针对乡镇与城区距离比较远的实际，2007 年教育局拟定了教师安居工程工作实施方案，经过区政府常务会议多次研究并于 2008 年启动教师周转房建设工作，逐步实施教师周转房建设计划，到 2010 年初步完成第一轮教师周转房建设任务。2008 年初，夷陵区安排首期资金 40 万元并纳入财政预算，用于教师校内周转房维修改造或新建，规模为一室一厅一厨一卫，约 30 ~40 平方米/套。已先后完成分乡初中、小学教师楼内周转房维修 1800 平方米。在此基础上，相应建立健全教师周转房管理机制。为认真贯彻落实《“惠民计划”2008—2010 年教育工作重点》中提出的启动实施农村教师“安居工程”规划，区教育局也相应制定了教师周转房实施规划，决定分三年投入资金 290 万元，完成维修或新建教师周转住房 12000 平方米，全区建设 500 ~600 套住房。并积极争取上级专项补助资金，用于新建和维修农村教师周转用房，以逐年解决农村教师住房难问题，不断改善农村教师的生活条件。四川锦江政府为了保障优质教育链的顺利实施，拨出专款，对下乡赴任的校长配置私人轿车，让他们能够工作在乡村，生活在城市。

教师是否能够均衡配置成为当前义务教育公平的瓶颈。由于城乡差距，即使教育行政部门给予农村教师特殊补贴，但是大部分教师还是不愿意扎根于农村教育。对此，湖北省宜昌市夷陵区中心学校根据教学需求，采取统一调配老师，三年后可以调回城镇学校的做法，这在一定程度上缓解了农村学校教师不足和未开足开齐课程等问题，但是没有从根本上提升本校教师专业化水平。分校随着就学人数的减少会逐年消亡，中心学校校长和教育行政人员在意识上容易把农村分校的教师问题作为一个暂时性问题，没有长远考虑。因此，如何克服农村分校的临时性观念，确实把农村分校的教师质量和教育教学质量落实到位，急需研究探讨。

6.4.2 静态配置为主，兼顾动态配置

企业人力资源配置的概念与教师资源配置有共同之处，教师资源配置在静态层面，表现在教师的年龄、性别、职称、学历、城乡等结构构成，在动态层面，表现在教师在城乡之间与学校之间的流动。教师配置的静态和动态，可以借鉴日本公立学校教师配置的经验。

我国部分省份为了弥补农村偏远地区的不足，采取了“联校走教”形式。“联校走教”就是以一所完全小学为本部，将地理位置相对较近的1～3所初级小学作为教学点，将本部与教学点联合办成一所“联体式”学校。2007年湖北省通山县农村小学正式启动了“联校走教”模式后，各乡镇有53所完全小学承担132个初小（教学点）的走教工作，有121名教师承担了本学期938课时的走教任务，涉及小学1～6年级体育、音乐、美术、英语和信息技术五个学科。湖北通山在教学组织上，校本部和教学点按照统一课表对英语、体育、音乐、美术、科学、信息技术等短缺学科采取“走教”的流动教学形式，送教到点、执教到班，弥补教学点师资不足。完全小学和责任区域内初小、教学点实行“五个统一”，即统一教学计划、统一安排课表、统一教学进度、统一质量监测、统一考核评估。为保证“联校走教”的顺利实施，该县拨出专款，为承担流动教学任务的教师提供了交通补贴及教学津贴。许多村还自筹经费，给流动教学教师发放补贴，以表达欢迎和感谢之情。联校走教前，通山大多数初小和教学点没有专职英语、体育、音乐、美术老师，课表上的课程只有课本没有人教。当地政府如果要配齐老师，只有十几个甚至几个学生的教学点，教师编制不允许；撤掉

这些配不齐教师的学校，深山里的孩子要么天天赶远路上学，否则面临失学的危险。“联校走教”让英、音、体、美走进偏远教学点，农村学生可以上齐课程，解决了上述难题。

湖北宜昌夷陵区还加强双向交流，促进城乡融合。从2005年起开始建立城镇教师到农村任教服务制度，共选派了近50名城区教师到村任教一年以上。其次，建立绿色通道，实现稳定补充。实行常规的招聘师范毕业生补充教师队伍制度。2000年以来，共补充教师500多名。最后，关心农村教师，实行政策倾斜。对工作在城区、乡镇集镇以外的农村学校教师，每月按照30元的标准给予一定数额的交通补贴，今年预算补贴32万元。积极参加全省农村教师素质提高工程，选送605名农村教师到武汉接受免费培训。对分配到乡镇工作的教师，调高一个薪级工资。拿出专项经费40万元，启动农村教师周转房建设，改善农村教师工作生活条件。

通过上述定期交流、优秀教师走教，双向交流等多种形式，弥补农村教师结构性不足，让农村中小学可以开足开齐课程，享受与城市一样的优质课程。

6.4.3　加强对薄弱学校的扶持，整合个人利益和组织利益

义务教育的教师资源配置，较之其他阶段教育的人力资源配置，更应该追求公平。鉴于我国贫困地区以及薄弱学校师资质量长期落后于富裕地区和优质学校的历史事实，政府应该以罗尔斯正义论的差异原则为原则，加大对贫困地区和薄弱学校的倾斜。在教师编制难以松动和教师难以流动的情况下，富裕地区以及城市义务教育学校的优质教师可以加强对贫困地区以及薄弱学校的扶持。我国很多地区在教师相互扶持方面，已经摸索了一些行之有效的经验。

四川成都市青羊区将区内54所中小学校按照“优势互补、互惠互利、资源共享，共同发展”的原则，组建成7个“城乡学校发展共同体”，分别开展学校层面、校长层面和教师层面的活动，实现了城乡学校之间的资源共享。青羊区还成立“特级教师工作室”和“名师发展学校”，集中全区31名特级教师，对优秀教师

的成长给予指导和帮扶。义乌市采取以市区某一优质学校为基地学校，打破行政区域，集聚2~5所农村学校，建立城乡教育共同体，实施城乡联校行动，充分发挥品牌学校示范辐射作用；进一步推动优质教育资源由城到乡“反哺式”流动，改变优质资源由乡到城的单向集聚，建立更为合理的资源配置方式。城乡教育共同体中的城区优质学校应充分发挥龙头作用，在尊重农村学校办学自主权的基础上，发挥优质学校在学校日常管理、制度建设、教育教学管理、师资优化配置、校园文化建设等方面的优势和经验，加强对农村学校的统一管理和科学指导；农村学校应积极主动地接轨基地学校，借势发展。城乡教育共同体中的城区优质学校校长对农村学校教育教学管理、教师队伍建设、学校建设与发展以及校长选任等工作具有建议权。这些地区通过教师帮扶政策，农村学校解决了教师结构性不足的难题，提高了农村教师素质。

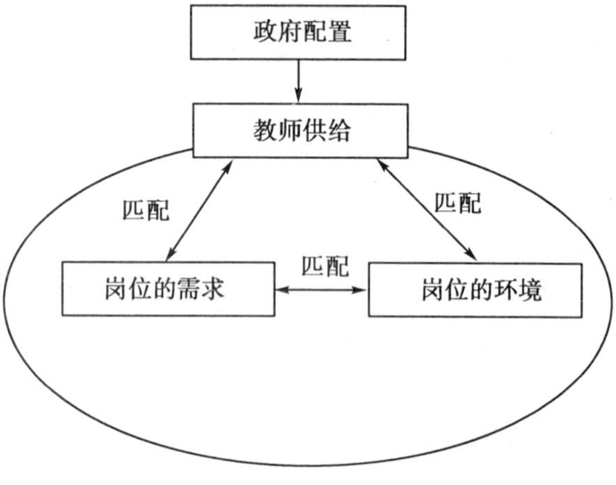

图6-1　政府的教师配置与岗位环境、岗位需求的关系图

政府在配置教师资源的时候，不能只看岗位的要求，不顾教师的需要盲目地配置，而要考虑岗位和教师的需要，营造岗位的经济环境和精神环境，吸引优质教师从教。政府配置教师，若只考虑岗位的需求，没有考虑岗位的环境，教师可能会出现工作懈怠现象，

“人在曹营心在汉”；政府配置教师，若只考虑岗位的环境，不考虑岗位的需求，教师到岗后能力与岗位不匹配，也会造成人力资源的浪费。

湖北省宜昌夷陵区加强教师管理，实行人文关怀，突出物质保障。全区给教师办理了6%的补充医疗保险拿出专项经费，今年预算补贴662万元。对所有教师的养老保险8%个人自交部分实行财政全额补贴，今年预算补贴662万元。对评选的各类名师按市级以上“名师”每月300元，区级每月100元补助“名师”资料补助费，今年预算补贴41万元。每两年拿出60万元，对全区教职工实行每年一次健康检查，每年拿出20万元，用于提高班主任津贴。

7 结语：义务教育资源配置标准研究的前瞻

最近几年，我国各地都在如火如荼地推进义务教育均衡发展，通过均衡配置财政资源和教师资源，减小资源配置的差异，达到资源的基本均衡，从而实现义务教育公平。通过几年的实践，很多省市如山东、黑龙江、湖北、湖南等省份都积累了很多均衡配置义务教育资源的经验和模式。均衡配置教育资源是实现义务教育均衡的重要举措，这已经成为很多地方政府官员和相关研究学者的共同认识。尽管如此，如何配置义务教育的财政资源和教师资源，部分地方政府不顾自身义务教育发展的基础及本地经济发展条件，只是盲目模仿其他地方的经验，均衡配置教育资源的效果并不明显，县域之间以及学校之间的资源配置差异仍然较大。关于均衡配置义务教育资源的理论研究，很多都还停留在定性研究的层面，满足不了实践的需要。实践需要理论的进一步探讨和深入研究。义务教育资源配置标准的研究，需要思考以下几个重要问题。

7.1 前　瞻

7.1.1 义务教育资源配置标准构建的目标：公平

义务教育财政资源配置和教师资源配置标准中的资源配置的概念，是从经济学移植过来的。在经济领域，优化资源配置标准，就是要按照市场规律，保障供给与需求的平衡，以最小的成本，获取更多的利益，追求的首要目标是效率。有学者借鉴了经济领域的资源配置概念，来分析义务教育的资源配置，认为义务教育的资源配置标准也应该追求效率。新中国成立之初，义务教育资源配置存在着追求效率的历史。在实践中，也有部分教育行政部门遵循效率逻辑来配置教育资源。如部分地区义务教育学校的布局调整，不顾学校服务半径和学生家庭负担，盲目拆并学校。有的地区根据人口分布规律，把学校划分为长久保留学校和几年后就要拆并的学校，对这些拆并的学校，教育行政部门不再追加经费投入，仅配置几个老师包班上课。追求效率的教育教育配置，虽然节约了教育资源，提供了数量上的义务教育，但是牺牲了部分弱势群体的利益，使得这部分学生不能享受到同龄人同等质量的教育。以追求效率来配置义务教育资源，导致部分适龄学生在义务教育起点就输在了起跑线上。

随着公共产品和准公共产品出现，经济领域的资源配置以追求效率为使命的命题，越来越受到学者的质疑。在公共产品性质的资源配置领域中，福利经济学派认为资源配置的标准是效用或者福利，而不是效率。义务教育作为典型的公共产品，政府参与资源配置应该坚持公平的标准，不能按照市场规律实现资源的优化配置，因此，义务教育的资源配置不能照搬经济领域的资源配置中追求效率的价值取向，而应该追求公平。有关义务教育资源配置标准的研究，也应该坚持公平的目标，不能以追求效率为托辞来牺牲公平。公平乃是义务教育资源配置标准追求的第一要义。

7.1.2 义务教育资源配置标准构建的重心：强化省级政府责任

义务教育资源配置标准的分析应该立足本国实际，放眼世界，借鉴美国等国外经验。美国是财政高度分权的国家，教育经费由联邦、州和学区共同承担。联邦政府的义务教育经费支出虽然有逐年增加的趋势，但义务教育经费主要由州和学区承担，联邦政府只承担极小比例。2008 年美国的义务教育财政经费分配比例，地方政府（相当于我国的县级政府）支出占到 43.7%，州政府（相当于我国的省级政府）支出占到 48.3%，联邦政府（相当于我国的中央政府）支出占到8%。美国义务教育财政的支出中心在于省级政府①。

我国《农村义务教育经费保障新机制》后，建立了中央与地方分项目、按比例分担的经费保障机制，中央和省级政府虽然加大了对农村义务教育的投资力度，但是部分支出责任依然在于县级政府。目前，我国省级政府支出比例不仅相对较小，而且有的省份经济能力强大，还缺乏义务教育供给的意愿。从2009年生均预算内教育经费指数（人均国内生产总值与生均预算教育经费的比例）可以看出，有14个省人均GDP指标排位，与生均财政性教育经费投入的位次相差显著，其中，相差5位以上的就有12个省。人均国内生产总值排位靠前的省份，如上海、北京、天津、江苏、浙江，经费指数在全国的排位落后于相对应的人均GDP的排位。广东省人均GDP位居全国第6位，但是经费指数处于全国末尾，对教育投入的努力程度不够。因此，我国要强化省级政府的义务教育投资责任，制约省级政府有供给能力而无供给意愿的行为。

表7-1　　**2009年预算内教育经费投入指数分析表**

地区	预算内教育经费	在校生数	生均预算教育经费	人均国内生产总值（元）		经费指数		位次差异
	（亿元）	（万人）	（元）	计	位次	计	位次	
总计	11974.98	21863.89	5477.06	25519.10	—	21	—	
北京市	439.03	199.77	22475.99	69248.03	2	32	6	-4
天津市	179.83	159.84	11843.26	61244.87	3	19	21	-18
河北省	456.93	1077.82	4239.39	24509.71	12	17	24	-12
山西省	289.02	667.90	4327.31	21469.32	18	20	17	1

① 陈静漪，宗晓华．实施“新机制”后农村义务教育发展机制分析[J]．教育发展研究，2011（11）：11.

续表

地区	预算内教育经费	在校生数	生均预算教育经费	人均国内生产总值（元）		经费指数		位次差异
	（亿元）	（万人）	（元）	计	位次	计	位次	
内蒙古	265.48	352.38	7534.01	40214.57	7	19	22	-15
辽宁省	400.33	563.02	7110.43	35222.25	9	20	18	-9
吉林省	235.36	365.26	6443.70	26569.14	11	24	10	1
黑龙江	267.33	494.97	5400.95	22443.81	15	24	11	4
上海市	375.07	196.43	19094.29	78326.13	1	24	12	-11
江苏省	710.05	1064.62	6669.50	44604.92	4	15	27	-23
浙江省	543.91	736.83	7389.79	44382.92	5	17	25	-20
安徽省	354.76	1088.91	3257.93	16413.02	26	20	19	7
福建省	316.27	567.82	5569.92	33737.33	10	17	26	-16
江西省	268.24	832.48	3222.19	17279.90	25	19	23	2
山东省	615.11	1409.95	4387.53	35792.58	8	12	30	-22
河南省	586.23	2028.11	2890.52	20533.85	19	14	29	-10
湖北省	332.29	953.36	3485.48	22659.27	14	15	28	-14
湖南省	395.94	972.48	4079.44	20386.65	20	20	20	0
广东省	903.57	1837.64	4917.02	40965.51	6	12	31	-25
广西	298.36	834.33	3576.06	15978.50	27	22	15	12
海南省	83.91	169.94	4937.56	19144.40	23	26	8	15
重庆市	230.55	499.10	4694.57	22840.19	13	21	16	-3
四川省	609.40	1339.96	4488.20	17289.29	24	26	9	15
贵州省	265.26	794.92	3336.95	10309.95	31	32	7	24
云南省	369.88	795.66	4648.70	13497.59	29	34	4	25
西藏	57.71	53.84	10718.28	15217.74	28	70	1	27

续表

地区	预算内教育经费	在校生数	生均预算教育经费	人均国内生产总值（元）		经费指数		位次差异
	（亿元）	（万人）	（元）	计	位次	计	位次	
陕西省	340.18	698.05	4873.30	21659.07	16	23	14	2
甘肃省	233.81	526.90	4437.50	12853.77	30	35	3	27
青海省	72.29	97.61	7406.17	19409.94	22	38	2	20
宁夏	67.19	128.22	5240.18	21646.03	17	24	13	4
新疆	256.02	387.79	6602.00	19813.72	21	33	5	16

数据来源：教育部，国家统计局，财政部、教育部、国家统计局、财政部关于2009年全国教育经费执行情况统计公告［Z］，2010年中国统计年鉴.

7.1.3　义务教育资源配置标准的原则：财政中立与反向歧视

罗尔斯正义论中提出了正义的三条原则，其中两条就是机会平等原则和差异原则。在义务教育财政资源配置标准中，为了实现机会平等，就要按照财政中立，减少教育财政经费与财政能力的相关关系，让贫困地区和薄弱学校可以获得不依赖于本地区经济水平的教育财政经费，逐步实现教育财政中立。在义务教育教师资源配置标准中，为了实现差异原则，就要按照反向歧视，关注弱势群体，给予薄弱学校配置更多的教师。

此外，政府还要加大对经济贫困和农村义务教育学校教师工资的支持力度。当前，农村义务教育的经费支出主要包括个人经费、公用经费和基建经费三大块内容，公用经费和基建经费的划分比例已经在《农村义务教育经费保障新机制》中明确规定，而个人经费即教师工资主要还是由县级政府负担。我国幅员辽阔，各个县市的供给义务教育财政能力差异较大，有的县市难以保障足够的教师经费，导致全国各个省市以及省内县域之间教师工资差异较大，极大地挫伤了教师工资的积极性。因此，我国可以借鉴日本等国的经验，加大对农村教师工资的倾斜力度。

7.2 创新

本书在梳理已有相关研究的基础上，提出了义务教育资源配置标准研究的理论基础和分析框架；梳理了新中国成立以来义务教育资源配置标准的政策发展脉络；在测算了W省义务教育财政资源配置三种公平发展水平的基础上，根据罗尔斯正义论提出的财政中立原则，提出了改进的政策建议；在测算W省义务教育学校教师资源配置现状的基础上，根据罗尔斯正义论中提出的反向歧视原则，构建了新的教师资源配置标准。具体而言，论文有以下几点创新：

7.2.1 提出了义务教育资源配置标准分析的理论基础和分析框架

当前，很多学者从公平视角分析义务教育资源配置标准，但是很多人只是知其然不知所以然，不知道为何要从公平的视角来分析。另外，公平理论众多，公平理论之间差异较大，哪种公平理论更适合义务教育资源配置标准也没有具体研究。本书首先分析经济学领域资源配置标准分析的发展脉络，从追求效率和效益到追求福利和公平，然后分析比较科尔曼的教育机会均等理论、胡森的教育起点均等、过程均等与结果均等的理论、阿玛蒂亚·森的能力贫困理论和罗尔斯的公平理论的优劣，结合我国义务教育资源配置标准有关政策的变化，指出罗尔斯的“正义论”才最适合分析我国义务教育资源配置标准，借鉴Odden将罗尔斯的公平理论进行操作性思路，按照罗尔斯正义论中的“财政中立”(Fiscal Neutrality)”分析义务教育财政资源配置现状以及提出改进的政策建议。根据罗尔斯正义论中的差异原则，按照反向歧视，分析义务教育教师资源配置现状以及构建新的标准。于是，罗尔斯的正义论是本研究的分析理论，在此基础上发展出来的Odden的财政中立和反向歧视是本研究的分析框架，理论基础和分析框架紧密结合，相得益彰。从而从理论上解决我国义务教育资源配置标准为何要从公平视角分析，以及以公平理论在义务教育资源配置中如何测算等难题。

7.2.2 创新了义务教育资源配置标准的定量分析方法

有关义务教育资源配置标准的研究非常少，定量研究更是如此，与义务教育资源配置有关的定量研究论文，主要局限在全国或者某个省的省级层面的数据，很少涉及县级和学校层面的数据。当前，义务教育资源配置的差异不仅体现在省域之间，而且还体现在县级之间以及学校之间。特别是我国义务教育财政和教师的配置，省级和县级政府还有较强的管理责任。因此，以省级和县级层面为分析单位，来分析义务教育资源配置标准具有较强的现实意义。本书就以 W 省为样本，以县级和学校为分析单位。本书获取了 W 省三年的义务教育财政和教师配置的原始数据，数据不仅包括 W 省所有地市州，而且还包括 W 省所有义务教育学校。数据比较完整，能够作为比较完整的个案，全面剖析 W 省义务教育资源配置在县域内以及县级之间的差异，并从省级层面透视了我国义务教育资源配置的总体情况。本书中的数据，也可作为其他研究的第一手资料。

7.2.3 测算了义务教育财政资源配置现状，提出了政策建议

当前义务教育财政资源配置的定量分析有两大局限：一是定量分析缺乏理论基础，仅仅就数据说事。定量分析若缺乏理论的指导，分析出来的结论和最后提出的政策建议只能浅尝辄止，泛泛而谈，缺乏深入；二是定量分析的数据来源于比较容易获取的省级数据，并没有深入分析县域之间以及县域内部学校之间的义务教育财政资源配置差异。本书在前人研究基础上，极力克服目前定量研究已经存在着的两大局限。在众多的公平理论中，结合我国实际，选取了罗尔斯正义论作为本书研究的理论基础，以 Odden 财政中立为分析框架，分析了 W 省所有县域之间以及县域内部学校之间的义务教育财政资源配置状况。县域之间层面，以县市为分析单位，

采取平均值（Mean）、标准差（Std. Deviation）、中位数（Median）、极差（Range）、限制极差（restricted range）、差异系数（Coef of Variation）、麦克伦指数（Mcloone Index）和沃斯特根指数（Verstegen Index）以及表征教育经费的生均预算教育经费支出指标与表征地方财富的人均财政支出的相关关系，测算 W 省义务教育财政的横向公平、纵向公平以及机会公平三个维度。在县域内部层面，以学校为分析单位，采取同样的指标和计算方法测算了 W 省义务教育财政的横向公平和纵向公平。深度扫描了 W 省义务教育财政资源配置的公平状况，测算的结果可供 W 省教育行政部门参考。本书的定量分析，不论是数据采集还是分析方法，都是建立在理论分析基础上。这就使得定量分析的结果更加具有说服力。

7.2.4 测算了义务教育教师资源配置现状，建构了新的标准

本书测算了 W 省所有义务学校，教师按照现有配置标准的超编和缺编状况，结果发现，大多数学校尤其是农村学校处于超编状况，这种结论并不符合义务教育学校总量超编和结构缺编的实际情况，现实中很多学校尤其是农村薄弱学校教师数量依然不足，难以开足开齐课程。因此，本书以罗尔斯反向歧视为原则，增加对农村学校的教师供给，建构了以分类班额和在校生数为依据的新的教师配置标准，这样农村薄弱学校将可以获得更多的教师资源配置和固定的师资，改变用资教生或者实习生等流动教师来缓解教师不足的权宜之计。本书还根据新的教师资源配置标准，测算了 W 省所有义务学校，教师的配置状况，并比较分析新的标准和原有标准的差异。通过计算发现，新的标准体现了罗尔斯正义论中的差异原则，考虑了学校地域特点，考虑了不同类型学校之间班额的差异，考虑了农村小学平均班额偏小的现状，农村学校的教师超编现象减少，且有的学校特别是山村的农村小学教师处于缺编状态。这比较符合农村小学的实际情况，从而保障农村教学正常教学运转，推进义务教育均衡发展。这就使得建构出来的新的教师资源配置标准很有说服力，站得住脚。

7.3 本书不足

本书创新的亮点是建立在数据的获取和分析上，正如一块硬币的两面一样，本书的不足也很大程度受制于数据不完整性上。本书研究的不足主要表现在以下几个方面：

7.3.1 尚未建构出义务教育财政资源配置标准

本书侧重分析 W 省所有县域之间以及县域内部学校之间的义务教育财政配置标准现状，发现各个县域之间以及县域内部学校之间的财政资源配置差异较大，建议上级政府需要进一步统筹资源，加大对薄弱学校的资助力度，实现财政中立。美国有很多成熟的义务教育学校财政标准模型，由于我国和美国的财政体制有很多差异，导致美国的义务教育财政投入标准并不能完全迁移到我国。但是本书尚未建构有效的义务教育财政资源配置标准，只是提出可以借鉴美国经验和一系列的政策建议。因此，义务教育财政资源配置标准还需要进一步研究，急需建立模型，使得财政资源配置标准可以操作和实践。

7.3.2 义务教育财政资源的纵向公平分析还需要深入

本书虽然以 W 省为例，按照罗尔斯提出的三种公平，分别测算了义务教育财政资源配置标准的三种公平状况，纵向公平也不例外。测算的横向公平和机会公平还算理想，纵向公平的测算还有待深入。本书收集的数据来源于教育经费和教育事业发展两个不同的数据库，两个数据库的县市和学校名称没有统一编码，整合后的样本量太小，纵向公平测算的结果并没有多大代表性，并不能说明该省义务教育财政资源配置标准的纵向公平现状和问题。现有国家公开的教育数据，县市数据很少，难以测算县域之间以及县域内部学校之间的财政资源配置差异。因此，要测算义务教育财政资源配置标准的现状以及建构新的标准，将面临着采集样本和获取充足数据的难题。另外，纵向公平的测算要涉及薄弱学校在校生数的权重，权重应该以何标准进行折算才算合理，也需要进一步研究。

7.3.3 义务教育财政资源的利用效率还需要进一步研究

本书仅对义务教育财政资源的配置进行了研究。从当前义务教育财政资源现状来看，各地一直面临着财政资源不足以及浪费的两难困境。部分地区和学校在财政资源充足的情况下，财政资源利用效率低下，并且浪费了部分财政资源。还有部分地区和学校在财政资源紧缺的情况下，依然存在着资源浪费的情况。因此，如何提高财政资源的利用效率和避免浪费，也是义务教育财政配置标准下一步应该研究的问题。

7.3.4 义务教育教师质量配置标准还需要进一步研究

义务教育教师素质提升和缩小学校之间教师质量差异，是个长期工程，不可能一蹴而就。当前很多地方都存在着教师数量超编而结构缺编的问题，尤其是教师学科结构不合理，有的学校小学科教师不足，难以开足开齐课程。尽管如此，学校教师充足是教师资源配置的首要问题。本书仅研究了教师数量的配置，还没有考虑教师的年龄结构、性别结构、学科结构、职称结构等表征教师质量的因素。在考虑教师质量的基础上，再研究教师数量配置标准可能就更加合理。因此，研究教师数量配置仅是教师资源配置的第一步，下一步就要研究基于教师质量的数量配置，这才能保证学校质量的均衡，真正实现教育公平。

综上所述，笔者在此项研究任务结束后，还急需继续研究以下问题：

（1）如何建构我国义务教育财政资源配置标准的模型？

（2）如何分析我国义务教育财政资源的纵向公平？数据如何获得？权重如何设计？

（3）如何提高我国义务教育财政资源的利用效率？

（4）如何在考虑义务教育教师质量结构基础上，教师配置标准的模型是什么？

致　谢

硕士毕业6年后，我能够重返母校继续攻读博士学位，觉得自己仿佛就是上帝的宠儿，感到特别幸运。回忆3年多的博士学习路程，我一路汗水一路惆怅，所幸终于坚持了下来，也收获了不少。

选择义务教育资源配置标准作为研究方向，是源于我实际工作的感触。我参加了湖北省教育厅下达的《义务教育均衡发展》课题研究，在基层调研过程中，我深深体会到县域之间、学校之间以及群体之间教育发展的差异，很大程度上是因为资源配置的差异引起的。但是，我在论文选题之初，心浮气躁，好高骛远，总希望选择更具有浓厚学术氛围的题目来做，并没有想过用工作中产生的问题作为论文研究方向。导师刘献君教授及时点拨，建议我从自己熟悉的领域和熟悉的问题做起，并提醒我先超越自我的研究能力后，再谈超越别人。沈红教授在苏州开会之时，抽出宝贵时间和我讨论论文选题，并建议我可以做义务教育资源配置标准的研究；别敦荣教授启发我可以从公平视角来分析义务教育资源配置，要区分工作报告和论文研究；周光礼教授建议我进一步缩小选题，可以将选题定位于义务教育资源配置标准的构建；湖北省教科所叶平研究员建议我将罗尔斯正义论作为论文研究的理论基础；中南财经政法大学徐文副教授建议我选择一个省作为分析案例……于是，我的论文选题在众多老师和朋友的帮助下，终于顺利诞生了！

论文的完成，首先要感谢导师刘献君教授。刘献君教授可用“君子有三变：望之俨然，即之也温，听其言也厉”来形容。我开始接近刘老师，总觉得他比较严厉，不敢轻易接近。刘老师发现我的缺点，总是一针见血地指出，这更让我对老师产生了敬畏感。后来在接触过程中，我才发现刘老师其实对学生很和蔼。刘老师总是以身作则，为学极其勤奋，笔耕不辍，常常提醒我们学习是任何人都不能代替的劳动，要保持天天学习的心态和每日写作的习惯。学习期间，刘老师带我们同门一起去外地“游学”。这既开阔了我的眼界，又让我真正体会到在学术上“山外有山”的境界。当我把论文交给刘老师后，刘老师及时给我反馈了意见，在我的论文上修改了很多文字，并另外用三张纸密密麻麻地写了意见，并嘱咐我不要过于心急毕业，让心境平和下来，争取把论文修改得更加完善。在整个论文研究过程中，刘老师总是建议我不要急于求成，要养成认真治学的态度。在3年多的博士学习过程中，刘老师还帮我疏导工作中的烦恼，给我最大的心灵自由空间，让我集中心思从事论文的写作。

读博的生活很辛苦，尤其对我这种拖家带口，又要工作的人而言。所幸的是，华中科技大学教育科学院犹如一个大家庭，让我时刻感受到温暖。教育科学院诸多老师对我的学习和论文写作提出了许多宝贵意见。柯佑祥教授、陈敏教授、周光礼教授、陈廷柱教授对我的开题报告提出了十分中肯的建议。沈红教授工作繁忙，每次在楼梯间碰见我，都会询问我的学习情况和论文写作进程，并提出建议。别敦荣教授开设的有关高等教育管理学的专题，每个专题都启发我论文写作时应该如何思考，应该如何谋篇布局；周光礼教授的授课启发我如何寻找论文视角以及建立写作框架。张应强教授、赵炬明教授、李太平教授等开设的课程对我论文研究启发也较多。被学友称为“心理按摩师”的张俊超副教授，总是以快乐的心情，给我带来一线阳光。教育科学院同学魏署光、曾美勤、丁玲、张晓冬、吴洪富、谢辉、赵永辉、戴迎峰、胡海清、苏永健、张利荣、刘亚敏、鞠平凡、刘香菊、黄平、梁卿、黄容霞、刘皓、陈国峰、周进等都给予我很多帮助和鼓励。一路上有这些同学的相伴，读书的旅途就轻松了许多。

感谢我的领导和同事给予我无私的帮助！湖北省教育科学研究所刘青春所长，尽管单位困难重重，但他还总是不忘关心我的学业进展。同事兼好友叶平研究员，在我写作遇到困难时，总是放弃手头工作，和我一起探讨，并指导我定量研究方法。每到一个地方调研，他就指导我分析问题的思维方式。教育厅基教处王强处长，自身学术功底深厚，又热爱思考，给予我论文写作很多帮助。

湖北大学李经天教授是我读本科时的班主任，一二十年以来，她总是像母亲般关心我的学习和生活状态。我的硕士导师李太平教授，治学严谨，为人谦逊，领我走进学术殿堂。复旦大学王瑜博士、北京地质大学彭国华博士、中南财经政法大学徐文副教授和华中科技大学朱新卓副教授，经常在我处于思维困境时，不厌其烦地听我诉苦，他们也经常指导我学习和论文写作方法。我们之间的纯真友谊在我处于任何困境中，总感到有股精神力量在支持我！能够拥有这些优秀和纯真的朋友，我感到无比幸福！

感谢我年迈的父母，尽管他们不能理解我为何在有稳定工作后，还要拼命读书，但是他们总是默默地支持我，不时邮寄我幼时爱吃的土特产，经常提醒我要爱惜身体。爱人为了分担家庭琐事和减轻我的压力，退出了他热爱的绿色军营。爱女总是以博士无所不知的信念，激励我永不停息地学习。爱女的欢歌笑语，一幅素描附上简单的祝福，就可以轻易卸掉我一天的疲惫。家庭的温暖，是我坚持学习的重要能量来源。最后，我还要感谢武汉大学出版社王雅红总编、易瑛主任和田红恩编辑，他们对此书提出了许多宝贵的修改意见，感激之情无以言表！

衷心感谢所有关心和帮助我的人！因为你们的帮助和支持，我才能够顺利地完成学业，继续在学术道路上走下去。

张传萍

2012 年 5 月 18 日

参考文献

一、中文文献

[1]［法］爱弥儿·涂尔干．教育思想的演进［M］．李康译．上海：上海人民出版社，2003. 5.

[2] 刘宇舫，李丽霞．基础教育资源配置的制度思考［C］．中国制度经济学年会论文集，2003. 802-806.

[3] 罗新云．教育资源分配失衡及其政策均衡配置——以湘南B区义务教育为例［D］．长沙：中南大学图书馆，2007.

[4] 彭慧．城乡义务教育财政资源配置的偏差与平衡研究［D］．桂林：广西师范大学图书馆，2006.

[5] 马佳宏，彭慧．偏差与平衡：城乡义务教育财力资源配置问题研究［J］．教育与经济，2006（4）：39-42.

[6] 睢国余、麻勇爱．中国教育经费合理配置研究［M］．北京：北京大学出版社，2009.

[7] 旷乾．教育资源配置中的政府与市场——基于中国现状的分析［M］．南宁：广西教育出版社，2007.

[8] 高丽．教育公平与教育资源配置［M］．北京：中国社会科学出版社，2009.

[9] 顾佳峰．中国教育资源非均衡配置研究：空间计量分析［M］．北京：中国建筑工业出版社，2010.

[10] 康宁．中国经济转型中高等教育资源配置的制度创新［M］．北京：教育科学出版社，2005.

[11] 闵维方．教育投入、资源配置与人力资本收益：中国教育与人力资源问题研究［M］．北京：经济科学出版社，2009.

[12] 闵维方．探索教育变革：经济学和管理政策的视角［M］．北京：教育科学出版社，2005.
[13] 李文才．高校资源配置模式与绩效［M］．北京：北京师范大学出版社，2011.
[14] 吕海鸿．城乡义务教育资源配置研究［D］．沈阳：东北师范大学图书馆，2006.
[15] 李明．高等教育资源的配置与市场机制的关系［J］．教育与经济，2002（1）：51-53.
[16] 田凤清，谢家训．社会主义市场经济与教育资源配置机制自议［J］．教育与经济，1997（3）：16-19.
[17] 谢家训．关于转变教育资源配置方式的研究［J］．教育与经济，1999（3）：31-35.
[18] 赵宏斌．教育券：基础教育财政资源配置的制度性创新［J］．教育与经济，2003（2）：35-38.
[19] 杜育红．论教育资源配置方式的选择［J］．教育与经济，1998（1）：42.
[20] 杜育红．教育发展不平衡研究［M］．北京：北京师范大学出版社，2000.
[21] 王善迈，杜育红．我国教育发展不平衡的实证分析［J］．教育研究，1998（6）．
[22] 范先佐．筹资兴教——教育投资体制改革的理论与实践问题研究［M］．武汉：华中师范大学出版社，1999.
[23] 范先佐．论教育资源的合理配置与教育体制改革的关系［J］．教育与经济，1997（3）：7-15.
[24] 许丽英．教育资源配置理论研究［D］．沈阳：东北师范大学图书馆，2007.
[25] 宁本涛．调整结构、明晰产权——对我国教育资源配置效率与公平问题的制度分析［J］．教育与经济，2000（3）：1-5.
[26] 徐文．义务教育资源配置的产权分析［J］．教育与经济，2003（2）：39-44.
[27] 徐文．教育产权论［M］．武汉：湖北人民出版社，2007.

[28] 马晓燕．资源配置与教育供求关系初探［J］．教育与经济，2000 年专辑：14-17.
[29] 马晓燕．教育资源配置与教育供求关系探析［J］．安庆师范学院学报（社会科学版），2000（12）．
[30] 王伟清．论基于需求的教育资源配置系统观［J］．教育与经济，2010（1）：46-50.
[31] 张盛仁．浅论教育资源配置的理论基础，教育与经济［J］，2008（3）：30-32.
[32] 杨平．调整学校网点布局提高资源利用效率——关于黑龙江省农村中小学教育资源配置问题的调查与分析［J］．教育与经济，1998（4）：28-29.
[33] 张雷．城乡义务教育师资均衡问题研究——以山东省为例［D］．济南：山东师范大学图书馆，2011.
[34] 刘大兰．初中教师资源优化配置研究——以县域为视角［D］．南昌：南昌大学图书馆，2008. 15.
[35] 袁佩琦．公共政策视角下的北京市义务教育资源均衡配置研究［D］．北京：北京邮电大学图书馆，2008.
[36] 顾海晓．我国义务教育资源公平配置的研究［D］．南京：南京师范大学图书馆，2003.
[37] 张梅．新公共管理视域下高校英语教师人力资源优化配置研究［D］．西安：西北大学图书馆，2010.
[38] 栾素梅．甘肃省少数民族地区义务教育阶段师资配置现状及对策研究——以肃南县和积石山县为例［D］．甘肃：西北师范大学图书馆，2008.
[39] 耿海波．制衡与匡正：我国公办中小学教师资源配置力量研究［D］．开封：河南大学图书馆，2010.
[40] 沈百福．中国省级地方教育投资的区域比较研究［J］．教育与经济，1994（4）：1-15.
[41] 谈松华．我国教育发展的区性特征及其战略选择［J］．教育研究，1993（2）：3-9.
[42] 谈松华．我国基础教育资源配置的若干趋势［J］．中国教育

学刊，1997（4）.
[43] 谈松华."短缺教育"条件下的教育资源供给与配置：公平与效率［J］.教育研究，2001（8）：3-29.
[44] 魏后凯.地方分权与中国地区教育差异［J］.中国社会科学.1997（1）：195-197.
[45] 王善迈.中国教育发展不平衡的实证分析［J］.教育研究，1998（6）：19-23.
[46] 王善迈.中国基础教育发展的不平衡和资源配置［J］.中小学管理，2000（3）：38-39.
[47] 王善迈，袁连生.建立规范的义务教育财政转移支付制度［J］.中小学教育，2002，（10）.
[48] 王善迈.重构我国义务教育财政制度［N］.中国教育报，2005-08-15.
[49] 傅维利.论区域经济发展的不平衡与欠发达地区的教育抉择［J］.教育研究，1995（4）：39-44.
[50] 马培芳.优先发展西部教育的战略意义及其投资对策研究［J］.教育研究，1995（12）：23-28.
[51] 翟博.教育均衡论［M］.北京：人民教育出版社，2008.
[52] 蒋鸣和.我国义务教育发展县际差距的估计［C］.教育指标与政策分析国际研讨会论文，1999.
[53] 蒋鸣和.教育成本分析［M］.北京：高等教育出版社，2000.
[54] 岳昌君.经济发展水平的地区差异对教育资源配置的影响［J］.教育与经济，2003（1）：35-41.
[55] 王蓉，岳昌君，李文利.努力构筑我国公共教育财政体制（上）［J］.北京大学教育评论，2003（2）：73-80.
[56] 王蓉，岳昌君，李文利.努力构筑我国公共教育财政体制（下）［J］.北京大学教育评论，2003（3）：77-83.
[57] 严少锋.千方百计落实教育优先发展的战略地位［J］.教育与经济.1998（3）：31-36.
[58] 吴怡兴.也谈社会主义市场经济条件下的教育资源配置方式

教育与经济［J］.1999（1）：22-25.
［59］张素蓉.教育资源的合理配置及有效利用是缩小基础教育质量城乡差异的根本保证教育与经济［J］.1997（1）：25-29.
［60］盛世明."九五"期间北京市地方教育资源配置状况分析［J］.教育与经济，2003（4）：44-48.
［61］王蓉.我国义务教育经费的地区性差异研究［C］.北京大学教育经济研究所，2001；王蓉.我国义务教育投入之公平性研究［J］.经济学季刊，2003（2）.
［62］薛海平，王蓉.我国义务教育公平研究［J］.教育与经济，2009（3）：1-14.
［63］王蓉.努力构筑我国公共教育财政体制（上）［J］.北京大学教育评论，2003（2）：78.
［64］王蓉.农村义务教育经费保障机制改革评述［J］.中国财政，2006（3）：12-13.
［65］王蓉，丁小浩等.努力构筑我国公共教育财政体制［J］.教育发展研究，2003.（4-5）：70-75.
［66］王蓉.我国义务教育财政问题研究：回顾与展望［J］.教育与经济，2004（4）：43-47.
［67］王蓉，杨建芳.中国地方政府教育财政支出行为实证研究［J］.北京大学学报（哲学社会科学版），2008（4）：128-137.
［68］王蓉.中国县级政府教育财政预算行为：一个案例研究［J］.北京大学教育评论，2004（2）：50-57.
［69］叶平，张传萍.基础教育生均预算内公用经费基尼系数的再考察——兼与杨颖秀教授商榷［J］.教育研究，2007（2）：53.
［70］张传萍.普通小学教师资源配置标准研究——以湖北省为例［J］.教育与经济，2011（1）：10-15.
［71］叶平，张传萍.推进区域义务教育均衡发展的理论与策略选择，2012年：教育体制改革呼唤区域突破［M］.武汉：湖北教育出版社，2012：63-74.

[72] 叶平，张传萍．推进湖北省义务教育均衡发展的现状与对策［M］．2006/2007中国基础教育发展研究报告［M］．北京：教育科学出版社，2008：420-429.
[73] 叶平，张传萍．湖北省“十五”时期基础教育发展报告［M］．2005/2006中国基础教育发展研究报告［M］．北京：教育科学出版社，2006：335-343.
[74] 叶平，张传萍．对教育公平与义务教育均衡发展的思考［J］．政策，2007（4）：40-42.
[75] 叶平，张传萍．解读新《义务教育法》［J］．政策，2006（8）：41.
[76] 张力．面对贫困［M］．南宁：广西教育出版社，1998.
[77] 曾满超，丁延庆．中国义务教育资源利用及配置不均衡研究［J］．教育与经济，2005（2）：39.
[78] 曾满超，丁小浩等主编．效率、公平与充足中国义务教育财政改革［M］．北京：北京大学出版社，2010.
[79] 曾满超，丁言庆．中国义务教育财政面临的挑战与教育转移支付［J］．北京大学教育评论，2003（1）.
[80] 王忠业，聂学岭．对高等学校财力资源优化配置的思考［J］．黑龙江高教研究，2006（6）.
[81] 严全治．地方高师本科院校财力资源优化配置问题的研究［J］．教育与经济，1998（4）.
[82] 章跃．边际效用理论与高校财力资源的优化配置［J］．江苏高教，2001（6）：26-28.
[83] 王红悦．高等教育财力资源配置与优化途径［J］．湖湘论坛，2006（6）：90.
[84] 关玉波．师资配置与义务教育均衡发展研究［D］．厦门：厦门大学图书馆，2009.
[85] 李方强．教育公平视野下的城乡教师流动机制的构建［J］．天津师范大学学报，2006（3）：9.
[86] 陈峰．均衡取向下的义务教育教师资源配置研究［J］．教育导刊，2007（2）：6.

［87］朱剑伟．区域义务教育阶段教师资源均衡配置政策研究——以上海市长宁区为例［D］．上海：上海师范大学图书馆，2010：22-26.
［88］黄培森．义务教育阶段教师资源合理化配置探析［J］．教育探索，2012（4）：103.
［89］韩延明，李春桥．教师资源配置的现行模式与改造［J］．教育与经济，1997（1）：21-24.
［90］黄伟．关于义务教育教师资源均衡配置的若干思考［J］．中小学管理，2010（12）：45.
［91］赵秀丽．浅议农村中小学教师资源配置的现状及应对措施［J］．时代教育，2010（8）：210.
［92］王靖．农村义务教育教师资源配置制度研究［J］．当代教育论坛，2009（9）：84-85.
［93］高正绪．对农村基础教育教师资源配置问题的思考［J］．教育与经济，1999（3）：63.
［94］王宪平．我国城乡中小学教师资源配置失衡问题及对策［J］．浙江师范大学学报（社会科学版），2011（5）：122-124.
［95］尹德琪，王艺霖．重庆市城乡教育统筹中教师资源配置问题探究［J］．西南农业大学学报（社会科学版），2012（2）：186-189.
［96］沈有禄，憔欣怡．全国分地区普通小学教师资源配置差异分析［J］．教育与经济，2010（2）：63.
［97］沈有禄．教师资源配置差异的实证研究——全国分地区普通初中生师比比较研究［J］．上海教育科研，2007（10）：13-15.
［98］沈有禄，憔欣怡．印度基础教育教师资源配置差异分析［J］．上海教育科研，2012（3）：50-52.
［99］董世华，付义朝．我国中小学教师资源配置失衡的实证分析及对策［J］．现代教育管理，2010（8）：95-96.
［100］周冬祥．二元结构型城市教师资源配置的现状分析与对策

研究——以武汉市中小学教师资源配置分析为例［J］. 教育与经济，2008（3）：33-36.
［101］王鹏炜，司晓宏. 城乡教育一体化进程中的教师资源配置研究——以陕西省为例［J］. 陕西师范大学学报（哲学社会科学版），2011（1）：158-159.
［102］孙广謇. 湖南省义务教育教师资源均衡配置探析［J］. 中国科教创新导刊，2012（14）：3.
［103］夏茂林，冯文全. 城乡教师资源均衡配置问题探讨［J］. 教育科学，2010（1）：75-76.
［104］管培俊. 教师资源有效配置的双重目标［J］. 教育发展研究，2008（17）：25-30.
［105］严开胜，王德清. 建立教师资源配置有效机制的几点思考［J］. 教学与管理，2002（1）：23-24.
［106］王秋丽. 义务教育教师资源均衡配置的宏观政策设计［J］. 教育学术月刊，2009（5）：75-85.
［107］梁永丰. 教师资源配置的市场机制［J］. 教育与经济，1995（1）：44-46.
［108］李剑. 试论经济全球化背景下的教师资源配置［J］. 教育与经济，2000（3）：45-48.
［109］熊才平，吴瑞华. 以信息技术促进教师资源配置城乡一体化［J］. 教育研究，2007（3）：83-85.
［110］叶澜. 教育研究方法论初探［M］. 上海：上海教育出版社，1999.
［111］靳希斌，教育经济学［M］，北京：人民教育出版社，2006.
［112］熊建辉. 教师专业标准研究——基于国际案例的视角［D］. 武汉：华东师范大学图书馆，2008.
［113］王玉荣. 认识标准和价值标准的统一［J］. 青海社会科学，2000（4）：66.
［114］席西民. 经济管理基础［M］. 北京：高等教育出版社，1998.

[115] 张迎春．企业人才流动初探［J］．内蒙古科技与经济，2009（3）：19-20.

[116] 王伟英．人才流动中地区失衡的原因及对策分析［J］．中南林业科技大学学报（社会科学版），2010（2）：28.

[117] 韩宗礼．教育经济学［M］．西安：陕西人民教育出版社，1988.

[118] 全国教育经济学研究会编．教育经济学概论［M］．西宁：青海人民出版社，1983.

[119] 财政部教科文司，教育部财务司，上海财经大学公共政策研究中心．中国农村义务转移支付制度研究［M］．上海：上海财经大学出版社，2005.

[120] 方以川．浅谈政府公共部门人力资源配置优化思路［J］．金融经济，2010（10）：69.

[121] 张星．基于投资收益的企业人力资源优化配置研究［D］．西安：西北工业大学图书馆，2006.

[122] 李祥云．我国财政体制变迁中的义务教育财政制度改革［M］．北京：北京大学出版社，2008.

[123] 蒋自强，史晋川．当代西方经济学流派［M］．上海：复旦大学出版社，2001.

[124] 卢现祥．西方新制度经济学［M］．北京：中国发展出版社，2003.

[125] 高鸿业．西方经济学上册．微观部分［M］．北京：中国经济出版社，1998.

[126] 高鸿业．西方经济学下册．宏观部分［M］．北京：中国经济出版社，1998.

[127] 李飞．中国教育的福利经济学分析［J］．经济师，2006（1）：7-9.

[128] 刘忠华．论人力资源的合理有效配置［J］．吉林建筑工程学院学报，2010（5）：96-97.

[129] ［美］约翰．罗尔斯．正义论［M］．何怀宏等译，北京：中国社会科学出版社，2006.

[130] [美] 理查德·A. 金，奥斯汀·D. 斯旺森，斯科特·R. 斯威特兰．教育财政——效率、公平与绩效 [M]．曹淑江等译．北京：中国人民大学出版社，2010.
[131] 袁振国主编．我国城乡、地区义务教育经费差距的实证研究 [A]．缩小差距：中国教育政策的重大命题 [M]．北京：人民教育出版社，2005.
[132] 李茂能．各种 Gini 系数指标的相对效能分析：以教育成就模拟资料为例 [J]．中国台湾：国民教育研究学报，2004 (13)：1-50.
[133] 何宜甫．教育财政的财政学基础 [A]．杨国赐主编．新世纪的教育学概论 [M]．中国台北：学富出版社，2002.
[134] 王济干，郭婧蓉．人力资源和谐配置逻辑框架构建 [J]．河海大学学报（哲学社会科学版），2010 (2)：59.
[135] 财政部教科文司，教育部财务司，上海财经大学公共政策研究中心．中国农村义务转移支付制度研究 [M]．上海：上海财经大学出版社，2005.
[136] 马骏．中国的零基预算改革：来自某财力紧张省份的调查 [J]．中山大学学报（社会科学版），2005 (1)：58-66.
[137] 马骏，叶娟丽．零基预算：理论与实践 [J]．中国人民大学学报，2004 (2)：122-128.
[138] 王凌智．也论透视零基预算的本质、内涵及实践 [J]．海军工程大学学报（综合版），2010 (3)：63.
[139] 肖育才．中美零基预算改革之比较 [J]．财会月刊（综合），2007 (7)：83.
[140] 凌莉宋，良荣．绩效导向下的零基预算探讨 [J]．商业时代，2007 (11)：72.
[141] 马晓强．“科尔曼报告”述评——兼论对我国解决“上学难、上学贵”问题的启示 [J]．教育研究，2006 (6)：29.
[142] 易进，郑丹．“科尔曼报告”对我国教育公平监测的启示 [J]．教育科学研究，2009 (7)：12.

[143] 张人杰. 国外教育社会学基本文选 [M]. 上海：华东师范大学出版社，2009.

[144] 诸燕，赵晶. 胡森教育平等思想述评 [J]. 徐州师范大学学报（哲学社会科学版），2007 (4)：115.

[145] 赵晶. 从胡森的教育平等观看美国的补偿教育——兼谈对我国实现教育平等的启示 [J]. 河北师范大学学报（教育科学版），2008 (9)：46.

[146] [印度] 阿玛蒂亚·森著. 以自由看待发展 [M]. 任赜，于真译. 北京：中国人民大学出版社，2002.

[147] 姚大志. 罗尔斯：从自由到平等 [J]. 开放时代，2003 (1)：22.

[148] [古希腊] 柏拉图著. 高尔吉亚篇柏拉图全集 [M]. 王晓朝译. 北京：人民出版社，2002.

[149] [美] 约翰·罗尔斯著. 正义论 [M]. 何怀宏等译. 北京：中国社会科学出版社，2006.

[150] 周保松. 自由人的平等政治 [M]. 北京：生活·读书·新知三联书店，2010.

[151] 寿建纲. 民主的危机与正义论 [J]. 内蒙古大学学报，2000 (5)：34.

[152] 高建民. 战后美国基础教育财政发展的态势与特征 [J]. 河北大学学报，哲学社会科学版，2004 (3)：44.

[153] 杨银付. 美国公立中小学的经费分担机制 [J]. 世界教育信息，2004 (6)：36.

[154] 苏榕娜. 教育财政诉讼中的"财政充分"问题 [J]. 外国教育研究，2005 (12)：61.

[155] 杨军. 促进基础教育的均衡发展——来自美国的经验 [J]. 外国教育研究，2004 (3)：10-15.

[156] 张锐. 中国义务教育投入制度研究 [D]. 成都：西南交通大学图书馆，2005.

[157] 吴晓蓉. 日本偏僻地区教育优先发展经验研究——以《偏僻地区教育振兴法》为鉴 [J]. 当代教育与文化，2009

(7)：102.

[158] 王莹莹．教育均衡视野下教师流动策略探讨——我国部分地区教师流动策略与日本教师轮岗制度的比较与启示［J］．文教资料，2010（4）下旬刊：106.

[159] 彭新实．日本教师定期流动［J］．中国教师，2003(6)：60.

[160] 黄树生．日本教师“定期流动制”对我国义务教育教师配置均衡化的启示［J］．上海教育科研，2011（7）：27-28.

[161] 刘文华．日本教师管理制度及其启示［J］．山东教育学院学报，2006（6）：16.

[162] 汪丞．基础教育均衡发展视角下的中日中小学教师流动比较研究［D］．武汉：华中师范大学图书馆，2006.

[163] 袁颖．中小学教师城乡交流实践中的问题及对策［J］．教育与教学研究，2011（12）：13.

[164] 黄建一．日、美教师的待遇、地位以及教学质量之比较［J］．教育评论，1991（1）：71.

[165] ［澳］休．史卓顿，莱昂内尔，澳查德．公共物品、公共企业和公共选择——对政府功能的批评与反批评的理论纷争［M］．费昭辉译．北京：经济科学出版社，2000.

[166] ［美］S. 鲍尔斯，H. 金帝斯．为了自由的教育改革［M］．王佩雄译．上海：上海教育出版社，1990.

[167] ［美］詹姆斯·M. 布坎南、理查德·A. 马斯格雷夫．公共财政与公共选择：两种截然不同的国家观［M］．北京：中国财政经济出版社，2000.

[168] ［美］米尔顿．弗里德曼．资本主义与自由［M］．张瑞玉译．北京：商务印书馆，2001.

[169] ［美］米尔顿．弗里德曼著．自由选择：个人声明［M］．胡骑等译．北京：商务印书馆，1998.

[170] ［美］西奥多·W. 舒尔茨．论人力资本投资［M］．吴珠华等译．北京：北京经济学院出版社，1990.

[171] ［美］西奥多·W. 舒尔茨．教育的经济价值［M］．曹延

亭译．长春：吉林人民出版社，1982.
[172] [美] 西奥多·W. 舒尔茨．人力资本投资——教育和研究的作用 [M]．蒋斌，张蘅译．北京：商务印书馆，1990.
[173] [美] 路易斯．卡普洛．公平与福利 [M]．[美] 斯蒂文．沙维尔，冯玉军等译．北京：法律出版社，2007.
[174] [美] 平狄克，鲁宾菲尔德著．微观经济学 [M]．张军等译．北京：中国人民大学出版社，2003.
[175] [英] 杰夫．惠迪等著．教育中的放权与择校：学校、政府和市场 [M]．马忠虎译．北京：教育科学出版社，2006.
[176] 胡庆康，杜莉主编．现代公共财政学 [M]．上海：复旦大学出版社．2010.
[177] 张泰峰，Eric Reader 编．公共财政学 [M]．郑州：郑州大学出版社．2004.
[178] 孟大虎．专用性人力资本研究：理论及中国的经验 [M]．北京：北京师范大学出版社．2009.
[179] 厉以宁．非均衡的中国经济 [M]．北京：中国大百科全书出版社，2009.
[180] 中国哈佛——燕京学者 2007 北京年会暨国际学术研讨会论文集 [C]．人类文明中的秩序、公平公正与社会发展．北京：北京大学出版社，2009.
[181] 劳凯声．变革社会中的教育权与受教育权：教育法学基本问题研究 [M]．北京：教育科学出版社，2007.
[182] 丁金泉．我国义务教育均衡发展问题研究 [D]．上海：华东师范大学图书馆，2004.
[183] 中央教育科学研究所．教育政策分析中西义务教育均衡发展是实现教育公平的基石 [J]．教育研究，2007 (2)．
[184] 国家教育督导团．国家教育督导报告 [R]．2005·义务教育均衡发展：公共教育资源配置状况．2006-2-23.
[185] 李文利．从稀缺走向充足 [M]．北京：教育科学出版社，2008.
[186] 曹荣湘．泰伯特模型 [M]．北京：社会科学文献出版

社，2004.
[187] 陈国良．教育财政的过激比较［M］．北京：高等教育出版社，2000.
[188] 贾康．财政教育投入及其管理研究［M］．北京：中国财政经济出版社，2002.
[189] 林尚立．国内政府间关系［M］．杭州：浙江人民出版社，1998.
[190] 闵维方．为教育提供充足的资源［M］．北京：人民教育出版社，2003.
[191] 刘宇舫，李丽霞．基础教育资源配置的制度思考中国制度经济学年会论文集［C］，2003：802-806.
[192] 韩宗礼．教育经济学［M］．西安：陕西人民教育出版社，1988.
[193] 全国教育经济学研究会编．教育经济学概论［M］．西宁：青海人民出版社，1983.
[194] 杨颖秀．基础教育生均预算内公用经费支出的基尼系数考察［J］．教育研究，2005（9）：53-58.
[195] 胡祖光．基尼系数的理论最佳值和简易计算公式［J］．经济研究，2004（9）：60-69.
[196] 龚红娥．基尼系数及其实际应用［J］．市场与人口分析，2002（6）．
[197] 薛二勇．论教育公平发展的三个基本问题［J］．教育研究，2010（10）．
[198] 孔凡琴．日、美、法三国基础教育师资配置均衡化的实践与经验［J］．外国教育研究，2007（10）．
[199] 李爱萍，肖玉敏．20 世纪美国基础教育改革政策的演进与启示［J］．外国教育研究，2005（4）．
[200] 李协京．日本教育财政制度和教育立法的若干考场：教育均衡化发展的制度环境［J］．外国教育研究，2004（3）．
[201] 林涛，成刚．我国义务教育财政公平的经验研究：基于浙江省普通小学数据的分析［J］．北京师范大学学报（社会

科学版)，2008（3）.
[202] 易红郡．西方教育公平理论的多元化分析［J］．湖南师范大学教育科学学报，2010（4）：5-9.
[203] 中国教育与人力资源问题报告课题组．从人口大国迈向人力资源强国［M］．北京：高等教育出版社，2003.
[204] 汪野军．基于新公共管理理论的义务教育发展研究［D］．天津：天津大学图书馆，2003.
[205] 曲正伟．我国义务教育中的政府责任研究［D］．吉林：东北师范大学图书馆，2003.
[206] 汪海燕．中国财政分权模式与地方政府行为分析［D］．北京：中央财政大学图书馆，2005.
[207] 朱丽霞．国家观念、市场逻辑与公共教育——转型期西方公立学校改革透析及其对中国的启示［D］．上海：华东师范大学，2004.
[208] 马国贤．中国义务教育资金转移支付制度研究［J］．财经研究，2002（6）.
[209] 张玉林．分级办学制度下的教育资源分配与城乡教育差距——关于教育机会均等问题的经济学探讨［J］．中国农村观察，2003（1）.
[210] 高如峰．中国农村义务教育财政体制的实证分析［J］．教育研究，2004（5）.
[211] 刘献君．适应高等教育强国建设要求的高等教育理念创新［J］．中国高教研究，2010（11）：11-17.
[212] 刘献君．高校教师聘任制中的若干关系高等教育研究［J］．高等教育研究，2008（3）.
[213] 刘献君．教育研究方法高级讲座［M］．武汉：华中科技大学出版社，2010.
[214] 刘献君．中国院校研究案例：第一辑［M］．武汉：华中科技大学出版社，2009.
[215] 刘献君．高等学校战略管理［M］．北京：人民出版社，2008.

[216] 刘献君．教育研究中的四个基本要素［J］．高等工程教育研究，2011（5）．

[217] 刘献君．关于师资建设和管理的几个问题［J］．高等教育研究，2003（7）．

[218] 刘献君．把握方向实现教师聘任制预期目标［J］．中国高等教育，2005（7）．

[219] 刘连环，田平凤，魏志敏．农村基础教育财政投入政策问题及对策［J］．经济与管理，2004（2）．

[220] 姚永强．关于基础教育资源配置的理论思考［J］．西华师范大学学报（哲学社会科学版），2005（2）．

[221] 陈玉华，穆彦瑾．农村基础教育资源配置存在的问题与对策［J］．教育探索，2004（4）．

[222] 刘乐山．中央和省级财政分摊农村义务教育经费的经济学思考［J］．教育与经济，2004（4）．

[223] 翁文艳．教育公平与学校选择制度［M］．北京：北京师范大学出版社，2003.

[224] 高如峰．重构中国农村义务教育财政体制的政策建议［J］．教育研究，2004（7）．

二、英文文献

[1] Thomas V., Yan Wang, Xibo Fan. Measuring Education Inequality: Gini Coefficients of Education[J]. Working Paper, 2525. The World bank Institute, Sep 27, 1999, Washington D. C.

[2] Coleman, J. S., Campbell, E., Hobson, C. F., et al. Equality of Educational Opportunity [R]. U. S. Government Printing Office, 1966: 1-35, 575-587.

[3] Williamsc, Williamsskt, Dissertation of Technical Agricultural Information[J], Journal of Administration, 1987, 13(1): 87.

[4] Pedro S. Martins, Pedro T. Pereira. 2004: Does Education Reduce Wage Inequality? Quantile Regression Evidence from 16 Countries, Labour Economics 11, 2004, pp: 355-371.

[5] Odden, A. (2000), The school finance: Providing Adequacy and Improving equity [J], Journal of Education Finance. 25 (Spring 2000), pp:467-488.

[6] Charter Schools Succeed Where Others Fail: Serve More At-Risk and Minority Students, and Boost Achievement. The center for Education Reform) [EB/OL]. http://www. edreform. com/index. cfm? fuse Action = documentID = 23558&sectionID = 34&NEWSYEAR = 200.

[7] Mun Tsang&H. Levin. The Impact of Intergovernmental Grants on Educationa Expenditure[J]. Review of Educational Research, 1983: 329-367.

[8] Regents 2001-2002 Proposal on State Aid to School Districts [EB/OL]. http://www. edpriorities. org/Pubs/Report/Report_Open%20Secret. html 13-14, December 2000.

[9] Ronald C Fisher. State and Local Public Finance [J]. Third Edition. Mason. Ohio: Thomson South-Western. 2007: 125-139.

[10] Guthrie, J., and Rothstein, R. (1999). Enabling Adequacy to Achieve Reality: Translating Adequacy into State Finace Distribution Arrangment [M], In Ladd, H., et, al, (eds.) Equity and Education Finace. Washington, DC: National Academy Press, 209-259.

[11] Hormbeck, D. W. &Salamon, L. M., et al. (1991). Human Capital and America's Future: An Economic Strategy for the Nineties [M]. Baltimore: Johns Hopkins University.

[12] Peter F. Drucker: Practice of Management [M]. HarperCollins Publishers 1954.

[13] Collins, R. (1971). Functional and Conflict Theories of Educational Stratification [J]. American Socilological Riview, 36 (6): 1002-1019.

[14] Holcombe, Randall G. (1997). A Theory of the Theory of Public Goods[J]. Review of Austhian Ecomomica 10(1): 1-22.

[15] Zang, Xiaowei. (2001), Educational Crenentials, Elite Dualism, and Elite Stratification in China[J]. Sociological Percpctives, 44(2): 189-205.

[16] R. Rubin. Budgeting Theory and concepts [A]. R. Golembiewski and J. Rabin(eds), Public Budeting and Finance[C]. New York: Marcel Dekker. 1995.

[17] Schneider, A. And Goldfrank, B.. Budgets and Ballots in Brazil: Participatory Budgeting from the City to the State[R]. IDS Working Paper 149, Brighton: Institute of Development Studies, 2002.

[18] Hanushek, Eric A. (1986). The Economics of Schooling Producation and Efficiency in Public School [J]. Journal of Economic Literature, 24(3): 1141-1177.

[19] Anna Vigoles. Rosalind Levacic, James Walker Stephen Machin, David Reynokls (2000). The Relationship Between Resource Allocation and Pupil Attainment A Review[R]. The Depattment of Education and Employment Research Report 228.

[20] Raudenbush and Bryk (2002). Hierarchical Linear Modes Application and Data Analysis Methods (Second Edition) [M]. Sage Publication, U. S. A.

[21] World Bank. China National Development and Sub-National Finance: A Review of Provincial Expenditures [R]. Report NO. 2295-CHA. Document of the World Bank, 2002: 1.

[22] Blecher, M. and Shue, V. Tethered Deer: Government and Economy in a Chinese County [M]. Stanford: Stanford: Stanford University Press, 1996: 33-47.

[23] Auerbach, A. Public Sector Dynamics [A]. in J. Quigley and E. Smolensky (eds) Modern Public Finance [C]. Cambridge: Harvard University Press, 1994.

[24] M. Lockheed, and A. Verspoor. Improving Primary Education in Developing Countries: A Review of Policy Options [M].

Washington, DC: The World Bank, 1990.

[25] Schiaver Campo, S. and Tommasi, D.. Managing Government Expenditure[R]. Asian Development Bank, 1999.

[26] Ascher, Carol. Urban School Finance: The Quest for Equal Educationa Opportunity[EB/OL]. ERIC/CUE Digest No. 55, 1989.

[27] Ding Y. Inequality and Inequity in the Financing of Compulsory Education in China[D]. Neew York: Teachers College Columbia University, 2005.

[28] Finn, Manno, Bruno, Vanourek. Charter Schools in Action: Renewing Public Education[M]. Princeton: Princeton University Press, 2000.

[29] Fitz, Bryan. Education Management Organizations and the Privatization of Public Education: A Cross-National Comparson of the U. S. A. and the U. K. [M]//Teachers College Columbia University: National Center for the Study of Privatization in Education Occasional Paper No. 22, 2001.

[30] Goertz R K, Goertz M E. New Jersey School Finance 1998[M]// Teteaault, D. R: In The State of the States and Provinves 1998. Edited by Teterault, D. R. Proceeding of the 1998 Annual Meeting of the American Educationa Reaearch Association, San Diego, California, April 1998.

[31] Goertz M, Edwards M. In Search of Excellence for All: The Courts and New Jersey School Finance Reform[J]. Journal of Education Finance. 1999, 5-32.

[32] Hadderman, Margaret. Equity and Adequacu in Educational Finance [EB/OL]. ERIC Clearinghouse on Education Management, 5207, 1999.

[33] Haynes MD. Public School Finance in New York State: An Analysis of Equity Trends, 1983 to 1988[D]. 1999.

[34] M. Tsang. Intergovermental Grants and the Financing of Compulsory

Education in China [J] . Paper Pressented at the Seminar on Educational Reform in China, Held at Harvard Graducat School of Education, Cambridge, Massachusetts, July13-14, 2001.

[35] Robert Birnbaum. How Colleges Work-The Cybernetics of Academic Organization and Leadership [M] . San Francisco: Jossey-Bass, Inc. , Publishers, 1990:83.

[36] Gruuther Kress. International and Globaliation: Rethinking a Curriculum of Communication from Comparative Education [M]. Vol. 32. No. 2. 1996. pp. 186-188.

[37] Mun Tsang. Finaning Compulsory Education in China, Establishing and Strengthening a Substantial and Regularized System of Intergovermental Guants [J] . Harvard China Review (2002). 15-20.

[38] Benson. C. S. The Economies of Public Education [M]. 1978 (3rd ed) Benson. C, Educational Financing. In Husen. T. et al (eds) The Encyclopedia of Education: Research and Studies, International 1985, Vol. 4.

[39] Torston Huson. A Marriage to Higher Education [J]. Journal of Higher Education, 1980(6):51.

[40] Barlett W. , Quasi-markets and Education Reforms [M]. In J. Le Grand and W. Barltt (eds) . Quasi-markets and Social Policy. London: Macmillan. 1993.

[41] E. King. Comparative Studies and Educational Decision [M]. Mehen. 1968.

[42] Jack C. Lane. The Yale Report of 1828 and Liberal Education [J]. History of Educati-on Quarterly, 1987. 326-335.

[43] Raul Prebisch. The Economic Development of Latin America and its Principal Problems [M]. Economic Bulletin for Latin Amertca, 1962.

[44] Walter G Secada (1989) Walter G Secada (edited). Educational Equity Versus Equality of Education: An Alternative Conception

[M]. Equity in Education, London: New Yolk Falmer.

[45] Robert G Ovens (2001). Organizational Behavior in Education: Instructional Leadership and School Reform (seventh edition) [M]. Needham Heights, MA: Allyn and Bacon A Pearson Educational Company.

附录 1

2007 年 W 省部分县市普通小学教育经费支出分析表

（单位：元）

县市名称	生均教育经费支出	生均预算内	生均预算教育事业费	生均预算公用
1	1610. 96	1437. 53	1427. 15	188. 99
2	2668. 40	2218. 48	2218. 48	547. 10
3	2531. 68	1974. 65	1974. 65	444. 31
4	2099. 74	1755. 06	1755. 06	366. 36
5	1725. 22	1363. 48	1363. 20	145. 92
6	4255. 65	3051. 96	3051. 96	113. 18
7	2035. 88	1915. 01	1915. 01	108. 67
8	4121. 02	3825. 38	3825. 38	429. 03
9	2975. 53	2691. 67	2691. 67	436. 91
10	2174. 69	1917. 65	1917. 65	474. 06
11	3164. 19	2918. 81	2918. 81	333. 33
12	3785. 60	3119. 83	3119. 83	396. 30
13	3142. 20	2767. 42	2767. 42	315. 42
14	2387. 35	2015. 18	2015. 18	370. 74
15	2438. 79	2412. 48	2412. 48	340. 87
16	2944. 03	2665. 72	2665. 72	341. 16
17	2698. 40	2513. 93	2507. 96	314. 21
18	3105. 21	2875. 60	2875. 60	419. 35
19	2030. 31	1887. 92	1887. 92	230. 48
20	2275. 25	2020. 48	2017. 39	183. 20
21	3015. 96	2888. 16	2888. 16	1141. 22
22	3071. 40	2389. 11	2389. 11	176. 85

续表

县市名称	生均教育经费支出	生均预算内	生均预算教育事业费	生均预算公用
23	1793. 43	1708. 56	1708. 56	371. 27
24	1769. 30	1568. 61	1568. 61	235. 28
25	1610. 79	1585. 21	1585. 21	297. 11
26	1588. 10	1429. 11	1429. 11	282. 72
27	1416. 76	1368. 61	1367. 63	331. 89
28	2001. 42	1912. 56	1912. 56	260. 05
29	1567. 01	1412. 60	1412. 60	248. 70
30	1953. 28	1912. 17	1912. 17	242. 15
31	2698. 68	1951. 01	1940. 86	82. 30
32	2430. 52	2264. 82	2264. 82	365. 63
33	1797. 34	1639. 16	1639. 16	338. 78
34	1329. 49	1279. 22	1279. 22	462. 89
35	1690. 09	1359. 12	1359. 12	321. 12
36	1773. 79	1198. 64	1198. 64	189. 62
37	1500. 25	1481. 08	1481. 08	378. 12
38	2067. 28	1808. 01	1808. 01	286. 22
39	1850. 03	1780. 58	1780. 58	145. 66
40	1562. 20	1544. 12	1544. 12	187. 96
41	1563. 18	1563. 18	1563. 18	250. 75
42	1781. 22	1781. 22	1781. 22	328. 18
43	2286. 71	2264. 76	2264. 76	58. 31
44	1034. 84	1025. 16	1025. 16	222. 58
45	1552. 44	1543. 08	1543. 08	437. 22
46	1491. 28	1488. 46	1488. 46	245. 92

续表

县市名称	生均教育经费支出	生均预算内	生均预算教育事业费	生均预算公用
47	1818. 39	1453. 10	1453. 10	36. 74
48	1327. 06	1300. 99	1300. 99	294. 61
49	1250. 86	1222. 37	1222. 37	378. 00
50	1307. 34	1265. 91	1265. 91	242. 30
51	1097. 69	1071. 97	1071. 34	339. 09
52	1066. 15	1055. 88	1055. 88	217. 74
53	1494. 70	1316. 76	1316. 76	260. 06
54	1627. 00	1341. 81	1341. 81	267. 19
55	1909. 70	1877. 76	1877. 76	384. 55
56	1292. 29	1272. 76	1272. 76	296. 42
57	1144. 49	1140. 33	1140. 33	240. 57
58	2407. 75	2291. 76	2291. 76	333. 70
59	1690. 12	1566. 58	1540. 64	191. 23
60	1784. 74	1566. 42	1562. 97	191. 40
61	2337. 20	2083. 15	2081. 79	370. 48
62	2022. 21	1897. 98	1897. 98	293. 80
63	1921. 66	1807. 49	1807. 49	366. 82
64	2535. 82	2420. 90	2420. 90	386. 88
65	2074. 24	1971. 28	1937. 70	421. 51
66	2854. 02	2591. 69	2577. 82	420. 36
67	1487. 55	1434. 64	1425. 59	281. 89

附录 2

2007 年 W 省部分县市普通初中教育经费支出分析表

（单位：元）

县市名称	生均教育经费支出	生均预算内教育经费	生均预算教育事业费	生均预算公用
1	2654.33	2295.60	2295.60	728.40
2	1854.59	1592.80	1592.80	547.44
3	1600.72	1380.43	1380.43	433.84
4	1959.47	1578.15	1574.75	292.83
5	4704.64	3447.34	3447.34	216.56
6	4133.40	3544.07	3365.59	665.41
7	4444.92	4058.69	3984.63	733.38
8	3563.52	3270.97	3270.97	545.19
9	5072.33	4680.56	4651.66	642.92
10	4525.82	3964.51	3964.51	672.37
11	4141.99	3322.67	3292.90	623.90
12	3659.84	3122.45	3122.45	404.94
13	2658.09	2072.95	2072.95	481.84
14	2176.64	2053.54	2053.54	452.44
15	2312.99	1847.39	1847.39	241.24
16	3240.65	2736.58	2685.03	454.73
17	2617.68	2374.41	2374.41	445.66
18	2588.20	2347.06	2347.06	385.03
19	2890.85	2464.98	2419.81	293.98
20	3596.75	3348.94	3348.94	1616.61
21	4003.16	3439.30	3337.66	358.22
22	2320.58	2109.13	2109.13	461.05

续表

县市名称	生均教育经费支出	生均预算内教育经费	生均预算教育事业费	生均预算公用
23	1969. 52	1664. 82	1664. 82	321. 48
24	1779. 50	1671. 92	1653. 22	613. 36
25	1741. 47	1315. 39	1274. 48	394. 36
26	2089. 18	1545. 77	1526. 57	545. 91
27	2030. 70	1819. 34	1819. 34	410. 18
28	2083. 90	1904. 51	1904. 51	304. 05
29	2175. 16	2044. 84	2009. 61	357. 77
30	2520. 94	1670. 72	1650. 67	102. 08
31	2752. 15	2380. 42	2380. 42	426. 22
32	2312. 13	1917. 12	1917. 12	339. 17
33	1711. 45	1659. 58	1638. 32	549. 78
34	2287. 69	1753. 66	1753. 66	507. 19
35	2232. 03	1575. 96	1575. 96	220. 36
36	1873. 02	1847. 40	1820. 54	474. 47
37	3153. 40	2522. 17	2522. 17	438. 45
38	2072. 28	1733. 16	1733. 16	260. 40
39	1685. 45	1559. 70	1559. 70	433. 01
40	2121. 10	2015. 06	2015. 06	435. 96
41	2297. 26	2072. 55	2035. 91	565. 94
42	2060. 28	1945. 07	1860. 68	354. 63
43	1449. 81	1367. 06	1367. 06	338. 43
44	1752. 67	1680. 40	1651. 27	489. 12
45	1986. 95	1974. 73	1974. 73	353. 30
46	2030. 84	1806. 66	1771. 67	423. 85

续表

县市名称	生均教育经费支出	生均预算内教育经费	生均预算教育事业费	生均预算公用
47	2314.41	2101.54	2074.34	397.89
48	2027.94	2004.56	1963.43	548.45
49	1755.12	1712.66	1650.55	369.59
50	1741.42	1706.24	1692.06	538.41
51	2371.12	2288.42	2288.42	449.93
52	2099.32	1866.78	1834.39	315.69
53	1973.33	1828.35	1769.89	359.70
54	2850.63	2588.84	2570.90	576.57
55	3639.70	3408.58	3408.58	481.15
56	3379.04	2887.96	2887.96	827.91
57	2838.53	2694.27	2694.27	694.08
58	3359.59	2973.11	2928.28	882.56

附录3

攻读博士学位期间发表的论文和参与的课题

发表的论文：

[1] 张传萍．普通小学教师资源配置标准研究——以湖北省为例［J］．教育与经济，2011（1）：10-15.

[2] 张传萍．民主与专制：不同大学运行模式中的决策，高教探索［J］．2012（2）：37-40.

[3] 张传萍．经费拨付与制度供给：政府资助高校方式的选择［J］．湖北社会科学，2011（7）：166-168.

[4] 张传萍．南方科技大学教育改革争论焦点综述［M］．2012年：教育体制改革呼唤区域突破．武汉：湖北教育出版社，2012：209-219.

[5] 叶平，张传萍．推进区域义务教育均衡发展的理论与策略选择［M］．2012年：教育体制改革呼唤区域突破．武汉：湖北教育出版社，2012：63-74.

[6] 于扬，刘献君，张传萍．成效分析［M］．2003-2008年普通高等学校教学工作水平评估工作研究报告．北京：高等教育出版社，2012：50-120.

[7] 张传萍，叶平．湖北省普通高中课程改革督导评估与监控机制研究［M］．湖北省普通高中课程改革推进策略研究．武汉：湖北长江出版集团，2011：119-133.

[8] 张传萍，叶平等．普通高中课程改革背景资料文献综述［M］．湖北省普通高中课程改革推进策略研究．武汉：湖北长江出版集团，2011：153-181.

[9] 刘国卫，张传萍．湖北省普通高中考试评价和高校招生制度改革研究［M］．湖北省普通高中课程改革推进策略研究．武汉：湖北长江出版集团，2011：97-106.

参与的课题

[1] 教育部. 2003—2008 年普通高等学校教学工作水平评估工作研究报告，2009.
[2] 湖北省教育厅. 湖北省义务教育均衡发展的理论与实践，2009.
[3] 湖北省教育厅. 十二国教育概况研究，2009.
[4] 湖北省教育厅. 教育改革与体制创新研究，2010.
[5] 湖北省教育厅. 湖北省特殊教育发展情况调研报告，2010.
[6] 湖北省教育厅. 湖北省义务教育均衡发展与基础教育发展战略研究，2010.
[7] 湖北省教育厅. 湖北省中长期教育改革和发展规划纲要，2010.
[8] 湖北省教育厅. 农村教师队伍建设的历史、现状与对策研究，2010.
[9] 湖北省教育厅. 湖北省教育发展数据测算研究，2010.
[10] 湖北省教育厅. 三万干部进万村入万户活动，2011.
[11] 湖北省教育厅. 中小学教师评价机制与体制研究，2012.
[12] 湖北省规划重点课题. 义务教育资源配置标准研究，2012.
[13] 全国教育科学规划教育部青年课题. 公平视角下的义务教育资源配置标准研究，2012.